跟我学做一流汽修技师丛书

汽车发动机电脑控制系统故障与维修

第2版

主　编　祁栋玉
副主编　谢计红　张英洲

机械工业出版社

本书是作者10余年维修实践及培训经验的总结，详细地介绍了汽车发动机电脑控制系统及电脑板的维修技术，在介绍故障现象与原因分析的基础上，通过具体的故障案例，介绍了排除故障的方法及修复汽车电脑板的基本技能，重点介绍了广泛使用的博世 EDC-7、EDC-16 电脑板维修技术。

本书的特点是理论联系实际，图文并茂，实用性强，是很好的汽车电脑维修培训教程和自学读本。

图书在版编目(CIP)数据

汽车发动机电脑控制系统故障与维修/祁栋玉主编.
—2版.—北京：机械工业出版社，2015.8(2016.11重印)
(跟我学做一流汽修技师丛书)
ISBN 978-7-111-51811-2

Ⅰ.①汽… Ⅱ.①祁… Ⅲ.①汽车—发动机—计算机控制系统—故障诊断②汽车—发动机—计算机控制系统—维修 Ⅳ.①U472.43

中国版本图书馆 CIP 数据核字(2015)第243186号

机械工业出版社(北京市百万庄大街22号 邮政编码100037)
策划编辑：齐福江 责任编辑：齐福江
责任校对：张 薇 封面设计：鞠 杨 责任印制：李 飞
北京铭成印刷有限公司印刷
2016年11月第2版第2次印刷
184mm×260mm · 17.75印张 · 434千字
3001—6000册
标准书号：ISBN 978-7-111-51811-2
定价：59.00元

凡购本书，如有缺页、倒页、脱页，由本社发行部调换

电话服务	网络服务
服务咨询热线：010-88361066	机工官网：www.cmpbook.com
读者购书热线：010-68326294	机工官博：weibo.com/cmp1952
010-88379203	金书网：www.golden-book.com
封面无防伪标均为盗版	教育服务网：www.cmpedu.com

前言

《汽车发动机电脑控制系统故障与维修》第1版出版后很受读者欢迎，已经脱销。根据市场发展和维修实际需要，在第1版的基础上，增加了EDC-16电脑板的维修和潍柴EDC-7博世电脑板维修，这些电脑板是用于柴油版的轿车或者皮卡的发动机电控系统，也就是柴油高压共轨系统。汽车电脑检修二具的使用方法很重要，是维修技师的关键技能之一。第八章介绍了发动机电脑检修的一些实用工具，并且在排序上做了调整，让读者可以从前到后感受到技术的由浅到深，更容易循序渐进地去学习这门技术。

打开本书，在第一章首先就可以知道汽车电子电工维修的注意事项、电控系统的基本原理和简介。在后边的章节讲述车辆起动、怠速、行驶中出现的各种故障的症状和解决方法，内容环环相扣，思路清晰。

本书除了讲述汽车电脑硬件的维修，还有软件的维修编程等，并采用截屏图配合文字说明的方式，很容易理解，可以让您轻松地实现技术的提升。

本书由祁栋玉主编，谢计红、张英洲任副主编，参加编写的还有胡刚、王彦军、李帅帅、孙侠、罗凯、李磊、刘明、黄鑫源。

由于作者水平有限，不足之处请读者批评指正。电话 0370－252－0601，QQ：304477842。

编　者

目录

第一章 汽车电子及发动机电控系统维修概论

汽车电脑控制系统是现代汽车电子控制的核心，分别对应控制汽车的不同部位，从而保障汽车的稳定行驶、乘员安全和舒适程度。下面简单介绍常见的16种汽车电脑控制系统及单片机的工作原理，以便于汽车电脑的故障分析与维修。

第一节 汽车电脑控制系统概述

一、电控单元

电控单元是电子控制单元(ECU,Electronic Control Unit)的简称。电控单元的功用是根据其内存的程序和数据对各种传感器输入的信息进行运算、处理、判断，然后输出指令。电控单元由微型计算机、输入、输出及控制电路等组成。

电控单元又称“行车电脑”“车载电脑”等，从用途上讲，则是汽车专用微机控制器，也叫汽车专用单片机，俗称电脑板。它和普通的单片机一样，由微处理器(CPU)、存储器(ROM、RAM)、输入/输出接口(I/O)、模数转换器(A/D)以及整形电路、驱动电路和电源电路等大规模集成电路组成。

ECU的电压工作范围一般在5~24V(内部关键处有稳压装置)、工作电流在0.5~6A、工作温度在-40~80℃，能承受1000Hz以下的振动，因此ECU损坏的概率非常小。在ECU中，CPU是核心部分，它具有运算与控制的功能，发动机在运行时，它采集各传感器的信号进行运算，并将运算的结果转变为控制信号，控制被控对象的工作。它还实行对存储器(ROM、RAM)、输入/输出接口(I/O)和其他外部电路的控制。存储器ROM中存放的程序是经过精确计算和大量实验的数据，这个固有程序在发动机工作时，不断地与采集来的各传感器的信号进行比较和计算，用于发动机的点火、空燃比、怠速、废气再循环等多项参数的控制。它还有故障自诊断和保护功能，当系统产生故障时，它还能在RAM中自动记录故障码，并采用保护措施从上述的固有程序中读取替代程序来维持发动机的运转，使汽车能开到修理厂。

正常情况下，RAM也会不停地记录行驶中的数据，用作ECU的学习程序，为适应驾驶人的驾驶习惯提供最佳的控制状态，这个程序也叫自适应程序。但由于是存储于 RAM 中，就像故障码一样，一旦断开蓄电池而失去供电，所有的数据就会丢失。

目前，在一些中高级轿车上，不但在发动机上应用 ECU(图 1-1)，在其他许多地方都可发现 ECU 的踪影。例如防抱死制动系统、四轮驱动系统、电控自动变速器、主动悬架系统、安全气囊系统、多向可调电控座椅等都配置有各自的 ECU。随着轿车电子化、自动化的提高，ECU 将会日益增多，线路会日益复杂。为了简化电路和降低成本，汽车上多个 ECU 之间的信息传递就要采用多路复用通信网络技术，将整车的 ECU 形成一个网络系统，也就是我们常说的 CAN 数据总线。

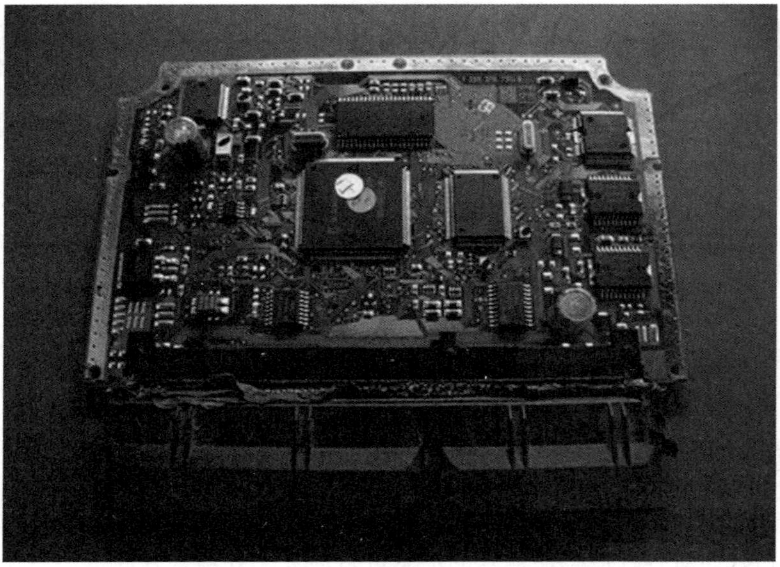

图 1-1 桑塔纳 3000 发动机所用的 ECU

二、发动机控制模块

发动机控制模块(ECM,Engine Control Module) 就像发动机的灵魂一样，控制整个发动机的运转。要控制发动机，就必须有许多传感器 (Sensor) 来接收并传递发动机运转信息，一般，发动机通常会有进气温度传感器 (IAT Sensor)、节气门开度传感器 (TPS Sensor)、歧管压力传感器 (MAP Sensor)、冷却液温度传感器 (ECT Sensor)、曲轴角度传感器 (Crank Sensor)、爆燃传感器 (Knock Sensor)、氧传感器等 (O_2 Sensor)将发动机各种状态信息送至 ECU 运算，这些发动机运转信息经过运算后，会由 ECU 对各个执行器 (Reactor) 发出控制信号来控制执行器的动作，发动机上常见的执行器有怠速控制阀 (IAC)、喷油模块、点火模块、EGR 阀、VVT 控制器、活性炭罐 (EEC) 脱气阀等。这么多的传感器及这么多的执行器，最主要的就是要计算并控制发动机的最佳喷油量及点火时机。当然还有一些控制是为了实现环保标准，如活性炭罐脱气阀。发动机控制模块(ECM)是多数发动机上功能最为强大的计算机。ECM 采用闭环控制，这种控制方案通过监控系统的输出来控制系统的输入，从而管理发动机的排放和燃油经济性(以及很多其他参数)。通过从许多不同的传感器收集数据，ECM 能了解从冷却液温度到废气中氧含量等大量信息。它会利用这些数据执行每秒数百万次的计算，包括在表中查找值，通过计算结果确定最佳的点火正时以及喷油器的开启时间。ECM 执行所有这些操作以确保实现最低排放量和最佳效率。

例如，和油耗有关的是“开回路控制”与“闭回路控制”。“开回路控制”是指控制器按程序中的控制模式，单向地下指令给执行器动作；而“闭回路控制”则是在控制回路中加入回馈信号，以修正执行器的动作量。在喷泊控制系统中，是由 ECM 依据当时发动机运转状况，将该条件下所设定的喷油量指令传送至喷油器。在开回路控制下，ECM 送给喷油器的喷油指令不会受回馈信号的修正。在闭回路控制下，其喷油指令将受回馈信号的修正，而回馈信号的来源是氧传感器。氧传感器会检测废气中的含氧量，并把含氧量信号送至 ECM，ECM 会依据含氧量及喷油量计算出实际空燃比，若是检测出混合气太稀（空燃比大），ECM 会朝加浓方向修正；若是检测出混合气太浓（空燃比小），ECM 会朝调稀方向修正，让发动机在最佳空燃比下运转，这时发动机的燃油消耗会最小(图 1-2)。

图 1-2　东风朝阳发动机所用的博世 ECM

发动机何时会处于闭回路控制，何时又会处于开回路控制呢？在一般的运转状况下，发动机都是采用闭回路控制，而当节气门开度过大、急加速及冷车状态时，发动机就会进入开回路状态。尤其在急速深踩加速踏板时，发动机不但处于开回路状态，甚至还会进入喷油增浓模式，所以一定比较耗油。

三、防抱死制动系统 ABS

防抱死制动系统 ABS(Anti-locked Braking System)是一种具有防滑、防锁死等优点的汽车安全控制系统。ABS 是在常规制动装置基础上发展出的改进型技术，可分机械式和电子式两种。它既有普通制动系统的制动功能，又能防止车轮锁死，使汽车在制动状态下仍能转向，保证汽车的制动方向稳定性，防止产生侧滑和跑偏。

ABS 可安装在任何带液压制动的汽车上。它是利用阀体内的一个橡胶气囊，在踩下制动踏板时，给予制动油压力，充斥到 ABS 的阀体中，此时气囊利用中间的空气隔层将压力返回，使车轮避过锁死点。当车轮即将到达下一个锁死点时，制动油的压力使得气囊重复作用，如此在 1s 内可作用 60~120 次，相当于不停地制动、放松，类似于俗称的“点刹”。因此，ABS 防抱死系统，能使车轮在制动时不被锁死，避免在紧急制动时方向失控及车轮侧滑，不让轮胎在一个点上与地面摩擦，从而加大摩擦力，使制动效率达到 90%以上，同时还能减少制动消耗，延长制动轮鼓、制动片和轮胎的使用寿命。装有 ABS 的车辆在干柏油路、雨天、雪天等路面防滑性能分别达到 80%~90%、30%~10%、15%~20%。现今全世界已有本迪克斯、博世、摩根·戴维斯、海斯·凯尔西、苏麦汤姆、本田、日产等许多公司生产 ABS 设备，它们又有整体和非整体之分。上海通用别克轿车用 ABS 电脑如图 1-3 所示。

图 1-3 上海通用别克轿车用 ABS 电脑

四、安全气囊 SRS

安全气囊分布在车内前方、侧方和车顶三个方向。在装有安全气囊系统的容器外部都印有 Supplemental Inflatable Restraint System(简称 SRS)的字样，直译成中文，应为“辅助可充气约束系统”。英文名称中强调了安全气囊是辅助性的设备，与安全带配合工作才能起到最佳的保护作用(图 1-4)。在驾驶人位的气囊装在转向盘的中间位置，前排乘员位的安全气囊安装在正前方的平台内部，在意外发生的瞬间可以有效地保护驾驶人和前排乘员位乘员的头部和胸部。因为正面发生的猛烈碰撞会导致车辆前方大幅度的变形，而车内乘员会随着这股猛烈的惯性向前俯冲，造成跟车内构件的相互撞击。另外，车内驾驶人位置的安全气囊可以有效地防止在发生碰撞时转向盘顶到驾驶人的胸部，避免致命的伤害。

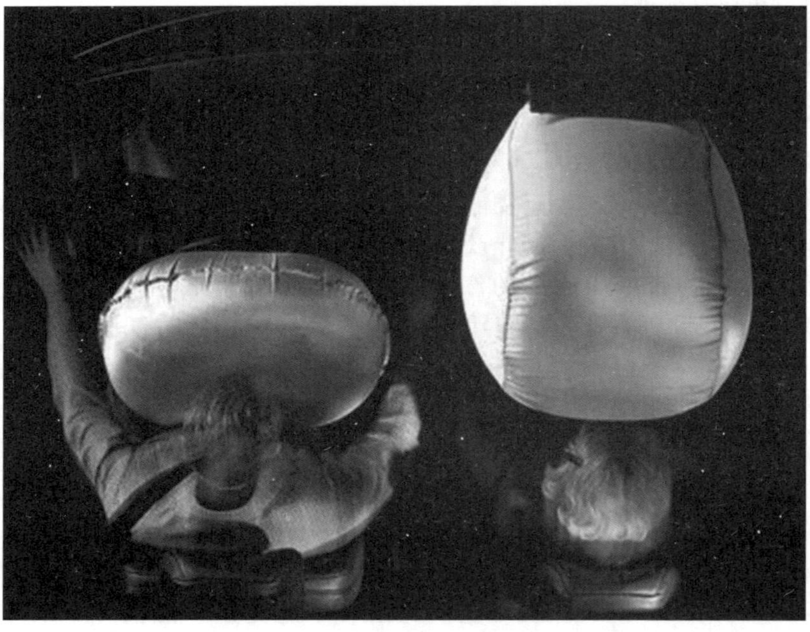

图 1-4 汽车内部所用安全气囊发生碰撞后效果图

侧面气囊系统用于汽车遭侧面碰撞以及车辆翻滚时保护乘员的安全，一般安装于车门上。当车辆遭到侧面碰撞时，会导致车门严重变形，以至于无法开启车门，车内乘员被困于车内。侧面安全气囊可以有效地保护车内驾乘人员来自侧面撞击导致的腰部、腹部、胸部外侧，以及胳膊的伤害，保证人体上肢的活动能力和逃生能力。

随着整车被动安全重要性的深入人心，在一些高档豪华车中出现了高达30多个气囊从颈部、膝部，甚至在车顶的两侧也会配有两条管状气囊，在意外情况发生时能够有效缓解来自车顶上方的下压力，配合侧面气帘能够有效地保护乘客的头部和颈部。膝盖部分的气囊位于前排驾驶人座椅内，一旦打开能够有效保护后排乘客的腰下肢体部位，从而也能缓解来自正面碰撞的前冲力。

车外气囊系统又叫保险杠内藏式气囊。当汽车在正面碰撞行人时，气囊迅速向前张开和向两侧举升，托起被撞行人，同时防止行人跌向两侧。目前，车外气囊系统正处于研制阶段。

广州本田所用安全气囊电脑板如图1-5、图1-6所示。

五、电控机械式自动变速器AMT

电控机械式自动变速器(Automated Mechanical Transmission,简称AMT)是在传统的手动齿轮式变速器基础上改进而来的，它是结合了AT(自动)和MT(手动)两者优点的机电液一体化自动变速器；AMT既具有液力自动变速器自动变速的优点，又保留了原手动变速器齿轮传动的效率高、成本低、结构简单、易制造的长处。驾驶人通过加速踏板和操纵杆向ECU传递控制信号，电控单元采集发动机转速传感器、车速传感器等信号，时刻掌握车辆的行驶状态；ECU根据这些信号，按存储于其中的最佳程序、最佳换档规律、离合器模糊控制规律、发动机供油自适应调节规律等，对发动机供油、离合器的分离与结合、变速器换档三者的动作与时序实现最佳匹配，从而获得优良的燃油经济性与动力性能，以及平稳起步与迅速换档，以达到驾驶人所期望的结果。为了提高AMT车辆的性能，改善其换档操纵控制是一个很重要的方面。

图1-5　广州本田所用安全气囊电脑板外观图

目前，按照执行机构动力源的不同，AMT 的选换档系统可分为电控气动、电控液动和电控电动三种类型。一汽捷达所用电脑自动变速器电脑板如图 1-7、图 1-8 所示。

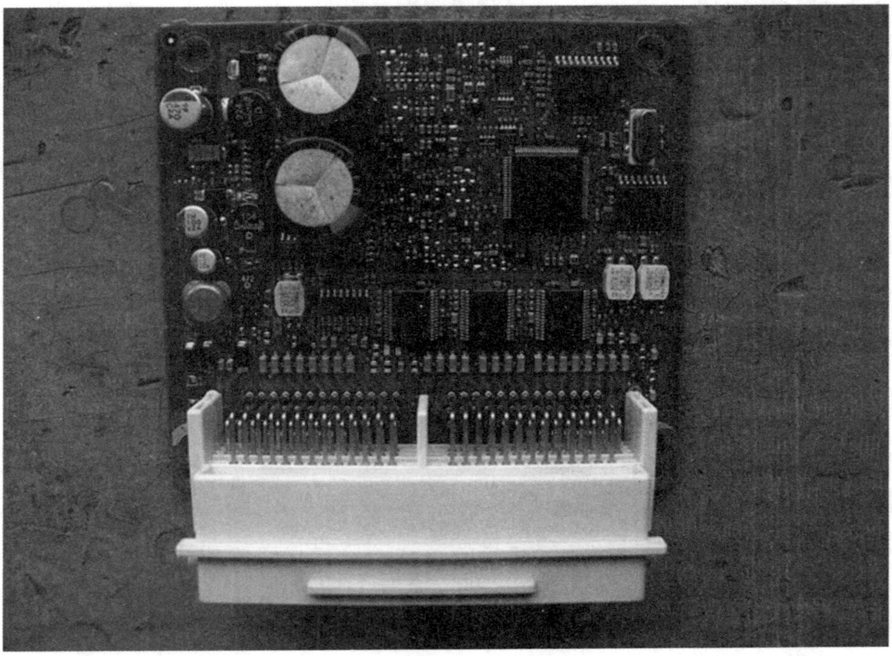

图 1-6　广州本田所用气囊电脑板

图 1-7　一汽捷达所用自动变速器电脑板标签

图 1-8 一汽捷达所用自动变速器电脑板

六、防盗警报装置 ATAS

防盗警报装置(Anti-Theft Alarm System,简称 ATAS)带有电子防盗锁，可以有效防止车辆被盗。警报声和信号灯闪烁能够吸引行人注意力，吓退偷盗者。一旦车门或车窗被非正常开启，警报装置会对车门和车身的触碰以及超声波信号作出反应，发出紧急鸣叫。超声波系统还能感应出破窗而入的不法行为。

最新一代的防盗警报装置包括一个不受车载电压影响的警报器和一个防车门非法开启的警报器。防盗警报装置在锁车时自动启用，在车门开启时自动关闭。某些车型的防盗装置还装有方位传感器，可以监测汽车的方位变化(如将车整体运走)并发出警报。防盗警报装置一般鸣叫 30s，同时伴随警报灯的持续闪烁。

防盗警报装置“加强版”还额外提供车身内部监控，以及避免汽车被强行拖走的反拖保护功能。

目前，汽车防盗器已由初期的机械控制，发展成为钥匙控制—电子密码—遥控呼救—信息报警的汽车防盗系统，由以前单纯的机械钥匙防盗技术走向电子防盗、生物特征式电子防盗。电子防盗系统主要由电子控制的遥控器或钥匙、电子控制电路、报警装置和执行机构等组成。

七、汽车组合仪表 ACI

ACI 是汽车组合仪表(Automobile Combined Instrument)的简称。不同汽车的仪表不尽相同，但是一般汽车的常规仪表有车速里程表、转速表、机油压力表、冷却液温度表、燃油表、充电表等。现代汽车上，汽车仪表还需要装置稳压器，专门用来稳定仪表电源的电压，抑制波动幅度，以保证汽车仪表的精确性。另外，大部分仪表显示的依据来自传感器，传感装置根据被监测对象的状态变化而改变其电阻值，把参数通过仪表显示出来。仪表板中最显眼的是车速里程表，它显示汽车的时速，单位是 km/h(千米/小时)；里程，单位是 km(千米)。车速里程表实际上由两个表组成，一个是车速表，另一个是里程表。

传统的车速表是机械式的，典型的机械式里程表连接一根软轴，软轴内有一根钢缆，软轴另一端连接到变速器某一个齿轮上，齿轮旋转带动钢缆旋转，钢缆带动里程表罩圈内一块磁铁旋转，罩圈与指针连接并通过游丝将指针置于零位，磁铁旋转速度的快慢引起磁场大小的变化，平衡被打破，指针因此被带动。这种车速里程表简单实用，被广泛用于大小型汽车上。不过，随着电子技术的发展，现在很多轿车仪表已经使用电子车速表，常见的一种是从变速器上的车速传感器获取信号，通过脉冲频率的变化使指针偏转或者显示数字。

里程表是一种数字式仪表，它通过计数器鼓轮的传动齿轮与车速表传动轴上的蜗杆啮合，使计数器鼓轮转动，其特点是上一级鼓轮转一整圈，下一级鼓轮转1/10圈。同车速表一样，目前里程表也是电子式里程表，它从车速传感器获取里程信号。电子式里程表累积的里程数字存储在非易失性存储器内，在无电状下态数据也能保存。

发动机转速表一般设置在仪表板(图1-9、图1-10)内，与车速里程表对称地放置在一起。发动机转速表是按照磁性原理工作的，它接收点火线圈中初级电流中断时产生的脉冲信号，并将此信号转换为可显示的转速值。发动机转速越快，点火线圈产生的脉冲次数越多，表上显示的转速值就越大。

图1-9 桑塔纳2000所用组合仪表

现在轿车一般都是电子式转速表，有指针式和液晶数字显示式，表内有数字集成电路，它将点火线圈输送过来的电压脉冲经过计算后驱动指针移动或数字显示。另外，还有一种转速表是从发电机取出脉冲信号送到转速表电路解析后显示转速值，不过因受发电机传动带打滑等因素影响，数值不太精确。

图 1-10　桑塔纳 2000 所用组合仪表电脑板

八、汽车空调自动温度控制 ATC

汽车空调自动温度控制 ATC（Automatic Temperature Control）俗称恒温空调系统。一旦设定目标温度，ATC 系统即自动控制与调整，使车内温度保持在设定值。

1. 全自动温度控制系统

全自动温度控制系统包括温度传感器、控制系统 ECU（图 1-11、图 1-12）、执行机构等。其中温度传感器有车外气体温度传感器、车内气体温度传感器、日照传感器（阳光强度传感器）和蒸发器温度传感器。

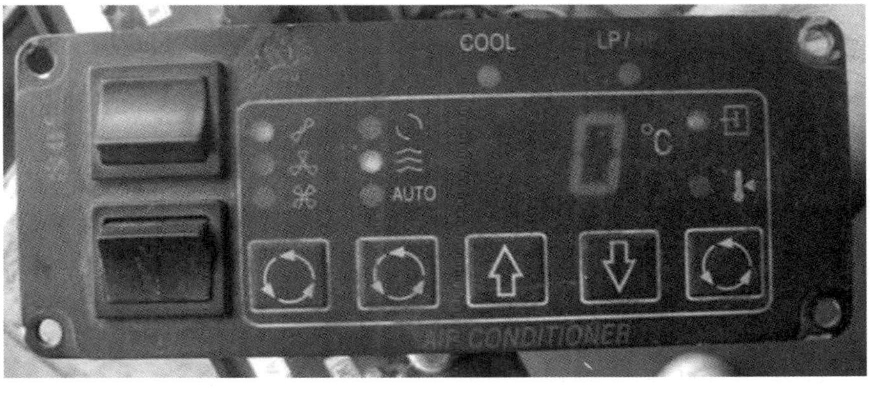

图 1-11　宇通客车所用空调自动温度控制 ECU 面板

车外温度传感器（Outside Temperature Sensor）一般以热敏电阻制成，当车外温度变化时

图1-12 宇通客车所用空调自动温度控制内部电脑板

其电阻发生改变。温度低时电阻大，温度高时电阻小。

车内温度传感器(In-vehicle Sensor)同样采用热敏电阻材料，具有负温度系数特性。一般安装在仪表板下方，并以空气管连接到空调通风管上，当气流迅速通过时，产生的真空将空气引入车内温度传感器。

日照传感器(Sunlight Sensor)以光敏二极管制成，用以感应阳光照射车辆的强度，注意它并不感应温度。通常装在仪表盘上方。

蒸发器温度传感器(Evaporator Temperature Sensor)一般安装在蒸发器翼片上，以精确感应蒸发器的温度，同样采用热敏电阻制造，具有负温度系数特性。

2. 执行机构

执行机构包括以下四种。

1）鼓风机转速控制。空调系统ECU根据设定的温度、车内现有温度、车外温度、阳光强度、蒸发器温度等信号，发送不同的指令给鼓风机电动机，从而控制不同的鼓风机转速。对于一些恒温空调系统，当发动机起动时或冷却液温度低于预定值，空调系统ECU使鼓风机不起作用。

2）混合空气阀执行器。混合空气阀执行器采用一个电控电动机，根据驾驶人设定的温度自动控制混合空气阀的位置，以控制一定的车内温度。一些车型采用真空马达，但控制不够精确。当驾驶人设定温度为22℃时，而车厢内温度低于22℃时，控制系统ECU发送指令给电动机，混合空气阀关闭蒸发器侧通道，并打开从暖风散热器一侧来的通道，使车内温度迅速升高到22℃；当驾驶人设定温度为22℃，而车厢内温度高于22℃时，控制系统ECU发送指令给电动机，混合空气阀打开从蒸发器一侧来的通道，并关闭暖风散热器一侧的通道，并使鼓风机电动机高速运转，使车内温度迅速下降到22℃。

3）模拟阀执行器。模拟阀执行器以电动机控制空气阀的位置，从而改变空调出风口。

4）空调压缩机离合器。当驾驶人选择A/C模式时，空调系统ECU使压缩机离合器的线圈搭铁，触点闭合，电流通过离合器线圈，使离合器结合，带动压缩机转动。当车外温度传感器显示温度低于设定值时，ECU使压缩机离合器分离；同样，当传感器显示节气门全开或发动机处于高速运转时，ECU也使压缩机离合器分离。

九、定速巡航系统 CCS

定速巡航系统(Cruise Control System,简称 CCS)又称为定速巡航行驶装置、速度控制系统、自动驾驶系统等。其作用是按驾驶人要求的速度设定系统之后，不用踩加速踏板就能自动保持车速，使车辆以固定速度行驶。

定速巡航用于控制汽车的定速行驶，汽车一旦被设定为巡航状态时，发动机的供油量便由电脑控制，电脑会根据道路状况和汽车的行驶阻力不断地调整供油量，使汽车始终保持在所设定的车速行驶，而无须操纵节气门。目前，巡航控制系统已成为中高级轿车的标准装备。一般情况下，当驾驶人踩下制动踏板或离合器踏板时，定速巡航会被自动解除。

最新电子节气门定速巡航系统的工作过程更加智能化和精确化，是通过定速巡航系统控制电子节气门传感器输出的信号，控制节气门开度大小的调整，来实现对车辆速度的控制。定速巡航功能开启后，定速巡航模块会通过电子节气门传感器输出的信号，精确计算为保持当前定速巡航速度，需要控制节气门开启的角度大小，从而使得气、油精确配合，来达到定速巡航所设定的行驶速度，完全摒弃了传统的机械部分控制，已达到控制更精准、安全的效果。

由于汽车技术的发展，越来越多的拉线式节气门控制方式被电子式节气门控制方式所代替。拉线式定速巡航器主要由控制开关、控制组件(巡航电脑,如图 1-13)、伺服器(机械执行机构)组成。定速巡航系统的工作原理，简单地说，就是由巡航控制组件读取车速传感器发来的脉冲信号与设定的速度进行比较，从而发出指令由伺服器机械地来调整节气门开度的增大或减小，以使车辆始终保持所设定的速度。电子式多功能定速巡航系统取消了拉线式定速巡航器的机械控制部分，完全采用精准电子控制，使控制更精确，避免了机械故障的风险。

图 1-13　定速巡航系统电脑板

十、车身控制器 BCM

车身控制器 BCM(Body Control Module)主要涉及车体中灯、门、窗及车身防盗部分，与其他模块共同承担整车的性能与安全功能的实现。

BCM 控制技术有三种方式：分散式、集中式和分布式(总线式)。目前，国内采用分散式 BCM 的车型主要是经济型轿车，如桑塔纳 3000、旗云、自由舰、伊兰特、爱丽舍、捷达等；用集中式 BCM 的车型较少，代表车型有御翔、天籁、颐达、骐达、尊驰、骏捷等；中高档轿车多采用分布式 BCM(图 1-14)，如帕萨特、途安、雅阁、凯旋、奥迪、速腾、蒙迪欧、皇冠、君威、派朗等。

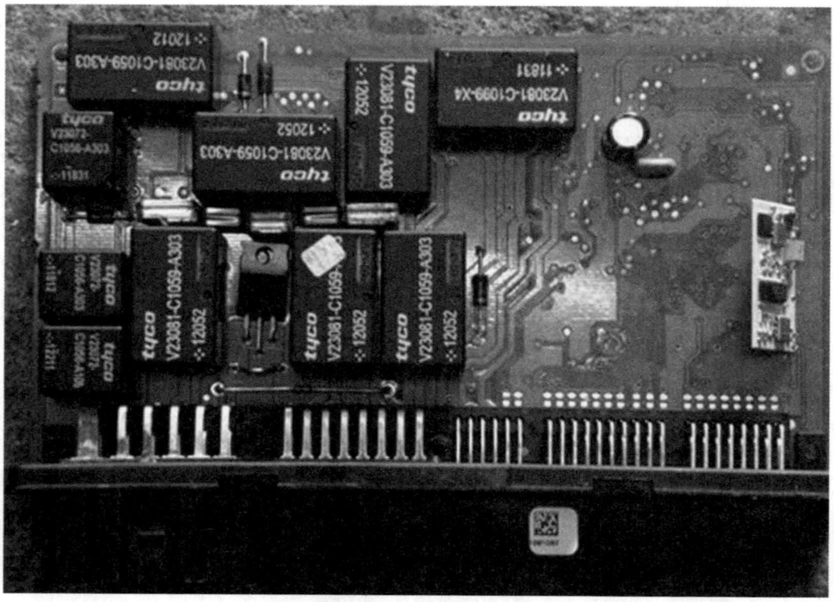

图 1-14 奥迪 A6 车身 BCM 电脑

当前，越来越多的车身电子设备在车身系统中得到应用，使得 BCM 控制对象更多；各电子设备的功能越来越多，各种功能都需要通过 BCM 来实现，使得 BCM 功能更加强大；各电子设备之间的信息共享越来越多，一个信息可同时供许多部件使用，要求 BCM 的数据通信功能越来越强；单一集中式 BCM 很难完成越来越庞大的功能，使得总线式、网络化的 BCM 成为发展趋势。

十一、控制器局域网络 CAN

控制器局域网络(Controller Area Network，简称 CAN)是由德国博世(BOSCH)公司开发的，并最终成为国际标准(ISO11898)，是国际上应用最广泛的现场总线之一。

CAN 总线是一种串行多主站控制器局域网总线，是一种有效支持分布式控制或实时控制的串行通信网络。由于其通信速率高，可靠性好以及价格低廉等特点，特别适合汽车系统，所以利用 CAN 总线技术总线式控制车身电子电器装置是 BCM 发展的必然趋势。

Lin 总线也常常应用于 BCM 通信中，在通信量不大、速率要求不高的低端控制系统，如自动刮水器及车门防夹功能的实现都由 Lin 总线完成，这样既满足了要求，又降低了成本。

十二、车辆本身自带语音电子导航系统 NAVI

车辆本身自带语音电子导航系统(NAVI)，比如 NAVI A-301 导航系统，集成了多媒体功能，可同时执行多项任务的车载系统。其功能大致分为我的文件夹、多媒体、小助手、娱乐、系统五个部分。

NAVI A-301 的主要功能为电子地图和智能导航，通过全程语音导航将驾驶人从出发地指引到目的地。NAVI A-301 提供白天和夜间两种不同图层背景下的 2D、2.5D、2D/2.5D 双画面和 2.5D 仰角可调节等四种地图显示模式。导航系统可提供八种检索方法，分别为地址检索、地名检索、路名检索、交叉路口检索、服务点检索、电话检索、邮编检索和名称检索，可以通过以上任一种方法找到任一地点在地图上的位置，并可在快捷菜单中选择查阅地理信息，包括名称、电话、邮编、地址等。

NAVIA-301 多媒体系统主要包括收音机、电视、DVD、MP3、外部 AV 导入、MPEG 六大功能，可收听调频(立体声)和中波电台的新闻、音乐和交通状况等的报道，可接收 PAL 制式的电视信号，画面清晰，支持国内两种伴音制式的转换，可播放 DVD、VCD、CD、MP3 光盘，可外接摄像头等设备，用于车外环境监视，可替代倒车雷达，并可播放存储在 CF 卡上的 MPEG 视频文件。

十三、制动控制系统 BRC

BRC 是制动控制(Brake Control)系统的简称。制动系统是汽车上用以使外界(主要是路面)在汽车某些部分(主要是车轮)上施加一定的力，从而对其进行一定程度的强制制动的一系列专门装置。制动系统的作用是使行驶人的汽车按照驾驶人的要求进行强制减速甚至停车；使已停驶的汽车在各种道路条件下(包括在坡道上)稳定驻车；使下坡行驶的汽车速度保持稳定。对汽车起制动作用的只能是作用在汽车上，且方向与汽车行驶方向相反的外力，而这些外力的大小都是随机的、不可控制的。因此，汽车上必须装设一系列专门装置以实现上述功能。

为了提高汽车行驶的安全性，除标准配置的 ABS 外，一些新的制动控制系统还在不断发展中。如电子制动力分配系统 EBD(Electronic Braking Force Distribution)、弯道制动控制系统 CBC(Curve Braking Control)、制动辅助系统 BAS(Braking Assistant System)以及电控制动系统 EBS(Electronic Braking System)等。

1. 电子制动力分配系统(EBD)

安装了 ABS 的汽车，虽然可以避免在制动过程中出现各车轮不同期抱死，起到防止侧滑或失去转向能力的作用，但却不一定能保证前后车轮同时达到最大制动强度，获得最短的制动距离。在 ABS 基础上，加装电子制动力分配系统(EBD)就可有效地解决这一问题。

电子制动力分配系统(EBD)的调节过程和防抱死制动系统(ABS)的调节过程是相似的，即通过对车轮制动压力实行不断降压、保压、升压的循环控制来实现的。因此，在装备有 ABS 的汽车上只要通过修改控制软件程序就可同时实现电子制动力分配和制动防抱死。汽车制动过程中，EBD 先起作用，当车轮接近抱死时 ABS 才起作用，而 EBD 作用消失。目前，很多国产轿车如桑塔纳 2000GSi、派力奥、西耶那、福美莱等都装备了 ABS+EBD 制动系统。

2. 转弯制动控制系统 CBC

汽车转弯时有较大的离心力，尤其车速较高时更是这样，此时对汽车实施制动，既要保持汽车的横向稳定性，又要确保良好的制动效果，仅有 ABS+EBD 是不够的。转弯制动控制系统(CBC)的作用是，当汽车转弯制动时，通过调节汽车两侧车轮制动轮缸中的制动压力，使外侧车轮在制动过程中获得更大的制动力。

转弯制动控制通常采用转向角前馈(Feed forward)和横摆角速度反馈(Feedback)联合控制方法。为实现汽车转弯时对两侧车轮制动轮缸中制动压力上的调节，在ABS硬件基础上增加了4个轮缸压力传感器、1个横摆角速度传感器、1个汽车加速度传感器和1个转向角传感器。CBC对每个制动车轮进行独立控制，使制动过程稳定和有足够的制动力，保证汽车转弯制动性能和直线行驶制动性能一样。宝马X4.6is型多用途车(SUV)上即装备了CBC系统。

十四、电子控制动力转向系统EPS

动力转向(Power Steering)汽车所使用的自带动力的转向系统，基本上是经修改的手动转向系统，主要的是增加一个助力器(Power Booster)，以帮助驾驶人操作。

下面介绍电子液压助力转向系统(图1-15)。

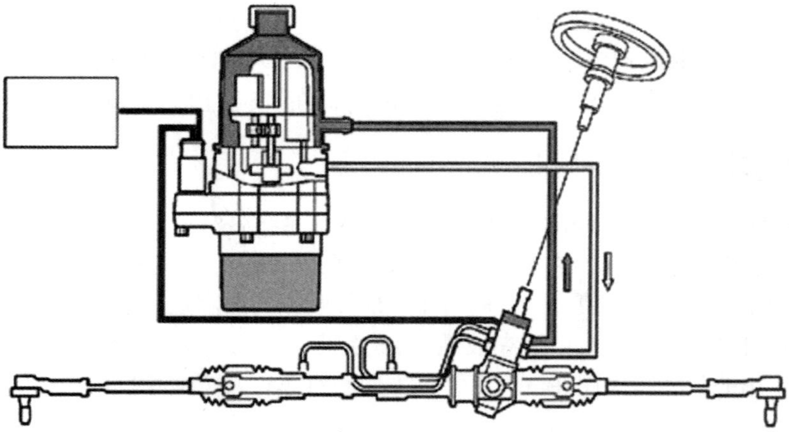

图1-15 液压助力转向系统示意图

1. 主要构件

储油罐、助力转向控制单元、电动泵、转向机、助力转向传感器等，其中助力转向控制单元和电动泵是一个整体结构。

2. 工作原理

电子液压转向助力系统克服了传统的液压转向助力系统的缺点。它所采用的液压泵不再靠发动机直接驱动，而是采用一个电动泵，它所有的工作状态都是由电子控制单元根据车辆的行驶速度、转向角度等信号计算出的最理想状态。简单地说，在低速大转向时，电子控制单元驱动电子液压泵以高速运转输出较大功率，使驾驶人打转向盘时省力；汽车在高速行驶时，液压控制单元驱动电子液压泵以较低的速度运转，在不至于影响高速打转向盘的需要同时，节省一部分发动机功率。

十五、安全带SB

安全带(Safe Belt)的简称为SB。“安全性”已成为驾驶人和乘员乘车时首要考虑的问题，也是汽车最重要的性能之一。传统的保证安全行车的部件，如后视镜和左右车门镜(传统的后视系统)、安全带、安全气囊(SRS)和制动防抱死系统(ABS)等已被广大驾驶人和乘车人所熟悉，并在全型轿车上普遍应用。

理想的安全带作用过程：首先，及时收紧，在事故发生的第一时刻毫不犹豫地把人“按”在座椅上。然后，适度放松，待冲击力峰值过去，或人已能受到气囊的保护时，即适当放松安全带。避免因拉力过大而使人肋骨受伤。最先进的安全带都带有预收紧装置和拉力限制器。让我们来看看这两者的功能原理。

1. 安全带预收紧装置

当事故发生时，人向前，座椅往后，此时如果安全带过松，则后果很可能是乘员从安全带下面滑出去，或者人已碰到了气囊，而此时安全带由于张紧余量过大而未能及时绷紧，即未能像希望的那样先期吃掉一部分冲力，而是将全部负担都交给了气囊。这两种情况都有可能导致乘员严重受伤。但问题是，正确安装的安全带，其松动余地来自何方？一是由于乘员的衣服本身有一定的厚度；另外，在安全带装置中也多少隐藏了部分松动余地，这种余地无法消除，但真遇到事故时，还就应该尽量消除。怎么办？为此出现了这种安全带预收紧装置，它负责提供瞬间绷紧安全带的功能。其作用过程：首先由一个探头负责收集撞车信息，然后释放出电脉冲，该脉冲传递到气体发生器上，引爆气体。爆炸产生的气体在管道内迅速膨胀，压向所谓的球链，使球在管内往前窜，带动棘爪盘转。棘爪盘跟轴连为一体，安全带就绕在轴上。简单地讲，就是气体压力使球动，球带动棘爪盘转，棘爪盘带动轴转，瞬间实现了安全带的预收紧功能。从感知事故到完成安全带预收紧的全过程仅持续千分之几秒。管道末端是一截空腔，用于容留滚过来的球。

2. 安全带拉力限制器

事故发生后，安全带在预收紧装置的作用下，已经绷紧了。但我们希望在受力峰值过去后，安全带的张紧力度马上降低，以减小乘员受力，这份特殊任务就由安全带拉力限制器来完成。在安全带装置上，有一个如前所述的预收紧装置，底下卷绕着安全带。轴芯里边是一根钢质扭转棒。当负荷达到预定情况时，扭转棒即开始扭曲，这样就在一定程度上放松了安全带，实现了安全带的拉力限制功能。

在安全带预收紧装置和安全带拉力限制器的共同作用下，安全带的保护能力几乎达到了理想状态。先进的安全带确实能给乘员提供可以信赖的安全保护。

十六、电动车窗系统 EWS

电动车窗系统(Electric Window System)简称 EWS。电动车窗系统是由车窗、车窗升降器、电动机、继电器、开关等装置组成。

一般的电动车窗系统都装有两套控制开关：一套装在仪表板或驾驶人侧车门扶手上，为主开关，它由驾驶人控制每个车窗的升降；另一套分别装在每一个乘客门上，为分开关，可由乘客进行操纵。一般在主开关上还装有断路开关，如果它断开，分开关就不起作用。

十七、小结

上述各类控制系统及其他未收录的控制系统都隶属于单片机的范畴。每一个控制系统都是一个独立的单片机。单片机又称“单片计算机”或“单板计算机”，区别于有扩展插槽的多板计算机，如家用电脑。

第二节 单片机的结构与工作原理

一、单片机概况

单片机是一种大规模集成电路芯片，它将中央处理器 CPU 随机存储器 RAM、只读存储器 ROM、多种 I/O 口和中断系统、定时器/计时器等功能(可能还包括显示驱动电路、脉宽调制电路、模拟多路转换器、A/D 转换器等电路)集成到一块硅芯片上，构成的一个小而完善的计算机系统。当然，芯片上还有很重要的电源转换电路。

单片微型计算机简称单片机，是典型的嵌入式微控制器(Microcontroller Unit)，常用英文字母的缩写 MCU 表示单片机，它最早被用在工业控制领域。由于单片机在工业控制领域的广泛应用，为使更多的业内人士、学生、爱好者，产品开发人员掌握单片机开发这门技术，于是企业产生了单片机开发板，例如比较有名的电子人 DZR-01A 单片机开发板。

早期的单片机都是 8 位或 4 位的。其中最成功的是 INTEL 的 8031，因为简单可靠而性能不错获得了很大的好评。此后在 8031 上发展出了 MCS51 系列单片机系统。基于这一系统的单片机系统直到现在还在广泛使用。随着工业控制领域要求的提高，开始出现了 16 位单片机，但因为性价比不理想并未得到很广泛的应用。20 世纪 90 年代后随着消费电子产品大发展，单片机技术得到了巨大提高。随着 INTEL i960 系列，特别是后来的 ARM 系列的广泛应用，32 位单片机迅速取代 16 位单片机的高端地位，并且进入主流市场。而传统的 8 位单片机的性能也得到了飞速提高，处理能力比起 20 世纪 80 年代提高了数百倍。目前，高端的 32 位单片机主频已经超过 300MHz，性能直追 20 世纪 90 年代中期的专用处理器，而普通的型号出厂价格跌落至 1 美元，最高端的型号也只有 10 美元。当代单片机系统已经不再只在裸机环境下开发和使用，大量专用的嵌入式操作系统被广泛应用在全系列的单片机上。而在作为掌上电脑和手机核心处理的高端单片机甚至可以直接使用专用的 Windows 和 Linux 操作系统。

单片机比专用处理器更适合应用于嵌入式系统，因此它得到了最多的应用。事实上单片机是世界上数量最多的计算机。现代人类生活中所用的几乎每件电子和机械产品中都会集成有单片机。手机、电话、计算器、家用电器、电子玩具、掌上电脑以及鼠标等电脑配件中都配有 1~2 部单片机。而个人电脑中也会有为数不少的单片机在工作。汽车上一般配备 40 多部单片机，复杂的工业控制系统上甚至可能有数百台单片机在同时工作。单片机的数量不仅远超过 PC 机和其他计算的总和，甚至比世界人口的数量还要多。

单片机内部具有和电脑功能类似的部件，比如 CPU、内存、并行总线、还有和硬盘作用相同的存储器件，不同的是它的这些部件性能都相对我们的家用电脑弱很多，不过价钱也是低的，一般不超过 10 元即可。

单片机是靠程序运行的，并且可以修改。通过不同的程序实现不同的功能，尤其是特殊的独特的一些功能，是别的器件很难实现的。一个不是很复杂的功能要是用美国 20 世纪 50 年代开发的 74 系列，或者 20 世纪 60 年代的 CD4000 系列这些纯硬件来完成的话，电路一定是一块大 PCB 板。但是如果要是用美国 20 世纪 70 年代成功投放市场的系列单片机，可以很容易地实现。因为单片机通过你编写的程序可以实现高智能，高效率，以及高可靠性。

二、单片机的工作过程

单片机自动完成赋予它的任务的过程，也就是单片机执行程序的过程，即一条条执行指令的过程，所谓指令就是要求单片机执行的各种操作用的命令，一条指令对应着一种基本操作。单片机所能执行的全部指令，就是该单片机的指令系统。不同种类的单片机，其指令系统亦不同。为使单片机能自动完成某一特定任务，必须把要解决的问题编成一系列指令(这些指令必须是选定单片机能识别和执行的指令)，这一系列指令的集合就称为程序，程序需要预先存放在具有存储功能的部件——存储器中。存储器由许多存储单元(最小的存储单位)组成，指令就存放在这些单元里。每一个存储单元必须分配唯一的地址号，该地址号称为存储单元的地址，这样只要知道了存储单元的地址，就可以找到这个存储单元，其中存储的指令就可以被取出，然后再被执行。

三、单片机的构成

单片机由 CPU、存储器(ROM 和 RAM)、电源电路、晶体振荡器、复位电路、输入输出接口电路构成。

1. CPU

CPU 是 Central Processing Unit(中央处理器)的缩写，主要由运算器、控制器、寄存器组和片内总线等组成(图 1-16、图 1-17)。它的功能主要是指令控制、操作控制、时序控制、执行指令、数据加工等。以 51 单片机 CPU 为例，8 位的 MCS-51 单片机的 CPU 内部有算术逻辑单元 ALU(Arithmetic Logic Unit)、累加器 A(8 位)、寄存器 B(8 位)、程序状态字 PSW(

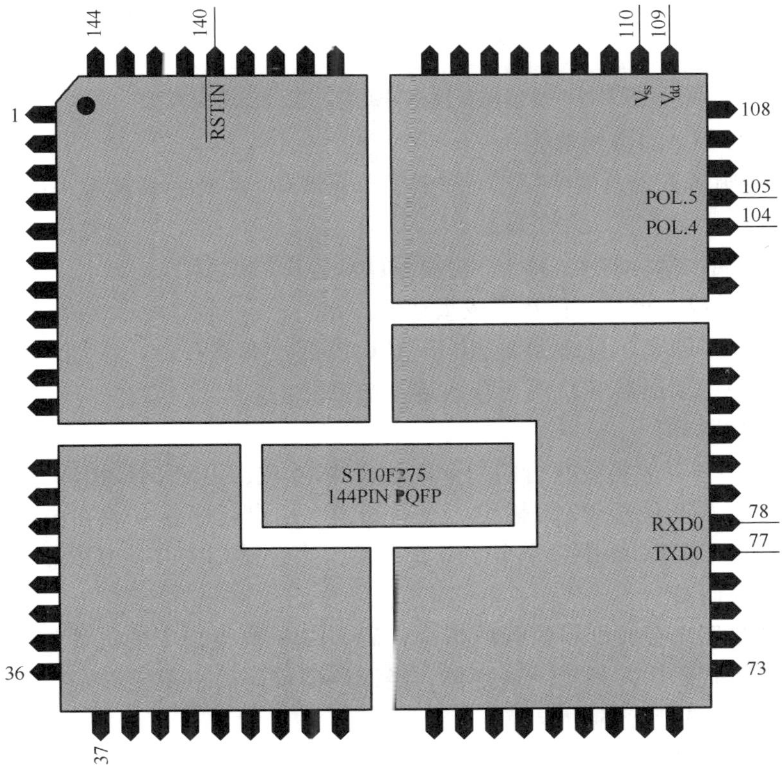

图 1-16 博世三代/四代内部所用 CPU 简图

8位)、程序计数器PC(有时也称为指令指针,即IP,16位)、地址寄存器AR(16位)、数据寄存器DR(8位)、指令寄存器IR(8位)、指令译码器ID、控制器等部件组成。

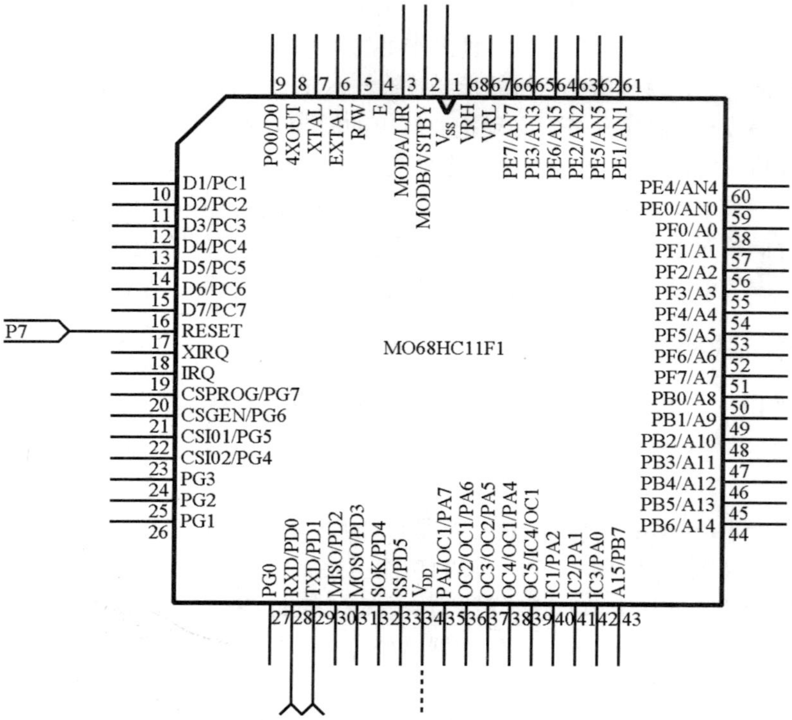

图1-17 德尔福一代和马锐利一代内部所用CPU

(1) 运算器(ALU)的主要功能

1) 算术和逻辑运算,可对半字节(一个字节是8位,半个字节就是4位)和单字节数据进行操作。

2) 加、减、乘、除、加1、减1、比较等算术运算。

3) 与、或、异或、求补、循环等逻辑运算。

4) 位处理功能(即布尔处理器)。由于ALU内部没有寄存器,参加运算的操作数,必须放在累加器A中。累加器A也用于存放运算结果。

(2) 程序计数器PC

PC的作用是用来存放将要执行的指令地址,共16位,可对64K ROM直接寻址,PC低8位经P0口输出,高8位经P2口输出。我们知道,用户程序是存放在内部的ROM中的,我们要执行程序就要从ROM中一个个字节读出来,然后到CPU中去执行。

(3) 指令寄存器IR

IR的作用就是用来存放即将执行的指令代码。CPU执行指令的过程是先由程序存储器(ROM)中读取指令代码送入到指令寄存器,经译码器译码后再由定时与控制电路发出相应的控制信号,从而完成指令的功能。

(4) 指令译码器ID

ID用于对送入指令寄存器中的指令进行译码,所谓译码就是把指令转变成执行此指令所需要的电信号。当指令送入译码器后，由译码器对该指令进行译码，根据译码器输出的信号，CPU 控制电路定时地产生执行该指令所需的各种控制信号，使单片机正确地执行程序所需要的各种操作。

（5）地址寄存器 AR(16 位)

AR 的作用是用来存放将要寻址的外部存储器单元的地址信息，指令码所在存储单元的地址编码，由程序计数器 PC 产生，而指令中操作数所在的存储单元地址码，由指令的操作数给定。地址寄存器 AR 通过地址总线 AB 与外部存储器相连。

（6）数据寄存器 DR

DR 用于存放写入外部存储器或 I/O 端口的数据信息。可见，数据寄存器对输出数据具有锁存功能。数据寄存器与外部数据总线 DB 直接相连。

（7）程序状态字 PSW

PSW 用于记录运算过程中的状态，如是否溢出、进位等。

（8）时序部件

时序部件由时钟电路和脉冲分配器组成，用于产生微操作控制部件所需的定时脉冲信号。

2. 存储器

存储器是计算机中用来存放程序和数据的部件，是计算机的主要组成部分，它反映了计算机的“记忆”功能，存储器的存储容量越大，计算机的性能也就越好。存储器可分为随机存取存储器(Random Access Memory，简称 RAM)和只读存储器(Read Only Memory，简称 ROM)两大类如图 1-18～图 1-20 所示。后者存放调试好的固定程序和常数，前者存放一些随时有可能变动的数据。顾名思义，只读存储器一旦将数据存入，就只能读出，不能更改(EPROM、EEPROM 等类型的 ROM 可通过一定的方法来更改、写入数据——编者注)。而读写存储器可随时存入或读出数据。实际上，人们往往把运算器和控制器合并称为中央处理单元——CPU。单片机除了进行运算外，还要完成控制功能。所以离不开计数和定时。因此，在单片机中就设置有定时器兼计数器。RAM 也称读写存储器，即 CPU 在运行过程中能随时进行数据的读出和写入。RAM 中存放的信息当关闭电源时会全部丢失，所以，RAM 是易失性存储器，只能用来存放暂时性的输入输出数据、中间运算结果、用户程序，也常用它来与外存交换信息或用作堆栈。通常人们所说的微机内存容量就是指 RAM 存储器的容量。按照 RAM 存储器存储信息的电路原理的不同，RAM 又分为静态 RAM 和动态 RAM 两大类。动态 RAM 简称 DRAM。DRAM 的基本存储电路是以 MOS 晶体管的栅极和衬底间的电容来存储二进制信息，由于电容总存在泄漏现象，所以，时间长了 DRAM 内所存信息

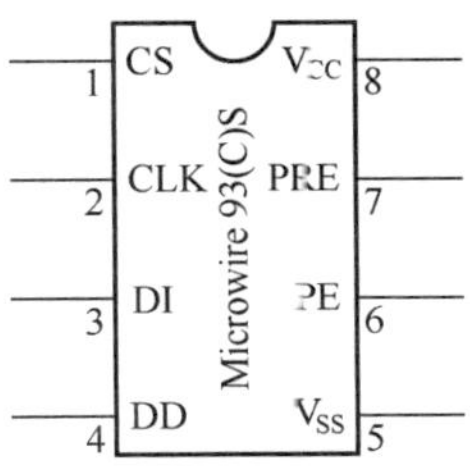

图 1-18　RAM　93CXX 端子图

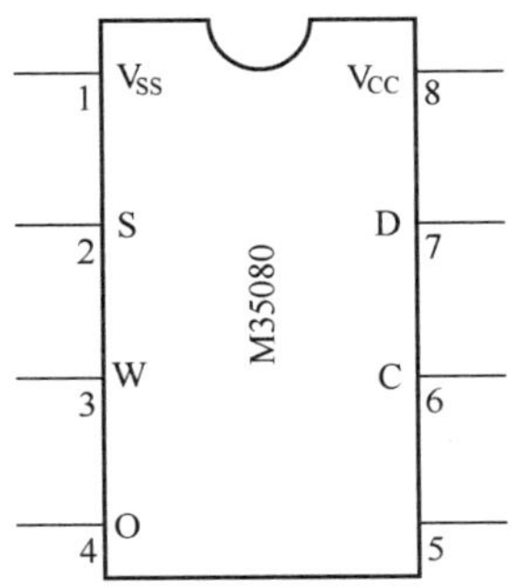

图 1-19　RAM　95080/35080 端子图

会自动消失，为维持 DRAM 所存信息不变，必须周期性地对 DKAM 进行刷新(Refresh)，即对电容补充电荷。DRAM 的基本存储电路通常是由一个 MOS 晶体管和一个电容组成，所用元件少，因此，集成度可以做得很高，成本低、功耗少，但它需外加刷新电路。DRAM 工作速度要比 SRAM 慢，一般微机系统中的内存储器多采用 DRAM。ROM 是一种当写入信息之后，就只能读出而不能改写的固定存储器。断电后，ROM 中所存信息仍保留不变，所以，ROM 是非易失性存储器。因此，微机系统中常用 ROM 来存放固定的程序和数据，如监控程序、操作系统中的 BIOS(基本输出系统)、BASIC 解释程序或用户需要固化的程序。汽车电脑中的 ROM 又可分为 EPROM 和 EEPROM。EPROM：可擦除可编程 ROM(Erasable PROM)，如 2723(4K×8)、2764(8K×8)，该存储器允许用户按规定的方法和设备进行多次编程，如编程之后想修改，可用紫外线灯制作的抹除器照射约 20min，使存储器全部复原，用户可再次写入新的内容。这对于工程研制和开发特别方便，应用较广。EEPROM：电可擦除可编程 ROM(E1ecbicallv Erasable PROM)。EEPROM 的特点是，能以字节为单位进行擦除和改写，而不是像 EPROM 那样整体擦除，也不需要把芯片从用户系统中拔下来用编程器编程，在用户系统即可进行。随着技术的发展，EEPROM 的擦写速度将不断加快，容量将不断提高，将可作为非易失性的 RAM 使用。无论是哪一种形式的 ROM，在使用时只能读出，不能写入。断电时，存放在 ROM 中的信息都不会丢失，所以，是一种非易失性存储器。

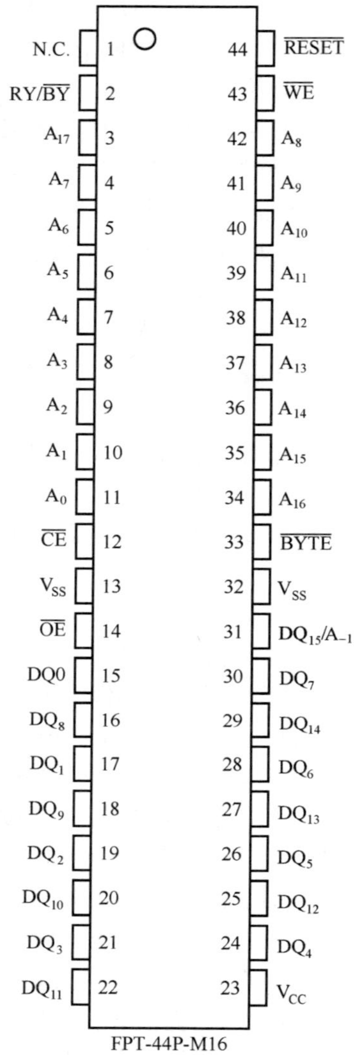

图 1-20 EEPROM 29F400 端子图

3. 电源电路

单片机中的电源电路大概有两种，开关型稳压电源和集成化稳压电源。近年来广泛应用的新型稳压电源是开关型稳压电源。它的调整管工作在开关状态，本身功耗很小，所以具有效率高、体积小等优点，但电路比较复杂。开关稳压电源从原理上分有很多种。电感 L 和电容 C 是储能和滤波元件，二极管 VD 是调整管在关断状态时为 L 、C 滤波器提供电流通路的续流二极管。开关稳压电源的开关频率都很高，一般从几千赫至几十千赫，所以电感器的体积不很大，输出电压中的高次谐波也不多。它的基本工作原理是，从取样电路(R3 、R4)中检测出取样电压，经比较放大后去控制一个矩形波发生器。矩形波发生器的输出脉冲是控制调整管(VT)的导通和截止时间的。如果输出电压 U_0 因为电网电压或负载电流的变动而降低，就会使矩形波发生器的输出脉冲变宽，于是调整管导通时间增大，使 L 、C 储能电路得到更多的能量，结果使输出电压 U_0被提升，达到了稳定输出电压的目的。集成化稳压电路。近年来已有大量集成稳压器产品问世，品种很多，结构也各不相同。目前用得较多的有三端集成稳压器，有输出正电压的 78×× 系列和输出负电压的 79××系列等产品。输出电流从 0.1 ~ 3A ，输出电压有 5V、6V、9V、12V、15V、18V、24V 等多种。这种集成稳压器只有三个端子，稳压电路的所有部分包括大功率调整管以及保护电路等都已集成在芯片内。使用时只要加上散热片后接到整流滤波电路后面就行了。外围元件少，稳压精度高，工作可靠，一般不需调试。图 1-21～图 1-23 为汽车常用的电源电路。

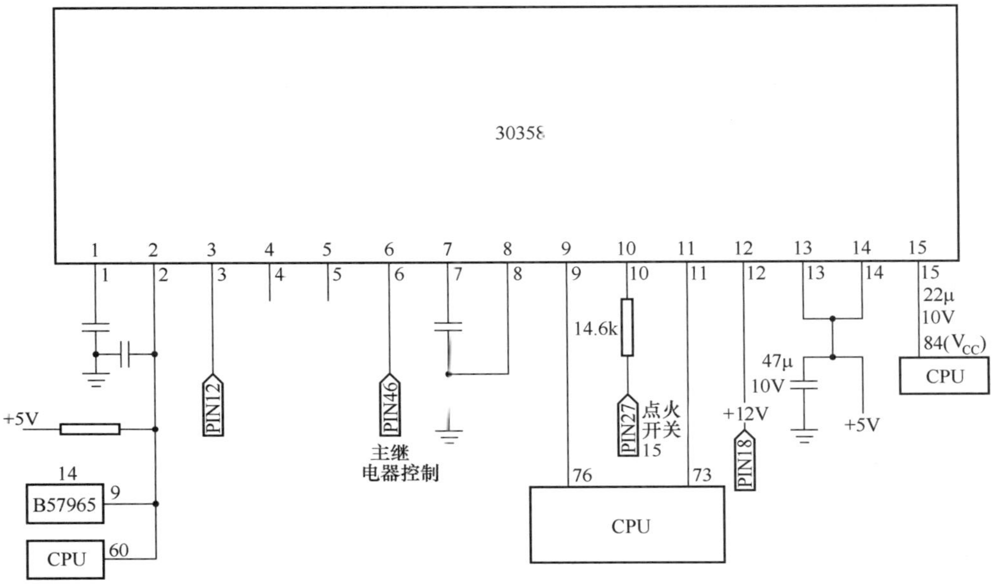

图 1-21　博世一代所用电源电路 30358

图 1-22　汽车仪表盘电脑板所用电源电路

图 1-23　汽车气囊电脑板所用电源电路

4. 晶体振荡器

汽车电脑中应用的晶体振荡器通常是恒温控制式晶体振荡器（OCXO）。目前发展中的还有数字补偿式晶体损振荡器（DCXO）、微机补偿晶体振荡器（MCXO）等。计算机都有个计时电路，尽管一般使用“时钟”这个词来表示这些设备，但它们实际上并不是通常意义的时钟，把它们称为计时器（timer）可能更恰当一点。晶振有一个重要的参数，那就是负载电容值，选择与负载电容值相等的并联电容，就可以得到晶振标称的谐振频率。一般的晶振振荡电路都是在一个反相放大器（注意是放大器不是反相器）的两端接入晶振，再有两个电容分别接到晶振的两端，每个电容的另一端再接到地，这两个电容串联的容量值就应该等于负载电容，请注意一般IC的端子都有等效输入电容，这个不能忽略。一般的晶振的负载电容为15p或12.5p，如果再考虑元件端子的等效输入电容，则两个22p的电容构成晶振的振荡电路是一个比较好的选择。图1-24为16M晶体振荡器。图1-25为41M晶体振荡器。

图1-24 16M晶体振荡器

图1-25 41M晶体振荡器

5. 复位电路

为确保微机系统中电路稳定可靠工作，复位电路是必不可少的一部分。到目前为止，单片机复位电路主要有四种类型：

1）微分型复位电路。

2）积分型复位电路。

3）比较器型复位电路。

4）看门狗型复位电路。

ISA总线的复位信号到南桥之间会有一个非门，跟随器或电子开关，常态时为低电平，复位时为高电平。IDE的复位和ISA总线正好相反，通常两者之间会有一个非门或是一个反向电子开关，也就是说，IDE常态时为高电平，复位时为低电平，这里的高电平为5V或3.3V，低电平为0.5V以下的电位。基本的复位方式包括上电复位、积分型上电复位。

6. 输入输出接口电路

输入输出接口英文是input/output interface。输入输出接口包括输入接口和输出接口，是电子设备之间数据传输的重要通道。单片机输入输出接口是CPU与外部设备之间交换信息的连接电路，它们通过总线与CPU相连，简称I/O接口。I/O接口分为总线接口和通信接口两类。当需要外部设备或用户电路与CPU之间进行数据、信息交换以及控制操作时，应使用单片机总线把外部设备和用户电路连接起来，这时就需要使用单片机总线接口；当单片机系统与其他系统直接进行数字通信时使用通信接口。所谓总线接口是把单片机总线通过电路插座提供给用户的一种总线插座，供插入各种功能卡。插座的各个端子与单片机总线的相应信号线相连，用户只要按照总线排列的顺序制作外部设备或用户电路的插线板，即可实现外部设备或用户电路与系统总线的连接，使外部设备或用户电路与单片机系统成为一体。常用的单片机总线接口是K线或CAN线通信接口。

7. 总线

（1）总线的概念

总线（Bus）是计算机各种功能部件之间传送信息的公共通信干线，它是由导线组成的传输线束，按照计算机所传输的信息种类，计算机的总线可以划分为数据总线、地址总线和控制总线，分别用来传输数据、数据地址和控制信号。总线是一种内部结构，它是 CPU、内存、输入、输出设备传递信息的公用通道，主机的各个部件通过总线相连接，外部设备通过相应的接口电路再与总线相连接，从而形成了计算机硬件系统。

（2）总线的工作原理

当总线空闲（其他器件都以高阻态形式连接在总线上）且一个器件要与目的器件通信时，发起通信的器件驱动总线，发出地址和数据。其他以高阻态形式连接在总线上的器件如果收到（或能够收到）与自己相符的地址信息后，即接收总线上的数据。发送器件完成通信，将总线让出（输出变为高阻态）。总线中一般又含有三种不同功能的总线，即数据总线 DB（Data Bus）、地址总线 AB（Address Bus）和控制总线 CB（Control Bus）。在有的系统中，数据总线和地址总线是复用的，即总线在某些时刻出现的信号表示数据而另一些时刻表示地址；而有的系统是分开的。51 系列单片机的地址总线和数据总线是复用的，而一般 PC 中的总线则是分开的。

（3）“数据总线 DB”

“数据总线 DB”用于传送数据信息。数据总线是双向三态形式的总线，即它既可以把 CPU 的数据传送到存储器或 I/O 接口等其他部件，也可以将其他部件的数据传送到 CPU。数据总线的位数是微型计算机的一个重要指标，通常与微处理的字长相一致。例如 Intel 8086 微处理器字长 16 位，其数据总线宽度也是 16 位。需要指出的是，数据的含义是广义的，它可以是真正的数据，也可以是指令代码或状态信息，有时甚至是一个控制信息，因此，在实际工作中，数据总线上传送的并不一定仅仅是真正意义上的数据。

（4）“地址总线 AB”

“地址总线 AB”是专门用来传送地址的，由于地址只能从 CPU 传向外部存储器或 I/O 端口，所以地址总线总是单向三态的，这与数据总线不同。地址总线的位数决定了 CPU 可直接寻址的内存空间大小，比如 8 位微机的地址总线为 16 位，则其最大可寻址空间为 $2^{16}=64KB$。

（5）“控制总线 CB”

“控制总线 CB”用来传送控制信号和时序信号。控制信号中，有的是微处理器送往存储器和 I/O 接口电路的，如读/写信号，片选信号、中断响应信号等；也有是其他部件反馈给 CPU 的，比如：中断申请信号、复位信号、总线请求信号、设备就绪信号等。因此，控制总线的传送方向由具体控制信号而定，一般是双向的，控制总线的位数要根据系统的实际控制需要而定。实际上控制总线的具体情况主要取决于 CPU。按照传输数据的方式划分，可以分为串行总线和并行总线。串行总线中，二进制数据逐位通过一根数据线发送到目的器件；并行总线的数据线通常超过 2 根。常见的串行总线有 SPI、I2C、USB 及 RS232 等。按照时钟信号是否独立，可以分为同步总线和异步总线。同步总线的时钟信号独立于数据，而异步总线的时钟信号是从数据中提取出来的。SPI、I2C 是同步串行总线，RS232 采用异步串行总线。

（6）总线的主要技术指标

1）总线的带宽（总线数据传输速率）。总线的带宽指的是单位时间内总线上传送的数据量，即每秒传送 MB 的最大稳态数据传输率。与总线密切相关的两个因素是总线的位宽和总线的工作频率，它们之间的关系：总线的带宽=总线的工作频率×总线的位宽/8；或者：总线的带宽=(总线的位宽/8)/总线周期。

2）总线的位宽。总线的位宽指的是总线能同时传送的二进制数据的位数，或数据总线的位数，即32位、64位等总线宽度的概念。总线的位宽越宽，每秒数据传输率越大，总线的带宽越宽。

3）总线的工作频率。总线的工作时钟频率以MHz为单位，工作频率越高，总线工作速度越快，总线带宽越宽。

四、单片机的运行

在单片机中，基本上有三类信息在流动：一类是数据，即各种原始数据、中间结果、程序(命令的集合)等。这样要由外部设备通过“口”进入单片机，再存放在存储器中，在运算处理过程中，数据从存储器读入运算器进行运算，运算的中间结果要存入存储器中，或最后由运算器经“出入口”输出。用户要单片机执行的各种命令(程序)也以数据的形式由存储器送入控制器，由控制器解读(译码)后变为各种控制信号，以便执行如加、减、乘、除等功能的各种命令。所以，这一类信息就称为控制命令，即由控制器去控制运算器一步步地进行运算和处理，又控制存储器的读(取出数据)和写(存入数据)等。第三类信息是地址信息，其作用是告诉运算器和控制器在何处去取命令取数据，将结果存放到什么地方，通过哪个口输入和输出信息等。

五、单片机的发展

单片机在汽车电子中的应用非常广泛，例如汽车中的发动机控制器，基于CAN总线的汽车发动机智能电子控制器，GPS导航系统，ABS防抱死系统，制动系统等目前全都使用了单片机。

随着单片机的发展单片机系统的抗干扰功能日益重要。在提高硬件系统抗干扰能力的同时，软件抗干扰以其设计灵活、节省硬件资源、可靠性好越来越受到重视。

在工程实践中，软件抗干扰研究的内容：一是消除模拟输入信号的噪声(如数字滤波技术)；二是程序运行混乱时使程序重入正轨的方法。目前常用的有效软件抗干扰方法主要包括指令冗余、拦截技术、软件“看门狗”技术。

六、单片机学习应用的六大重要部分

1. 总线

我们知道，一个电路总是由元器件通过电线连接而成的，在模拟电路中，连线并不成为一个问题，因为各器件间一般是串行关系，各器件之间的连线并不很多，但计算机电路却不一样，它是以微处理器为核心，各器件都要与微处理器相连，各器件之间的工作必须相互协调，所以需要的连线就很多了，如果仍如同模拟电路一样，在各微处理器和各器件间单独连线，则线的数量将多得惊人，所以在微处理机中引入了总线的概念，各个器件共同享用连线，所有器件的8根数据线全部接到8根公用的线上，即相当于各个器件并联起来。器件的数据线被称为数据总线，器件所有的控制线被称为控制总线。在单片机内部或者外部存储器及其他器件中有存储单元，这些存储单元要被分配地址，才能使用，分配地址当然也是以电信号的形式给出的，由于存储单元比较多，所以，用于地址分配的线也较多，这些线被称为地址总线。

2. 数据、地址、指令

之所以将这三者放在一起，是因为这三者的本质都是一样的——二进制数字，或者说都是一串“0”和“1”组成的序列。换言之，地址、指令也都是数据。指令：由单片机芯片的设计者规定的一种数字，它与我们常用的指令助记符有着严格的一一对应关系，不可以由单片机的开发者更改。地址：是寻找单片机内部、外部的存储单元、输入输出口的依据，内部单元的地址值已由芯片设计者规定好，不可更改，外部的单元可以由单片机开发者自行决定，但有一些地址单元是一定要有的(详见程序的执行过程)。数据：这是由微处理机处理的对象，在各种不同的应用电路中各不相同，一般而言，被处理的数据可能有这么几种情况：

1）地址(如 MOV DPTR,1000H)，即地址 1000H 送入 DPTR。

2）方式字或控制字(如 MOV TMOD,#3)，3 即是控制字。

3）常数(如 MOV TH0,#10H)，10H 即定时常数。

4）实际输出值(如 P1 口接彩灯,要灯全亮,则执行指令:MOV P1,#0FFH,要灯全暗,则执行指令:MOV P1,#00H)，这里 0FFH 和 00H 都是实际输出值。又如用于 LED 的字形码，也是实际输出的值。

理解了地址、指令的本质，就不难理解程序运行过程中为什么会“飞跑”，会把数据当成指令来执行了。

3. 程序的执行过程

单片机在通电复位后，8051 内的程序计数器(PC)中的值为“0000”，所以程序总是从“0000”单元开始执行，也就是说，在系统的 ROM 中一定要存在“0000”这个单元，并且在“0000”单元中存放的一定是一条指令。

4. 堆栈

堆栈是一个区域，是用来存放数据的，这个区域本身没有任何特殊之处，就是内部 RAM 的一部分，特殊之处在于它存放和取用数据的方式，即所谓的“先进后出，后进先出”，并且堆栈有特殊的数据传输指令，即“PUSH”和“POP”，有一个特殊的专为其服务的单元，即堆栈指针 SP，每当执一次“PUSH”指令时，SP 就(在原来值的基础上)自动减 2，每当执行一次“POP”指令，SP 就(在原来值的基础上)自动加 2。由于 SP 中的值可以用指令加以改变，所以只要在程序开始阶段更改了 SP 的值，就可以把堆栈设置在规定的内存单元中，如在程序开始时，用一条 MOV SP，#5FH 指令，就是把堆栈设置在从内存单元 60H 开始的单元中。

5. 单片机的开发过程

这里所说的单片机的开发过程并不是一般书中所说的从任务分析开始的过程。我们假设已设计并制作好硬件，下面就是编写软件的工作。在编写软件之前，首先要确定一些常数、地址，事实上这些常数、地址在设计阶段已被直接或间接地确定下来了。如当某器件的连线设计好后，其地址也就被确定了，当器件的功能被确定下来后，其控制字也就被确定了。然后，用文本编辑器(如 EDIT、CCED 等)编写软件，编写好后，用编译器对源程序文件编译，查错，直到没有语法错误，除了极简单的程序外，一般应用仿真机对软件进行调试，直到程序运行正确为止。运行正确后，就可以“写片”（将程序固化在 EPROM 中）。在源程序被编译后，生成了扩展名为 HEX 的目标文件，一般编程器能够识别这种格式的文件，只要将此文件调入即可“写片”。

下面以8051单片机为例讲解单片机的端子及相关功能。

40个端子按端子功能大致可分为4个种类：电源、时钟、控制和I/O端子。

（1）电源

1）VCC－芯片电源，接+5V。

2）VSS－接地端。

注意：用万用表测试单片机端子电压一般为0V或者5V，这是标准的TTL电平。但有时候当单片机程序正在工作时候测试结果并不是这个值，而是介于0~5V之间，其实这是万用表的响应速度没这么快而已，在某一个瞬间单片机端子电压仍保持在0V或者5V。

（2）时钟

XTAL1、XTAL2－晶体振荡电路反相输入端和输出端。

（3）控制线

控制线共有4根。

1）ALE/PROG：地址锁存允许/片内EPROM编程脉冲。

① ALE功能：用来锁存P0口送出的低8位地址。

② PROG功能：片内有EPROM的芯片，在EPROM编程期间，此端子输入编程脉冲。

2）PSEN：外ROM读选通信号。

3）RST/VPD：复位/备用电源。

① RST(Reset)功能：复位信号输入端。

② VPD功能：在VCC掉电情况下，接备用电源。

4）EA/Vpp：内外ROM选择/片内EPROM编程电源。

① EA功能：内外ROM选择端。

② VPP功能：片内有EPROM的芯片，在EPROM编程期间，施加编程电源VPP。

（4）I/O线

80C51共有4个8位并行I/O端口：P0、P1、P2、P3口，共32个端子。

P3口还具有第二功能，用于特殊信号输入输出和控制信号(属控制总线)。

（5）P3口第二功能

P30 RXD串行输入口；

P31 TXD串行输出口；

P32 INT0外部中断0(低电平有效)；

P33 INT1外部中断1(低电平有效)；

P34 T0定时计数器0；

P35 T1定时计数器1；

P36 WR外部数据存储器写选通(低电平有效)；

P37 RD外部数据存储器读选通(低电平有效)。

七、汽车电脑控制系统ECU常用单片机CPU芯片简介

1. 英飞凌 Infineon

英飞凌公司是西门子旗下的一个子公司，生产微处理器、LED驱动器、传感器以及汽

车用集成电路与功率管理芯片等各类产品。博世、西门子、马锐利等汽车 ECU 上大都使用英飞凌 CPU(图 1-26~图 1-29)。

图 1-26 德尔福四代 ECM 用英飞凌 CPU

图 1-27 博世二代 ECM 用英飞凌 CPU

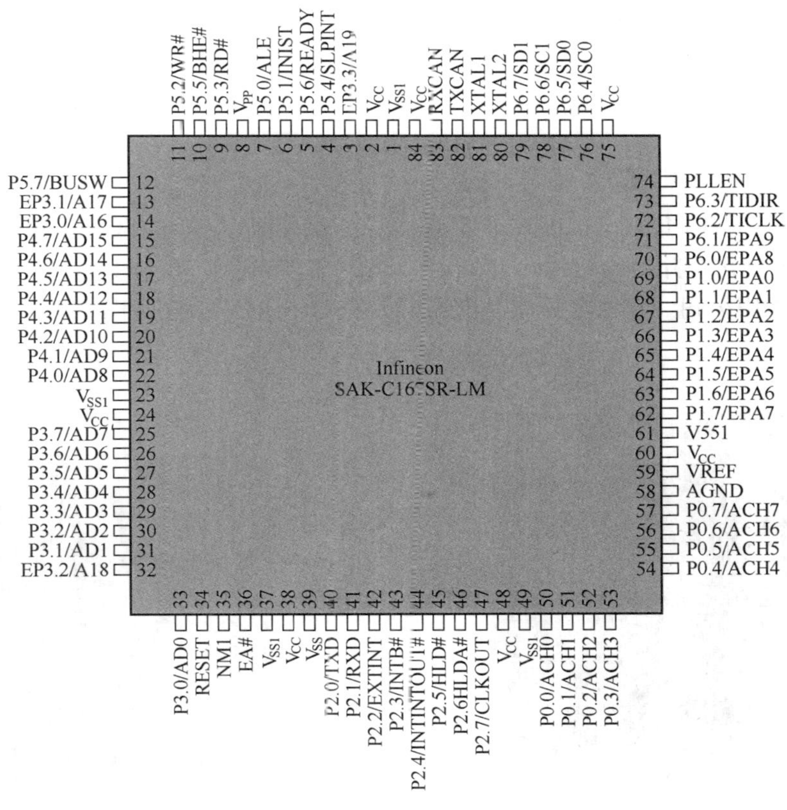

图 1-28 上海大众帕萨特/桑塔纳 3000ECM 用英飞凌 CPU

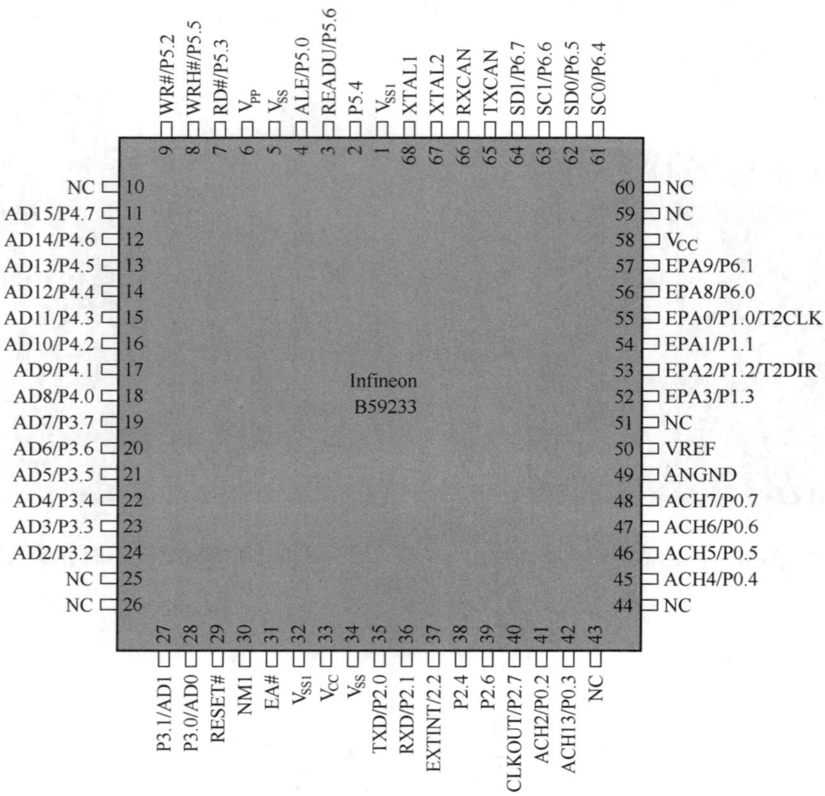

图 1-29 宝马/奔驰博世 ECM 用英飞凌 CPU

2. ST CPU

意法半导体(ST)集团于 1987 年 6 月成立，是由意大利的 SGS 微电子公司和法国 Thomson 半导体公司合并而成。1998 年 5 月，SGS-THOMSON Microelectronics 将公司名称改为意法半导体有限公司。意法半导体是世界最大的半导体公司之一(图 1-30、图 1-31)。

图 1-30 博世三代/四代 ECM 用 ST CPU

图 1-31 马锐利 ECM 用 ST CPU

3. 摩托罗拉 CPU

Motorola(摩托罗拉)是世界上最大的单片机厂商，从 M6800 开始，开发了多个品种的 CPU，4 位、8 位、16 位、32 位的单片机都能生产。Motorola 单片机的特点之一是在同样的速度下所用的时钟频率较 Intel 类单片机低得多，因而使得高频噪声低，抗干扰能力强，更适合于工控领域及恶劣的环境，目前广泛应用于汽车电子中动力传动、车身、底盘及安全系统等领域(图 1-32~图 1-34)。

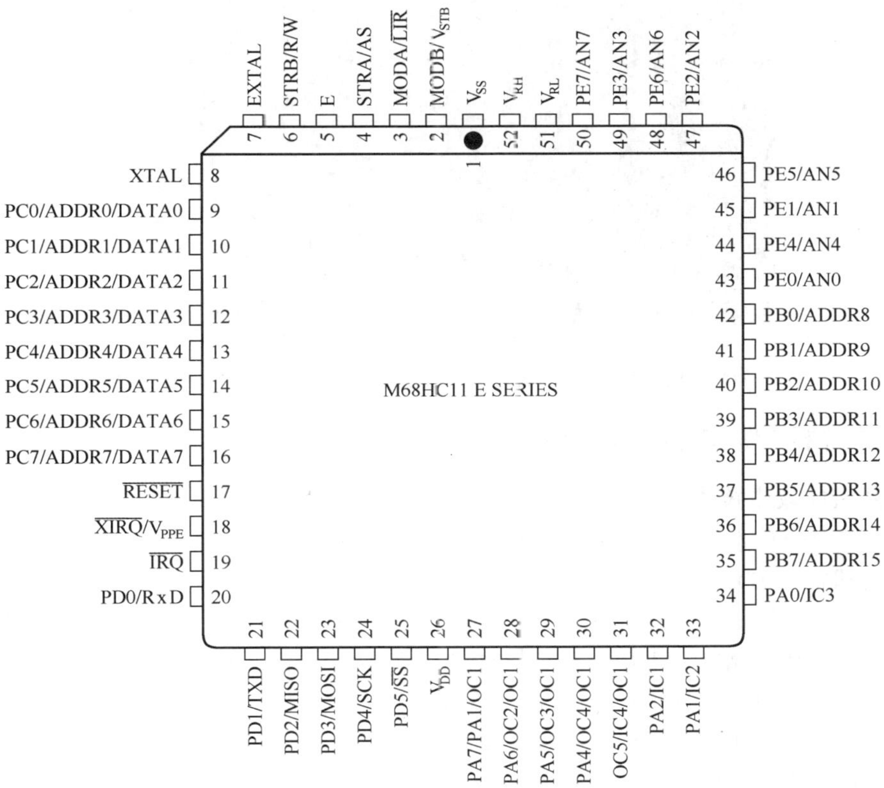

图 1-32 摩托罗拉 ECM 用摩托罗拉 CPU

图 1-33 马锐利 ECM 用摩托罗拉 CPU

图 1-34 博世柴油电喷系统 ECM 用摩托罗拉 CPU(MPC562MZP56)

八、单片机的攻击技术与加密方法

1. 单片机的攻击技术

单片机的攻击技术大体有四种：软件攻击、电子探测攻击、过错产生技术、探针技术。

2. 单片机加密方法

加密方法有软件加密，硬件加密，软硬件综合加密，时间加密，错误引导加密等措施。

软件加密：利用 MCS-51 中 A5 指令加密。世界上所有资料，包括英文资料都没有讲这条指令。其实这是很好的加密指令。A5 功能是二字节空操作指令加密方法，在 A5 后加一个二字节或三字节操作码，因为所有反汇编软件都不会反汇编 A5 指令，因此能造成正常程序反汇编乱套，执行程序无问题，仿制者就不能改变你的源程序。

硬件加密：8031/8052 加密用单片机就是 8031/8052 掩模产品中的错位产品，内部有 ROM，可以把 8031/8052 当 8751/8752 来用，再扩展外部程序器，然后调用 8031 内部子程序，当然你所选的同批 8031 芯片的首地址及所需用的中断入口均应转到外部程序区。

硬件加密：用高电压或激光烧断某条端子，使其读不到内部程序，用高电压会造成一些器件损坏，重要 RAM 数据采用电池保护，拔出芯片数据失去，机器不能起动，或能初始化，但不能运行。

硬件加密与软件加密只是为叙说方便而分开来讲，其实它们是分不开的，互相支撑，互相依存的。

从单片机的发展历程看，未来单片机技术将向多功能、高性能、高速度、低电压、低功耗、外围电路内装化及片内储存器容量增加的方向发展。

第三节 电控发动机检修注意事项

1）不论发动机是否在运转，只要点火开关接通，就不可断开任何 12V 电气元器件，因为线圈的自感作用，有可能产生超过 7000V 的瞬时电压，虽然电流很小，但也有可能使电脑板及传感器严重受损。

2）在修车前，应先询问车主其他系统（音响、防盗等）是否设有密码，以防造成不良后果。

3）不能用传统的搭铁试火法对电路进行检查，不可用试灯对电控系统的传感器部分和电控单元进行检查（包括对其接线端子的检查），除非有特别的说明。

4）除了某些车辆的测试程序中有特殊说明外，一般不能用指针式万用表检查电控系统部分的电阻，而应该用输入端为高阻抗的数字式万用表或是电控系统专用检测仪表。

5）当需要将装有电控发动机的汽车与其他任何车辆进行电源跨接起动时，必须首先关断点火开关，方可进行跨接线的拆装。

6）充电时务必拆下蓄电池，如想用充电机给车充电，应断开蓄电池搭铁线。

7）在对装有电控系统的汽车进行电弧焊时，应断开电脑供电电源线，避免电弧焊接时的高压电造成电脑的损坏。

8）在拆卸电控系统各导线插头时，要关闭点火开关并拆下蓄电池负极搭铁线。如果仅检查电控控制系统，仅关掉点火开关（转到 OFF 位置）即可。

9）拆下蓄电池负极搭铁线后，电脑内所储存的所有故障信息将被清除掉，如发动机有故障，应在拆下蓄电池负极搭铁线前，读取电脑内的故障信息。

10）在对蓄电池进行拆卸与安装时，要特别注意蓄电池正、负极不可接反，务必使点火开关和其他用电设备开关均置于关断位置，在没有确定蓄电池线已紧固好或连接好时，决不可起动发动机。

11）当检测气缸压力时，应拔掉燃油喷射控制系统的继电器或熔丝，使喷油器在起动机转动时不喷油。

12）如车上加装了无线电台，注意不要改变大功率天线原有的安装位置。如需改变，应尽量远离电脑，否则会损坏电脑中的电路和部件。

13）对发动机电脑就车维修时，一定要带上搭铁金属带，将其一头缠在手腕上；另一头搭在车身上。

14）当需要拆下燃油系统的油管时，应首先对燃油系统进行卸压，而且要远离明火，也不能吸烟。

第四节 汽车电子控制系统维修基本原理及注意事项

在实际维修工作中，注重掌握汽车发动机做功的三个要素：一是有足够的缸压。二是有准确的点火正时。三是有合适的空燃比（理论值 14.7∶1）。在修复汽车发动机电控系统时，注重掌握电控系统正常工作的三要素：一是正确的传感器信号。二是完好的电脑硬件设施。三是优良的执行元件。在修复电脑板时，注重掌握 CPU 工作的三要素：一是给 CPU 供电的

(+5V)电压。二是 CPU 的晶体振荡器。三是 CPU 的复位电路。这些都是应该掌握的最基本的工作原理。

在检修电脑板时，先将电脑板打开，检查是否有硬件烧坏，然后用万用表测量供电电容正反向电阻值是否在正常范围(一般为 300~500Ω)，如果正常就可以送修复仪通电试验(低于 30Ω 不可送修复仪试验)。送修复仪接线时线路连接要正确，还要记住送电时要在电脑板下面放上绝缘垫，防止有杂物引起短路。观察各指示灯的工作情况，可用信号笔测量存储器地址线、数据线、CPU 的脉冲是否正常，还要记住测量时要对每个端子一一测量，不可一次碰几个端子，导致短路。焊接电脑板时不可带电焊接，防止短路。

修理电脑板初学者应注意的事项：

1）不要盲目送电，应按照电脑板端子图送电。

2）电脑板下面一定要放绝缘垫，不要放可以导电的东西，以免造成电脑板的短路。

3）在用信号笔或万用表测量电脑板时，不要同时接通两个以上触点。

4）用电烙铁时，一定要关掉电脑板电源，电烙铁要有搭铁防护线。

5）使用热风枪时，应控制好温度，避免温度过高造成元器件的损坏。

6）应熟悉各种维修工具的使用方法，知道各种维修工具的适用范围。

7）在学习过程中，要注重理论联系实际，加强实际动手操作能力，把理论应用到实际中去。

8）应掌握汽车发动机的电路原理图，熟悉各传感器的工作参数及工作原理。

9）应熟悉电路的基本知识，熟练掌握电压、电阻的测量方法。

第二章

电喷发动机40种常见故障现象及原因

在汽车维修和保养工作中会遇到各种各样的故障，同一种故障原因，可能产生千差万别的故障现象；同一种故障现象也可能由不同的原因引起，由此可见汽车故障诊断的难度很大。为了帮助维修人员快速查找故障原因，以免少走弯路，现把汽车电喷发动机常见的 40 种故障介绍如下：

1. 车辆不能起动

1）点火正时不对。

2）汽油压力不够。

3）气缸压力不够。

4）高压无火。

5）喷油器不喷油。

6）汽油箱内无油。

7）汽车线路故障。

8）汽车电脑板故障。

9）曲轴位置传感器或者霍尔传感器故障。

2. 电脑板正常不能正常起动车辆

1）防盗锁死。

2）油管内没有油。

3）线路系统故障。

4）喷油量大淹灭火花塞。

5）高压线漏电，火花塞失效。

3. 不点火、不喷油（油泵工作正常）**起动时油泵继电器吸合**

1）喷油器、点火线圈+12V 供电不足。

2）电脑板内部模块损坏。

3）喷油器、点火线圈同时损坏。

4. 有火，无油（往进气管内喷清洗剂能着车）

1）油泵不出油。

2）喷油器无供电电压。

3）喷油器无搭铁信号，电脑板内部喷油模块损坏。

4）喷油器线路断开。

5）油泵继电器不吸合，熔丝烧断。

6）CPU 喷油程序消失。

5. 有油无火（喷油正常无高压火）

1）点火模块损坏。

2）线路损坏。

3）点火模块前置驱动损坏。

4）CPU 点火程序消失。

6. 有油有火不能起动车辆

1）某个传感器数据不对造成喷油量大，淹灭火花塞。

2）某个传感器信号错误，喷油量过小也不能正常起动。

3）火花塞老化。

4）点火正时不对。

7. 一起动车就熄火

1）防盗系统锁死。

2）汽油压力不够。

3）高压火不正常。

4）喷油量大燃烧不好。

5）电脑板内部程序有问题。

6）某个传感器工作情况不良。

7）节气门位置传感器没有匹配成功。

8. 冷车不易起动，热车好起动

1）冷却液温度传感器有故障，冷车时喷油量不够，不好起动车辆。

2）火花塞老化，不能够有效点火。

3）氧传感器或者进气压力传感器有故障，冷车时喷油量不够，不好起动车辆。

4）汽油燃烧值低，不好起动车辆。

5）线路插接件接触不良。

6）汽油压力不够。

9. 冷车好起动，热车不好起动

1）冷却液温度传感器有故障，热车时喷油量多，淹灭火花塞。

2）氧传感器或者进气压力传感器有故障，热车时喷油量多，淹灭火花塞。

3）点火线圈有故障，热车后火弱。

4）电脑板上原器件对热不稳定，热车后火弱。

5）线路插接件接触不良。

6）热车后汽油压力不够。

10. 缺缸（1、4 缸或 2、3 缸）

1）点火正时不对。

2）线路故障。

3）点火线圈故障。

4）点火模块损坏（电脑板内部）。

5）电脑板内部前置放大器损坏。

6）电脑板内部程序错误。

11. 怠速不（或高或低或不稳）正常

1）怠速电动机损坏。

2）怠速电动机线路损坏。

3）电脑板内部控制模块损坏。

4）电脑板内部程序丢失。

5）氧传感器不正常。

6）节气门位置传感器不正常（或没有匹配成功）。

12. 车辆时正常，时不正常，不正常时熄火打不着车

1）搭铁线接触不良。

2）蓄电池正负极接触不良。

3）线路接触不良。

4）电脑板插头接触不良。

5）点火开关接触不良。

6）电脑板内部模块接触不良。

7）曲轴位置传感器或者霍尔传感器对热不稳定。

13. 车辆有时能提速，有时不能提速

1）油压不正常。

2）氧传感器不正常。

3）电脑程序不正常。

14. 车辆行驶中突然熄火

1）继电器、熔丝或搭铁线接触不良。

2）电脑板内部线路接触不良。

3）电脑板插接线接触不良。

4）油压不稳定。

5）高压线漏电。

15. 车辆费油

1）某个传感器失效。

2）喷油器漏油或者燃油系统密闭不严。

3）制动过紧或其他机械故障。

4）润滑油质量下降。

5）高压火弱。

6）怠速过高。

7）点火时间晚。

8）电脑板程序错误。

16. 放松加速踏板车辆怠速不降反升

1）电脑板内部程序问题。

2）节气门位置传感器问题。

3）怠速电动机问题。

17. 车辆换档时熄火

1）发动机燃烧不好，尾气有刺鼻的气味（某些传感器工作不良）。

2）点火时间不正确。

3）高压火弱。

4）喷油脉宽不正常。

5）电脑板内部程序问题。

6）节气门位置传感器没有匹配成功。

18. 一起动车风扇就转

1）冷却液温度传感器不起作用或短路。

2）线路或电脑板有故障。

3）风扇继电器有故障。

19. 车辆冷却液温度高风扇不转

1）电脑板内部程序问题或者电脑板内部硬件问题。

2）冷却液温度传感器问题。

3）线路及继电器问题。

20. 车辆开空调或开前照灯熄火

1）发动机燃烧不好，尾气有刺鼻的气味（某传感器工作不良）。

2）点火时间不正确。

3）高压火弱。

4）喷油脉宽不正常，电脑板内部程序问题。

21. 油泵不工作

1）油泵继电器、熔丝烧坏。

2）电脑板内部控制模块损坏。

3）系统控制电路损坏。

4）油泵损坏。

22. 车辆音响打不开

1）线路及熔丝烧断。

2）车辆音响损坏。

23. 车辆钥匙不起作用

1）钥匙磁化后失效。

2）防盗钥匙线路断开。

3）电脑板内部程序损坏。

4）防盗盒内部损坏。

24. 不能提速，踩加速踏板反而熄火

1）点火正时不对。

2）汽油压力不够。

3）气缸压力不够。

4）氧传感器故障。

5）进气压力(流量)故障。

6）凸轮轴位置传感器故障。

7）冷却液温度传感器故障。

8）电脑板内部程序未匹配好。

25. 电脑板不喷油不点火油泵不工作(死机板)

1）线路供电有问题。

2）内部供电模块烧坏。

3）CPU 不工作。

4）RESET 复位电路工作不良。

5）ROM 损坏。

6）CPU 与 ROM 的总线控制损坏。

7）外围电路损坏。

26. 人为损坏电子器件

1）修理工拆装某件将火线搭铁。

2）蓄电池极性接反。

3）电焊时搭铁不对。

4）修理工用试灯乱碰。

5）修理时使电子器件进水。

27. 解码器进不了系统

1）电脑板死机。

2）解码器及信号线断开。

3）给电脑板供电线路断开。

4）解码器本身有问题。

28. 汽车机修后不能起动

1）人为损坏了电子器件，如发动机电脑和防盗电脑等。

2）点火正时不对。

3）熔丝或者线路问题。

4）机械安装问题。

29. 影响起动机起动

1）起动时电压低于 8.5V，电控系统不能正常工作。

2）起动机离曲轴位置传感器较近的车辆，一旦起动机漏磁会影响发动机起动。

30. 传感器影响发动机起动

1）进气压力(流量)传感器故障喷油量大，不易起动。

2）节气门位置传感器故障喷油量大，不易起动。

3）冷却液温度传感器故障喷油量大，不易起动。

4）曲轴位置(霍尔)传感器故障，没有信号不能起动。

31. 车辆着火燃烧

1）线路老化后漏电。

2）汽油回路漏油。

3）高压电回路漏电。

4）某个轴承损坏摩擦起热。

32. 电脑板损坏

1）电脑板自身的质量问题。

2）发电机电压超过15V，烧坏电脑板。

3）修理工人为损坏。

4）电脑板内部进水。

33. 车辆行驶中加速急

1）电子节气门回路故障。

2）加速踏板传感器的故障，给电脑送去错误信号。

3）电脑板内部程序故障。

34. 车辆进水后应急处理不当

1）没有拔掉电源关闭车钥匙。

2）没有拔掉各种电脑板及各种电子元器件。

3）没有拔掉各种传感器插头及线路插头。

4）没有清洗及烘干各种插头。

5）没有打开各种电脑板及各种元器件，用药水清理及烘干。

35. 仪表板失灵

1）仪表板熔丝烧断。

2）仪表板内部电源模块烧坏。

3）仪表板内部复位电路不启动。

4）仪表传感器故障。

36. 自动档不提速

1）自动变速器电脑板损坏。

2）自动变速器电磁阀损坏。

3）自动变速器线路损坏。

37. 空调不吸合或一吸合就掉

1）怠速系统故障引起开空调不提速。

2）空调电路系统故障。

3）电脑板内部RAM程序错误。

4）汽车怠速不提速。

38. 开空调压缩机不起动

1）线路及继电器问题。

2）电脑板内部程序问题或者电脑板内部硬件问题。

3）AC开关控制问题。

39. 更换电脑板后不能起动

1）电脑板型号不对，或是更换的电脑板有问题。

2）没有匹配成功。

3）节气门没有设定成功。

4）没有清除故障码。

40. 更换仪表板后不能起动

1）没有匹配成功，仪表板带防盗数据。

2）电脑板没有设定成功。

第三章

汽车发动机起动时的故障分析与维修

电控汽油发动机疑难故障多种多样，也是维修的难点。根据多年从事汽车发动机电控系统维修经验，在解决发动机起动疑难故障时，应仔细分析故障特征和产生的原因，同时选择最佳的排除方法。这样，可提高我们分析问题和解决问题的能力，对排除故障和解决问题有一定的帮助。

第一节　发动机起动时点不着火

汽车发动机正常起动必须具备三个要素：一是有足够的缸压；二是有准确的点火正时；三是有合适的空燃比(理论值 14.7)。如果某一要素工作异常，便会引起发动机不能起动或起动困难。火花和混合气主要受控于电控系统。电控系统正常工作的三要素：一是正确的传感器信号；二是电脑板完好的硬件设施；三是准确的软件支持。在修复电脑板时注重掌握 CPU 工作的三要素：一是给 CPU 供电的+5V 电压；二是 CPU 的晶体振荡器；三是 CPU 的复位电路。

现介绍四种常见的故障及应急排除措施。

1. 转速信号系统故障

如果转速信号、曲轴位置信号传感器或其线路出现故障，电控单元不能接收到相应的信号，就无法正确地控制燃油喷射和点火正时，出现喷油器不动作，火花塞不跳火的现象。出现上述故障时，一般自诊断系统可显示出故障码，此时应对转速传感器、1 号、2 号凸轮轴位置传感器及其线路进行检查。首先断开各传感器的接线器，检查它们的电阻，如阻值不正常，则须更换；如正常，再检查 ECU 与各传感器的配线和接线器是否正常。

2. 燃油泵及控制电路故障

如果燃油泵或控制电路出现故障，也会造成供油系统没有燃油压力。此时，要检查进油软管中有无压力，如果软管中有压力且可听到回油声，说明燃油泵本身没有问题，否则应检查燃油泵，可用万用表测量端子的电阻。此时如发现与规定不符，就需更换燃油泵；如发现燃油泵工作正常，就应检查其控制电路，主要包括熔丝、EFI 主继电器、燃油泵继电器、电阻器以及各配线和接线器。

3. 燃油压力调节器故障

燃油系统的油压对混合气浓度有直接的影响，检查燃油压力故障的方法是，先将燃油压力表接入燃油管路中，然后起动发动机，测量燃油压力，如果燃油压力过高，则应更换压力调节器；压力过低时，可夹住回油软管，若燃油压力上升到正常值，说明燃油压力调节器损坏，否则可检查燃油泵和燃油滤清器。停机后检查燃油压力应保持在规定值，否则说明喷油器渗漏，导致混合气过浓。

4. 冷起动系统故障

有些车型设有冷起动喷油器，在冷起动时将混合气加浓以改善冷起动性能。电喷车之所以会出现冷起动故障，一般为进气门背部、进气管内积炭过多，或者喷油器内部杂质过多。以上故障若发生在新车上，如行驶里程在6万km以内的车，建议用户及时进行发动机免拆清洗。发动机在完成免拆清洗后，应以较高的车速（80km/h以上）行驶，使溶化的胶质和积炭在高温下燃烧从尾气排出。

根据以上提出的几种故障，下面具体分析导致发动机不能正常起动的几种情况。

一、有油有火时起动不着车

1. 故障现象

打开发动机盖检测汽油压力，如在200~300kPa范围内，则符合正常油压。将高压帽从火花塞中拔出，插上一个火花塞点火时跳火正常，说明高压火正常。用信号笔检测喷油器，有喷油脉冲，将高压帽插回原处。点火时有爆燃现象，说明发动机电控系统正常，点不着火的问题在于发动机的机械部分或者传感器部分。

2. 故障原因

1）点火正时不正确，点火正时提前或滞后都会引起缸内爆燃。

2）某传感器工作不良使喷油过多淹灭火花塞，使缸内混合气体得不到燃烧。

3）排气管内三元催化转化器堵塞，使得缸筒内排气不通畅。

4）点火模块、点火线圈失效，使高压火弱或者火花塞失效，导致车辆不好起动。

5）电子节气门及防盗系统没有匹配。

3. 解决方法

1）调整点火正时使之准确点火。

2）深踩加速踏板使缸筒进气量增加，迅速将淹灭的火花塞抽干。

3）疏通三元催化转化器使排气通畅。

4）更换火花塞及更换相应的元器件。

5）匹配好电子节气门及防盗系统。

4. 故障实例

1）一辆日产轿车，无高压火，有起动迹象但不能起动。电工不知道什么原因，用试灯检测点火线圈有无12V电压。试火后，再起动发动机，不仅不能起动连原有的起动迹象都没了。原来，电工不小心用试灯把电脑板的点火模块给弄坏了，车主把电脑板送来维修，修好电脑板之后起动车，发现车有着火的迹象就是打不着，经过调整正时带，车正常起动了。

故障诊断与排除：此车不能起动，是电脑板已经烧坏。把电脑板送往公司维修，经用汽车电脑修复仪检测，发现集成块510007已烧坏，此集成块正是点火驱动模块。更换电脑板上的这个模块，试起动发动机还是不能起动，但有了起动迹象，这也就是汽车电工用试灯检测前的故障现象。用火花塞检测仪检测火花塞已有25 000V高压火，火花塞无故障，喷油有脉冲信号，说明喷油无故障。维修工考虑可能是大修后的发动机配气正时不正确。经检查原来的配气时间和正确的配气正时相差两个齿，把配气正时调整正确后，顺利起动。

故障分析：现在的汽车电工不能再用以前修化油器车的试灯法去修电喷车，建议汽车电工学习机电一体化修车法并进行科学检测。日产发动机电脑板外形如图 3-1 所示，其内部结构如图 3-2 所示。

图 3-1 日产发动机电脑板外形

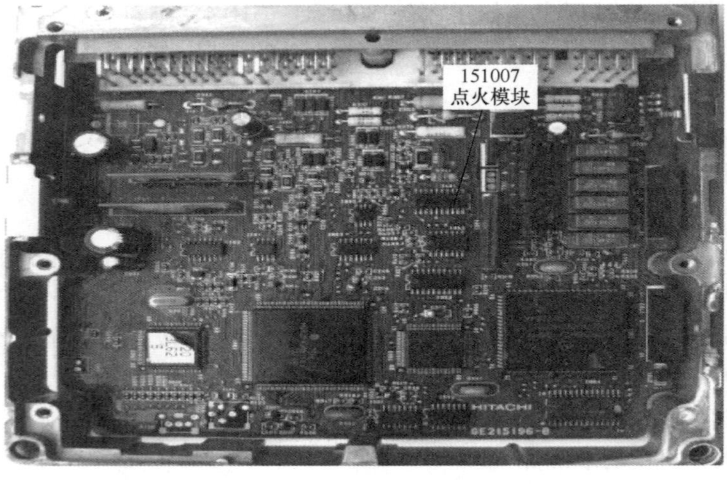

图 3-2 日产发动机电脑板内部结构

此电脑板除了点火驱动 151007 模块容易损坏之外，喷油模块 UPA1951、电源 B1935 模块也容易损坏。只有插入修复仪检测，才能确定哪里出了问题。

2）一辆新款桑塔纳轿车，第一次起动只着了几秒钟就熄火了，再就不能起动了。

故障诊断与排除：此车为桑塔纳 1.8AYE，电脑板为博世 ME7.5，用电脑修复仪检测，此电脑板一切正常。根据此车故障现象，检查点火、喷油，均正常。考虑可能是火花塞因汽油淹死所致。换用博世标准 W8DC 火花塞，试起动顺利着车故障排除。

故障分析：此车火花塞使用时间较长，火花塞失效。失效后的火花塞会出现以下几点不良症状：不易起动、甚至不能起动发动机，行驶无力，油气燃烧不完全、油耗高，还会影响发动机使用寿命。这是火花塞使用环境造成的。火花塞使用环境如下：①承受 2 000~3 000℃高温。②承受 20 000~30 000V 高压。③承受 500N 爆发力。④耐受汽油和燃气的化学腐蚀。

博世火花塞使用的型号热值准确，为多个汽车厂配套使用。使用里程可达 60 000km。普通国产火花塞正常使用寿命 1 年或 15 000km。新款桑塔纳用 311N 电脑板外形如图 3-3 所示，其内部结构正反面如图 3-4 和图 3-5 所示。

图 3-3　新款桑塔纳用 311N 电脑板外形

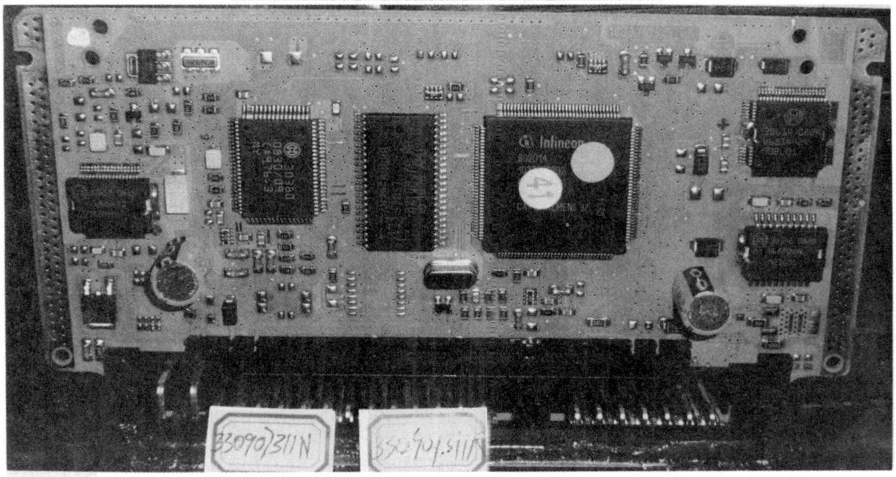

图 3-4　新款桑塔纳用 311N 电脑板内部结构(正面)

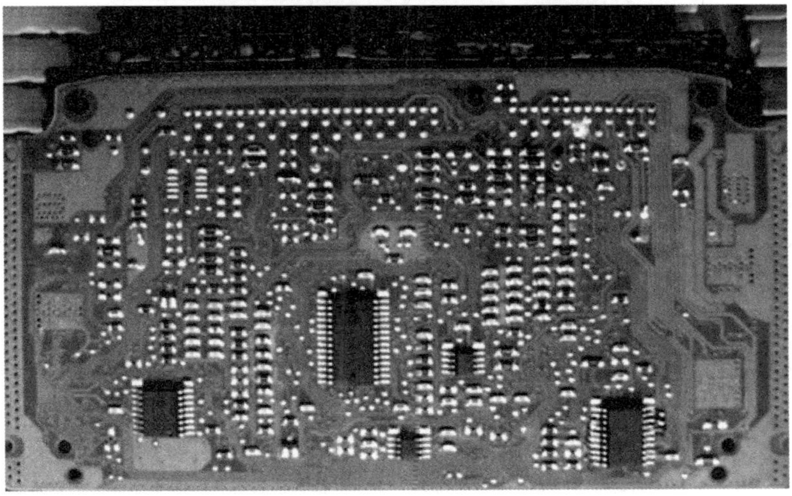

图 3-5　新款桑塔纳用 311N 电脑板内部结构(反面)

此电脑板除了点火驱动模块 30397 容易损坏之外，喷油模块 30344、电源模块 30343 也容易损坏。只有插入修复仪检测，才能确定哪里出了问题。因为此电脑板是电子节气门和带防盗的电脑板，修复好后要进行节气门匹配和防盗匹配，匹配正常后才可以使用。

3）一辆奥迪 A6L 轿车，配置电控发动机，带涡轮增压系统、防抱死系统和车辆防盗系统。

在车辆出现交通事故后，发动机和控制系统完好无损，起动、怠速、加速，一切正常，只是汽车外壳变形严重。当时等待新外壳的到来，间隔大约有 10 天又试过一次车，发动机起动平稳。大约半个多月，新件到来。将发动机、底盘、ABS 和整个线路装到新的外壳上。接上电路，发现仪表照明灯和外壳小灯都亮了(没有开小灯)，打开点火开关，仪表显示均正常，只是没有听到怠速电动机和燃油泵的声音，起动机一点起动的现象也没有。这时，将相线接到燃油泵的熔丝上，怠速电动机转过一个角度，油泵开始泵油，但发动机还是不起动。

故障检修：通过上述现象，认为线路有地方插错了。经过分析只有熔丝盒下的插头有可能插错，对照线路图发现有两个并排的插头：一红、一黄，插头一模一样，将两插头对调，重新插上，打开点火开关，这时怠速开关电磁阀动作，油泵工作约 2s，一切显示正常。发动机能够起动，只是怠速转速很低，没有高怠速，不能加速，一踩加速踏板就熄火，不踏加速踏板怠速只能工作几秒，经过几次起动都是这个样子，给人的感觉是油少，人为地将清洗剂喷入进气歧管，发动机起动能够加速，测量油压力正常。难道喷油指令给错了？用电子仪调故障码，故障码是空气流量传感器输出电压低和节气门位置传感器问题，对两个传感器测量没有发现问题。将同型号的奥迪车上的空气流量传感器和节气门位置传感器拆下装到有故障车上，结果还和以前一样怠速只能几秒，不能加速。这时怀疑电脑出问题了，将电脑也换了过来，结果怠速正常了，加速也正常了。是否是插错线造成的？将电脑拆掉，测量插头上的线哪一条是常相线，哪一个是电脑相线，并记录好。将两次记录进行比较，发现插错线造成电脑插头相线没有供应电，其他都一样，这样就排除可能因为插错线造成电脑损坏的判断。

经过查资料得知，节气门位置传感器需要和电脑进行匹配，才可使用，否则节气门位置传感器就不能输出正确信号给电脑。用大众专用检测仪 5053 对节气门位置传感器进行基本设置，起动发动机，发动机怠速、加速显示一切正常，故障排除。

维修小结：上述故障有可能是在装完新车，第一次通电时产生的，当时担心线路有装错的地方，造成线路和电器的烧坏，在打开点火开关后，用导线在桩头上来回碰了几次，感觉没有问题后才将导线接好。这样电脑在通电的情况下，突然断电，反复几次，造成电脑对节气门位置传感器的基本设置数值丢失，使原来正常的系统产生了故障。奥迪 A6L 轿车电脑板内部结构如图 3-6 所示，奥迪 A6L 轿车电脑板控制系统如图 3-7 至图 3-9 所示。

此电脑板除了点火驱动模块 30397 容易损坏之外，喷油模块 30344、电源模块 30343 也容易容易损坏。只有插入修复仪检测，才能确定哪里出了问题。因为此电脑板是电子节气门和带防盗的电脑板，修复好后要进行节气门匹配和防盗匹配，匹配正常后才可以使用。

4）一辆捷达王轿车，采用 06A906033FT 电脑板，发动机起动困难，油耗过高。

故障检修：初步检查该车确实起动困难，但如果在起动时踩下加速踏板就容易起动。发动机起动后混合气很浓，明显燃烧不完全。该车的故障现象很像大众车常见的质量式空气流

图 3-6 奥迪 A6L 轿车电脑板内部结构

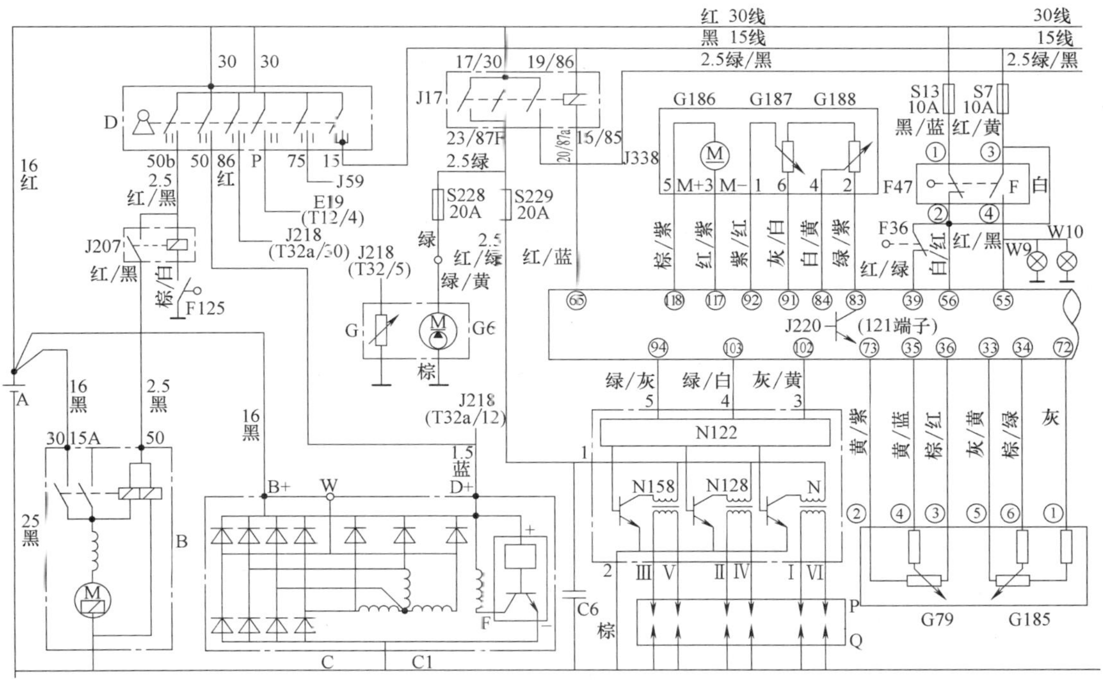

图 3-7 奥迪 A6L 轿车电脑板控制系统(1)

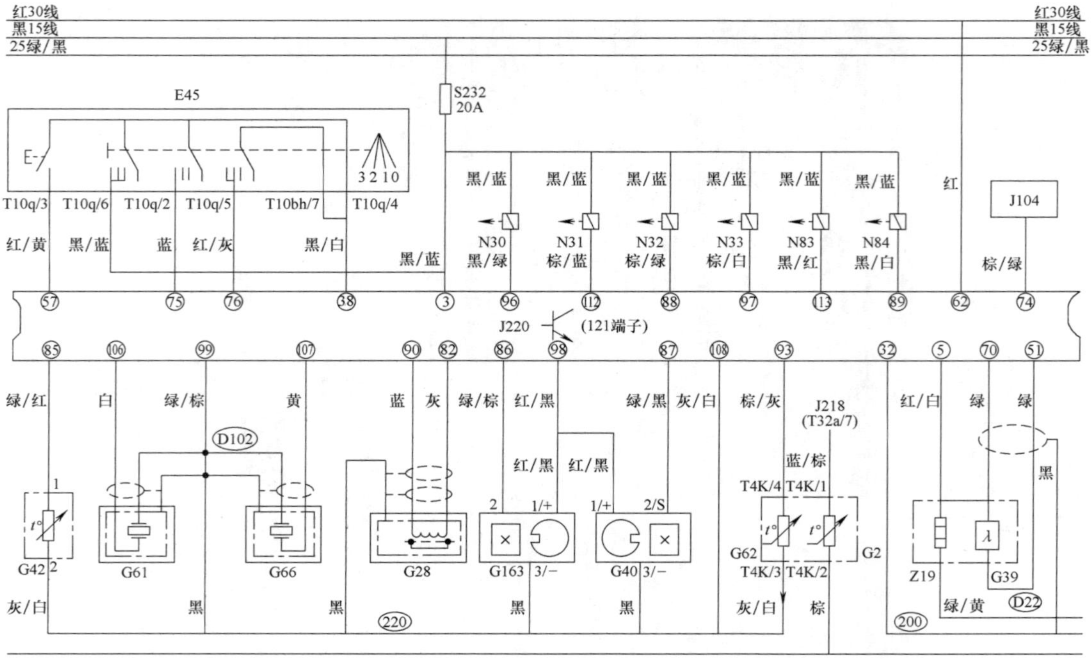

图 3-8　奥迪 A6L 轿车电脑板控制系统(2)

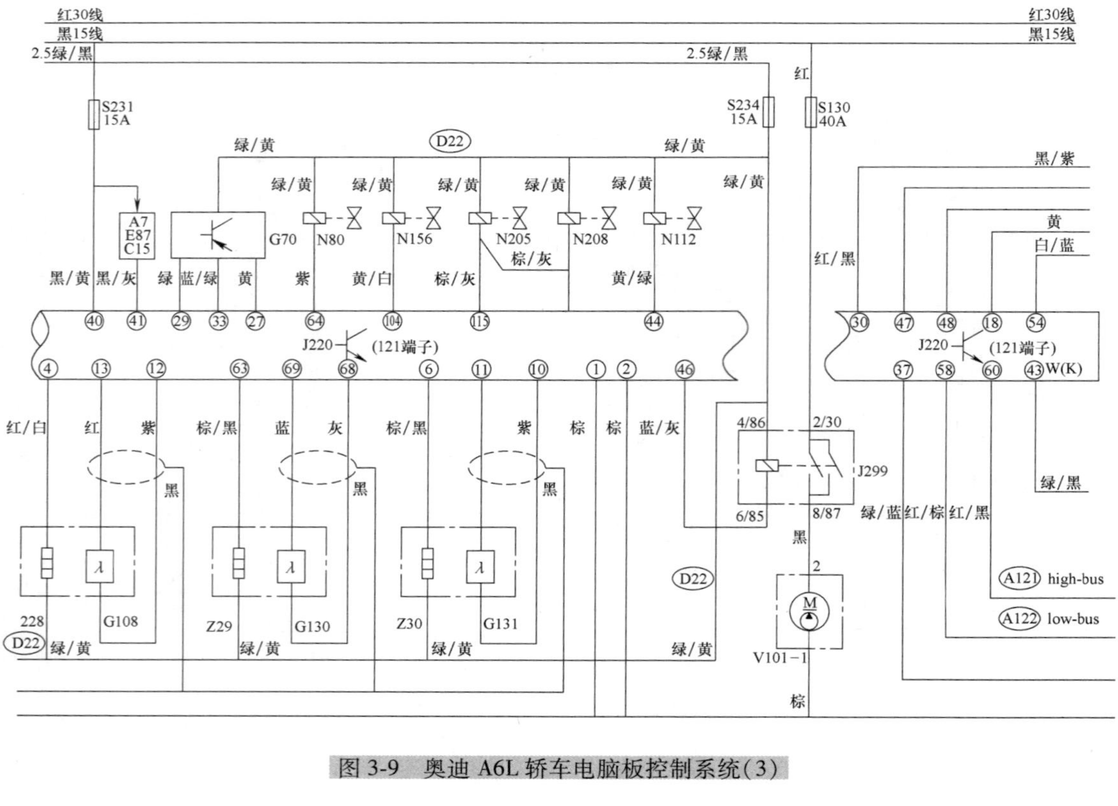

图 3-9　奥迪 A6L 轿车电脑板控制系统(3)

量传感器不良引起的混合气过浓，可是该型发动机没有质量式空气流量传感器，只有一个进气压力传感器。连接故障诊断仪读取故障码，没有发现任何故障，观察数据流，进气压力传感器的数值在正常范围内。为准确起见，我们还是找了个传感器替换试验，但故障现象没有任何变化，显然与该传感器无关。

之后又反复试起动，发现在不踩下加速踏板时，发动机有时也能够勉强起动，但怠速转速很低，大约只有 300r/min，但若踩一下加速踏板，就会到 800r/min 正常怠速转速。观察数据流，发现发动机怠速时，节气门开度一直为 5.5°，加速时会上升，但放开加速踏板后节气门开度仍然停留在 5.5°。熄火后再观察，仍然一样。拆下节气门体后，发现节气门比较脏。清洗后装复，再看数据流，基本没有变化：拔下节气门线束插头，节气门开度变为 100°，再插上后仍变为 5.5°。难道是节气门体损坏了？于是用一个好节气门体替换，但数据流居然一样。此时，准备测量一下线路。当拔下发动机控制单元线束插接器时，发现插接器由于进过水，许多端子已经锈蚀。看来，这就是导致故障发生的真正原因。在把所有线束插接器的氧化部分清理干净装复后，试着起动发动机，发动机顺利起动，只是怠速转速比较高。等到温度上升到散热风扇开始运转后，熄火并进行节气门匹配，再次起动时，发动机起动正常，怠速转速立即恢复正常。查看数据流，节气门开度为 3.9°，排气管中也没有了黑色的烟雾，发动机加速有力，故障排除。

维修小结：虽然该车没有出现故障码，但从数据流上却发现了异常，因此我们要学会正确利用数据流分析故障。捷达 CTX 轿车电脑板内部结构（正面）如图 3-10 所示，捷达王 CTX 轿车线路图如图 3-11 所示。

图 3-10 捷达 CTX 轿车电脑板内部结构（正面）

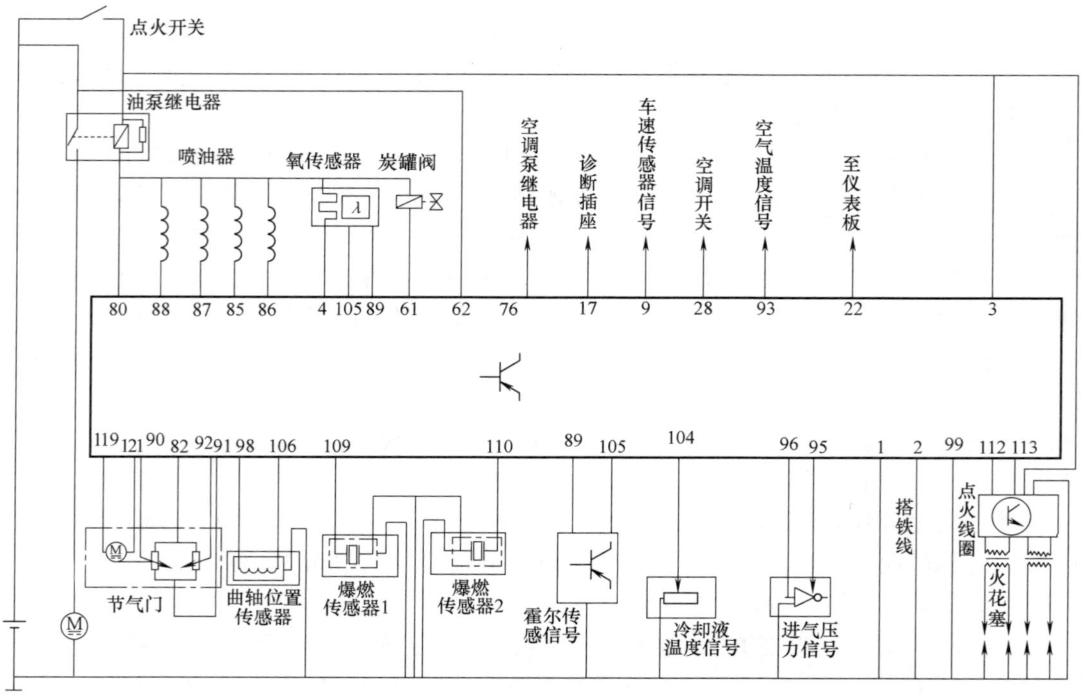

图 3-11 捷达王 CTX 轿车线路图

此电脑板除了点火驱动模块 30397 容易损坏之外，喷油模块 30344、电源模块 30343 也容易损坏。只有插入修复仪检测，才能确定哪里出了问题。因为此电脑板是电子节气门和带防盗的电脑板，修复好后要进行节气门匹配和防盗匹配，匹配正常后才可以使用。

二、有油无火时点不着火

1. 故障现象

打开发动机盖检测汽油压力，在 200~300kPa 范围内，符合正常油压。将高压帽从火花塞中拔出，插上一个火花塞起动时没有跳火，说明高压火不正常。用信号笔检测喷油器，有喷油脉冲，将高压帽插回原处。起动时无做功迹象，说明发动机电控系统不正常。

2. 故障原因

1）控制线路故障或 EFI 熔丝烧断。

2）电脑板内点火模块烧坏(有的车辆在点火线圈内部)。

3）电脑板内驱动模块电路烧坏。

4）电脑板内 CPU 点火程序损坏或丢失。

5）点火线圈烧坏。

3. 解决方法

1）用万用表检查线路和熔丝是否有故障，有故障则修理线路或者更换熔丝。

2）用信号笔或者用汽车电脑板修复仪检查电脑板内部点火模块是否烧坏，烧坏，则更换相应模块。

3）用信号笔或者用汽车电脑板修复仪检查电脑板内部驱动模块是否烧坏，烧坏，则更换相应模块。

4）检查电脑板内部CPU点火程序是否损坏或丢失，是，则刷新CPU点火程序。

5）用信号笔或者万用表检查点火线圈是否烧坏，烧坏，则更换相应点火线圈。

4. 故障实例

1）一辆铃木北斗星轿车不能起动，取下电脑板经修复仪检测，发现是点火模块30023烧坏，造成没有高压火，更换点火模块30023后，起动正常。铃木北斗星轿车电脑板内部结构如图3-12所示，其系统线路图如图3-13所示。

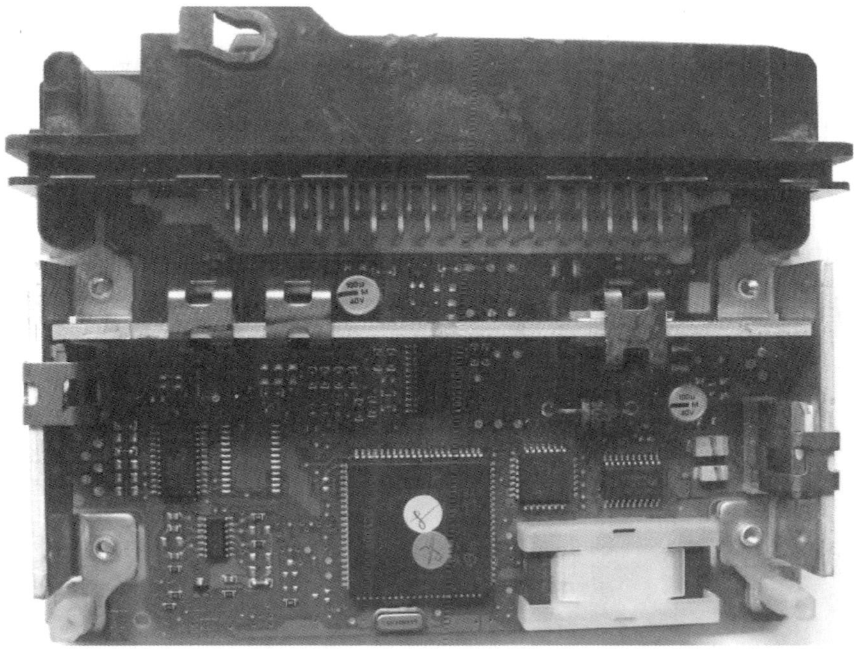

图3-12 铃木北斗星轿车电脑板内部结构（正面）

故障诊断与排除：用汽车电脑板修复仪很容易检测到汽车发动机不点火的故障现象，根据修理电脑板维修经验，换30023模块后顺利起动。

故障分析：修理工检测发动机无火时，如果继续使用指针式500型万用表，因点火线圈电压过高会损坏万用表内部的电子元器件。现在检测电喷发动机故障必须使用数字万用表。

2）一辆新秀轿车不能起动，经检查线路没有问题，将电脑板放到修复仪上检查，发现是电脑板驱动模块（4226）烧坏，于是更换驱动模块（4226），再次打火正常起动。新秀用M1.5.4电脑板内部结构如图3-14所示，其原理如图3-15所示。

3）一辆金杯面包车用马瑞利单点电脑板，不能起动，经检查汽车线路没有问题，将电脑板放到修复仪上检查，电脑板内部CPU程序丢失，用修复仪刷新CPU后正常起动发动机。马瑞利单点电脑板内部结构如图3-16所示，其原理如图3-17所示。

故障诊断与排除：用汽车电脑修复仪检测，此车电脑板内部CPU 68HC11F1程序丢失，用汽车电脑修复仪刷新此电脑板CPU程序，即顺利起动发动机故障排除。

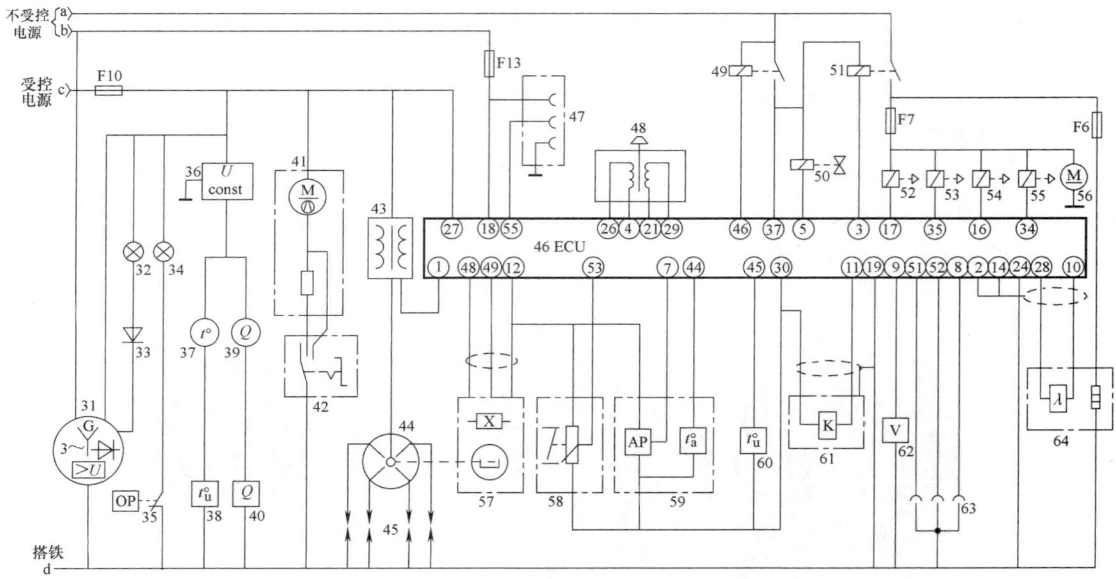

图 3-13 铃木北斗星轿车系统线路图

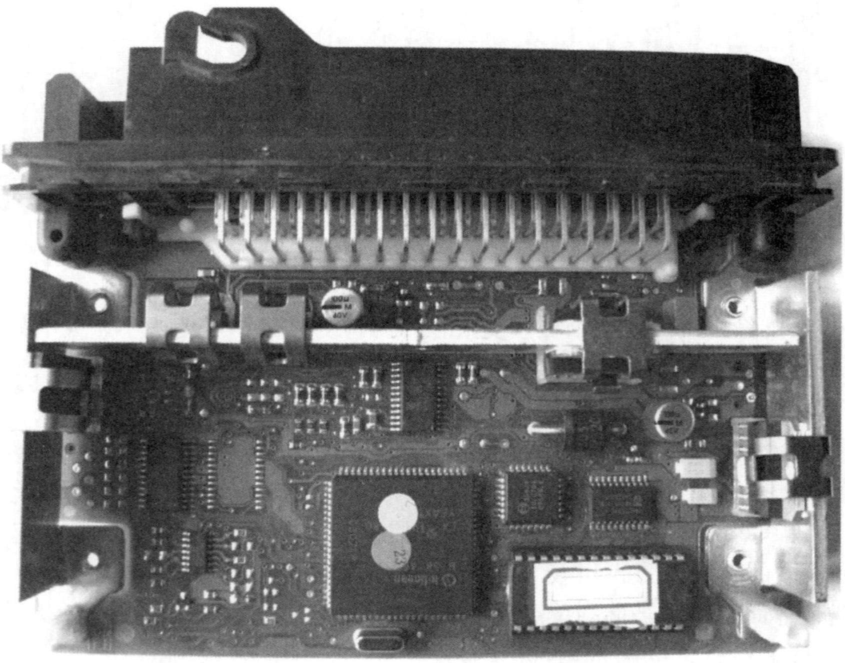

图 3-14 新秀轿车用 M1.5.4 电脑板内部结构

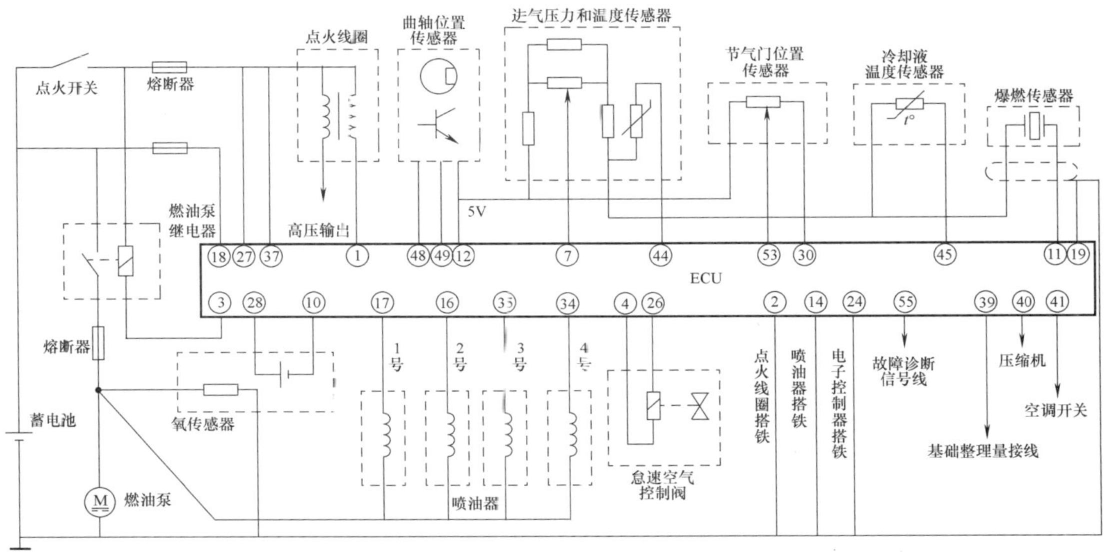

图 3-15　新秀轿车用 M1.5.4 电脑板原理

图 3-16　马瑞利单点电脑板内部结构

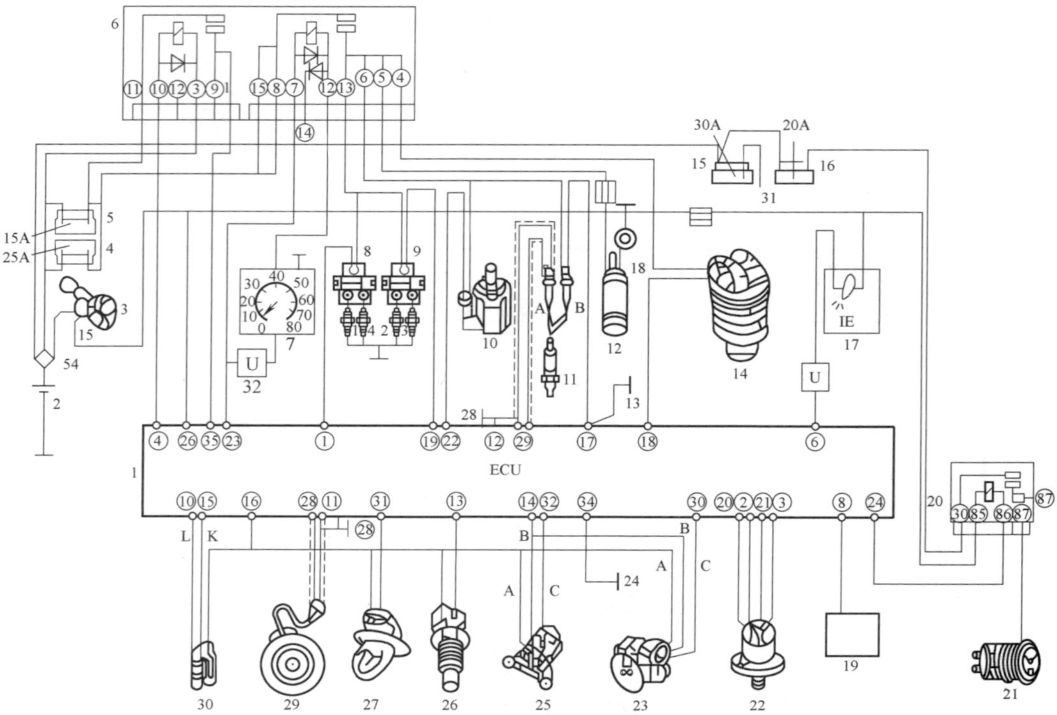

图 3-17 马瑞利单点电脑板原理

故障分析：此电脑板 CPU 程序容易疲劳，重新刷新即可恢复程序。

4）一辆长安轿车不能起动，经电脑板修复仪检查电脑板无毛病，用万用表检查，高级点火线圈内部断路，更换点火线圈后正常起动。长安轿车 M1.5.4 电脑板点火线圈如图 3-18 所示。

三、有火无油时点不着火

1. 故障现象

打开发动机盖检测汽油压力，不在 200~300kPa 范围内，不符合正常油压。将高压帽从火花塞中拔出，插上一个火花塞起动时跳火正常，说明高压火正常。检测喷油器，无喷油脉冲，将高压帽插回原处。点火时无爆发燃烧现象，说明发动机电控系统不正常或者是喷油器线路有故障。

2. 故障原因

1）控制线路故障或喷油器供电熔丝烧断。

2）电脑板内喷油模块烧坏。

3）电脑板内驱动油泵继电器模块烧坏。

4）电脑板内 CPU 喷油程序损坏或丢失。

5）喷油器烧坏或者燃油泵烧坏。

图 3-18 长安轿车 M1.5.4 电脑板点火线圈

3. 解决方法

1）用万用表检查线路和喷油器供电熔丝是否断路，有故障则检修线路或者更换熔丝。

2）用信号笔或者汽车电脑板修复仪检查电脑板内部喷油模块是否烧坏，烧坏则更换相应模块。

3）用信号笔或者汽车电脑板修复仪检查电脑板内部驱动油泵继电器模块是否烧坏，烧坏则更换相应模块。

4）检查电脑板内部 CPU 喷油程序是否损坏或丢失，是，则刷新 CPU 点火程序。

5）用万用表检查喷油器或者燃油泵是否烧断，烧断，则更换相应设备。

4. 故障实例

1）一辆上海华普轿车打不着火，检查后发现此发动机有高压火，喷油器上没有脉冲电压。

故障诊断与排除：

① 用数字万用表检查线路和喷油器供电熔丝。

② 用信号笔检查电脑板内部喷油模块是否损坏。

③ 用信号笔检查电脑板内部驱动油泵继电器模块是否损坏。

④ 用信号笔检查电脑板内部喷油器或油泵工作情况。

检查后发现此车的电脑板 CPU 喷油模块 30373 损坏，更换后起动正常。

故障分析：用试灯检测喷油有无喷油脉冲，最容易烧坏喷油模块 30373。上海华普轿车 M1.5.4 电脑板内部结构如图 3-19 所示，其系统线路图如图 3-20 所示。

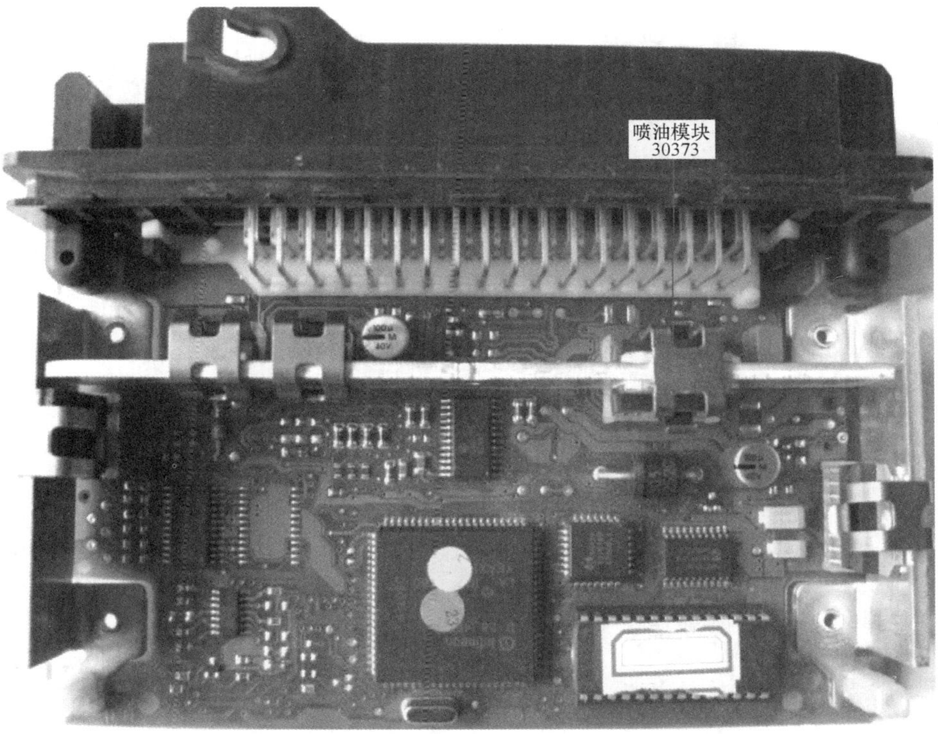

图 3-19　上海华普轿车 M1.5.4 电脑板内部结构

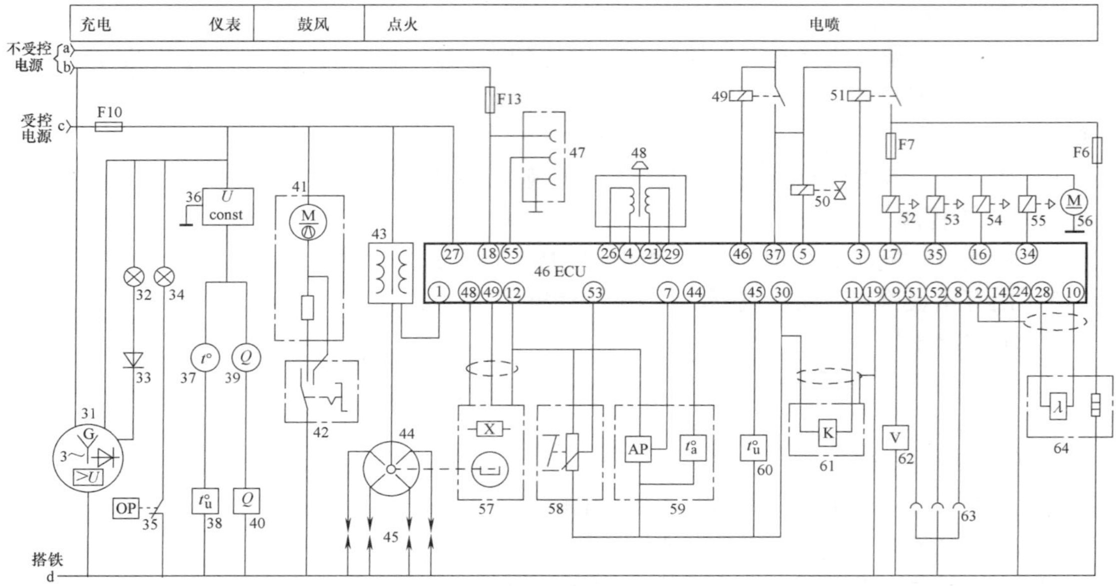

图 3-20　上海华普轿车 M1.5.4 电脑板系统线路图

2）一辆吉利自由舰轿车，采用 M1.5.4 电脑板，拉到修理厂后检查有高压火，喷油器工作正常，汽油泵不工作，更换油泵后还不工作，用修复仪检查电脑板，发现油泵继电器不吸合，用信号笔测量模块 4226 没有搭铁信号输出，更换油泵继电器控制模块 4226 后，一切正常。吉利自由舰轿车用 M1.5.4 电脑板内部结构如图 3-21 所示。

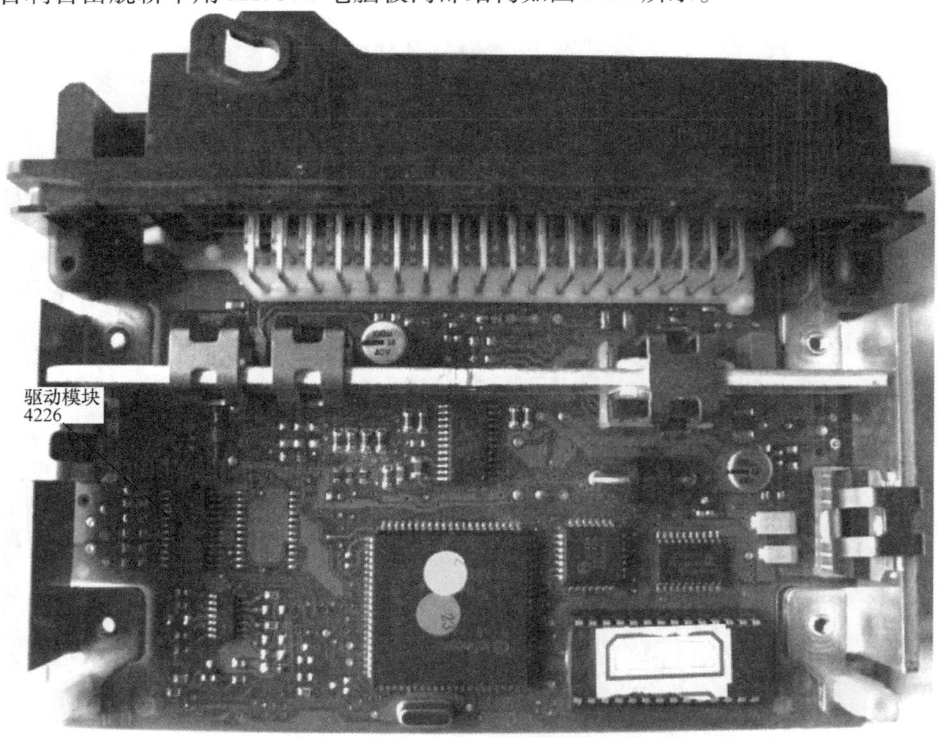

图 3-21　吉利自由舰轿车用 M1.5.4 电脑板内部结构

3）一辆北京福田越野车采用摩托罗拉单插头电脑板，不能起动，经检查汽车线路没有问题，将电脑板放到修复仪上检查，电脑板内部 CPU 程序丢失，用修复仪刷新 CPU 后正常着车。北京福田越野车用摩托罗拉单插头电脑板内部结构如图 3-22 所示，其电脑板原理图如图 3-23 所示。

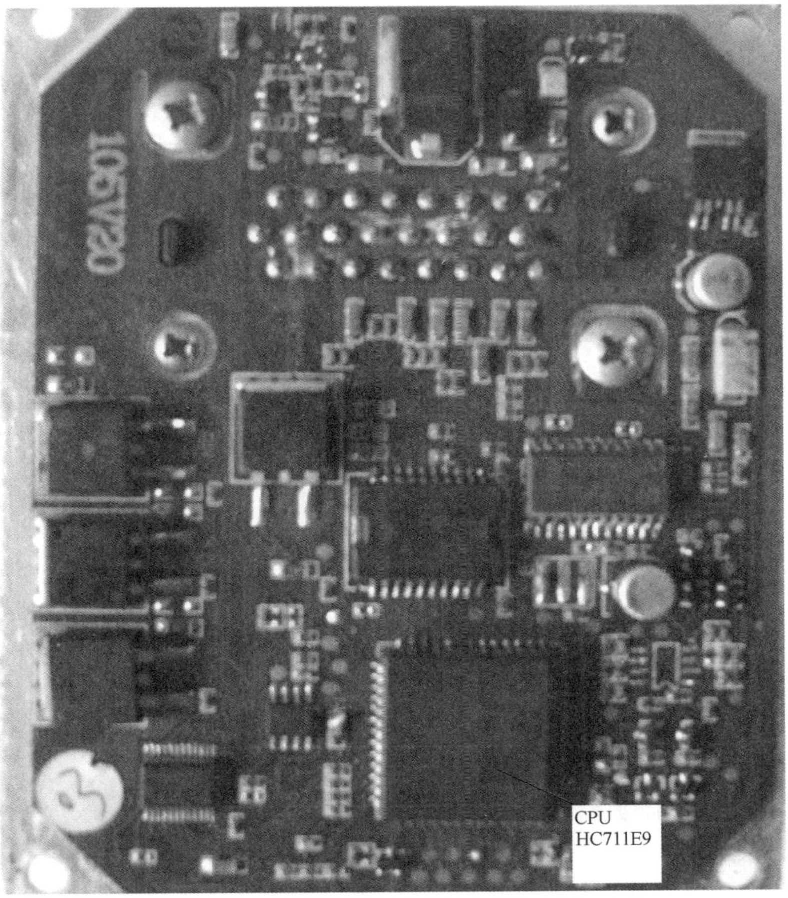

图 3-22　北京福田越野车用摩托罗拉单插头电脑板内部结构

4）一辆日本丰田佳美轿车不能起动，经修复仪检查电脑板无毛病，又经仔细检查是喷油器阻塞造成的，于是清洗喷油器，重新装车后，点火正常。日本丰田佳美用喷油器如图 3-24 所示，电路原理图如图 3-25 所示。

5）一辆赛纳手动档轿车无法起动，起动时有着火迹象，但立即自行熄火。

故障诊断：用解码器检测动力总成没有故障，检查起动时汽油压力为 350kPa，正常。拆下火花塞，将其装在点火线圈上，在缸外检查火花塞点火情况，跳火正常。分析可能为喷油器不喷油，用解码器模拟检测各缸喷油器，发现均不工作，试向节气门连续喷入清洗剂起动，发动机可连续工作不停，又用信号笔检测各喷油器工作信号，无脉冲信号。可以判定喷油器不工作时发动机不能起动的根本原因，分析为何发动机控制单元不给各缸喷油器搭铁信号，与其相关联的部件可能有发动机曲轴位置传感器、凸轮轴位置传感器、进气压力传感器，检查发现每个传感器及其线路均无故障，那么可能为发动机控制单元故障。

故障排除：试对发动机控制单元做自动调节装置初始化，无效。更换发动机电脑控制喷

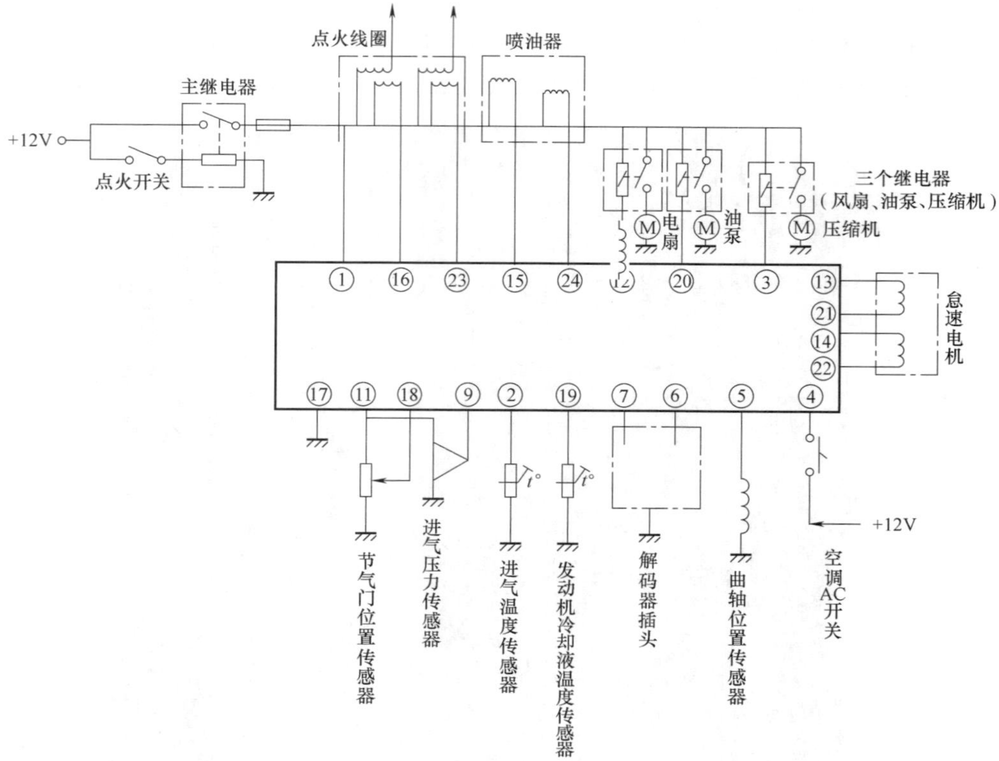

图 3-23　北京福田越野车摩托罗拉电脑板原理图

油模块 30344 后故障排除。东风赛纳轿车电脑板内部结构(正面)如图 3-26 所示。

6）一辆赛纳轿车在行驶途中突然熄火，无法起动。

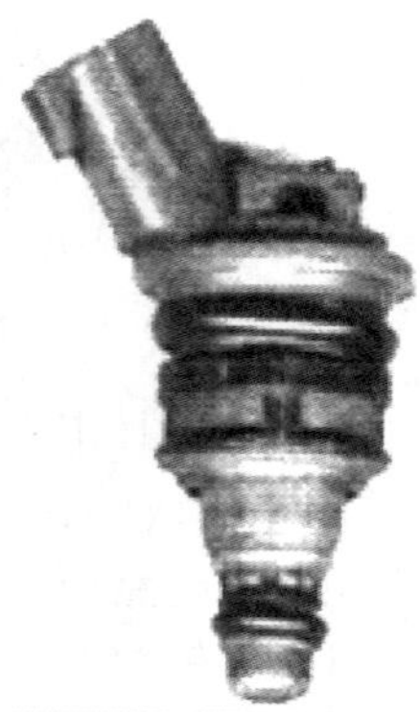

图 3-24　日本丰田佳美轿车用喷油器

故障诊断：用解码器检测发动机控制单元，无法进入诊断界面。检测 BSI 智能控制盒，读取故障为与发动机控制单元的通信的故障(本地)；车辆纵向加速信息故障(隔开的)；发动机冷却液温度信息故障(本地)；车速信息故障(隔开的)。检测自动变速器控制单元，读取故障为节气门位置传感器信号故障(隔开的)；自动变速器与发动机控制单元对话故障(隔开的)。又对发动机点火和喷油进行检查，发现喷油器无工作信号。但在进气口不断喷入清洗剂，发动机可起动正常工作，点火正常。根据上述检查结果分析，由于 BSI 智能控制盒和自动变速器控制单元均出现对话故障，说明多路传输系统 CAN 网络有故障。断开蓄电池，拆下 3 个控制单元，用万用表电阻档检测各段 CAN 连接网线的电阻值，均为 1Ω 左右，线路无断路。又检查其是否搭铁或短路，线路均无搭铁或短路，分别对 3 个控制单元与 CAN 网络连接的两端子的内部电阻进行测量，发动机电喷控制单元和智能控制盒内部电阻均为 120Ω 左右，自动变速器控制单元内部电阻为 0Ω，均为正常。接着逐个查看 3 个控制单元，发现发动机电喷控制单元上几个端子明显有腐蚀现象，结合前面解码器无法进入发动机电喷控制单元诊断界面的情况分析，可能为发动机电喷控制单元故障。

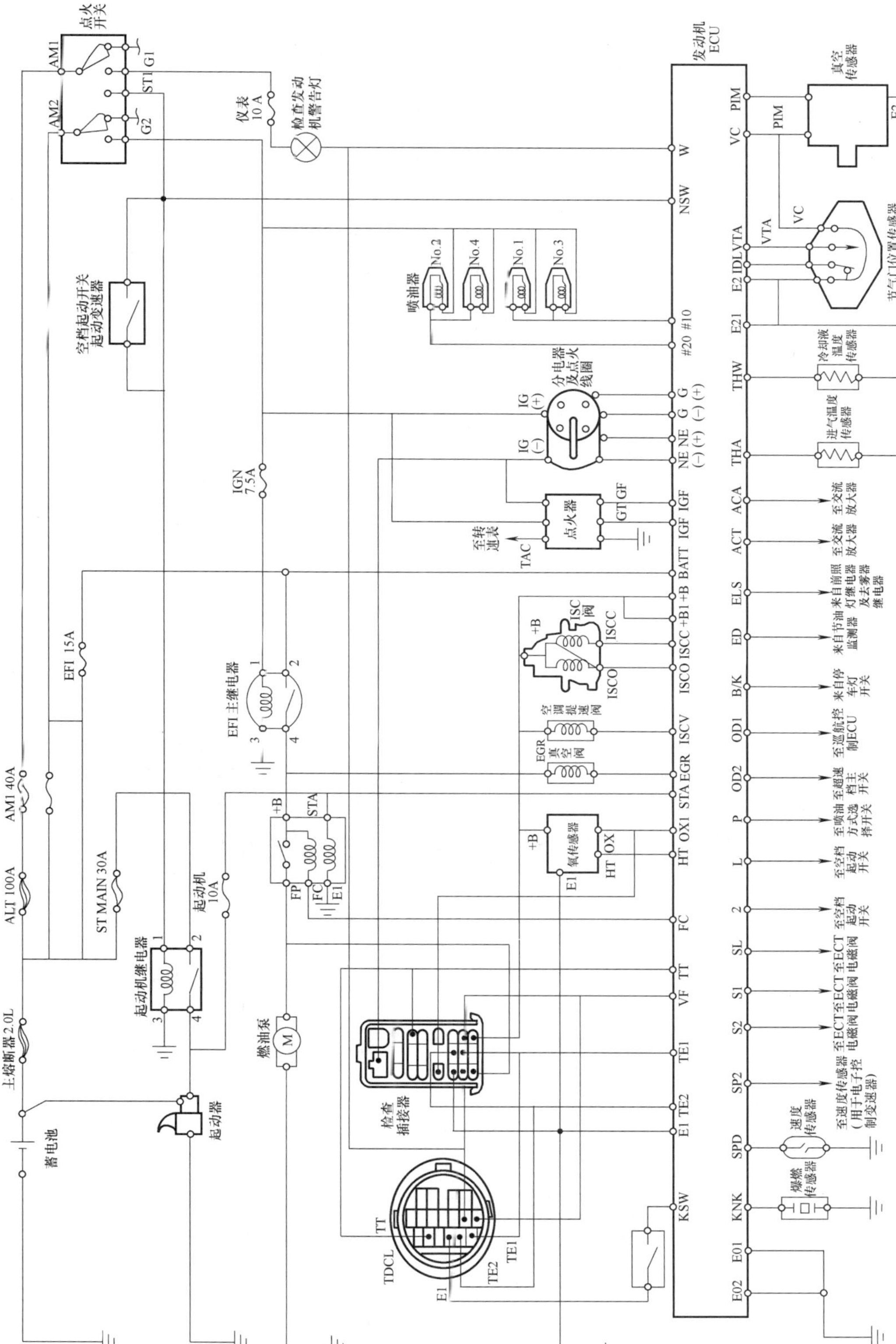

图 3-25 日本丰田佳美轿车电路原理图

图 3-26 东风赛纳轿车电脑板内部结构(正面)

故障排除：更换发动机控制单元上几个腐蚀端子后，故障排除，发动机起动正常。

故障总结：该故障属多路传输系统 CAN 网络中的控制单元故障，由于发动机控制单元失效，造成 CAN 网络传输中断瘫痪。东风赛纳轿车电脑板内部结构(反面)如图 3-27 所示。

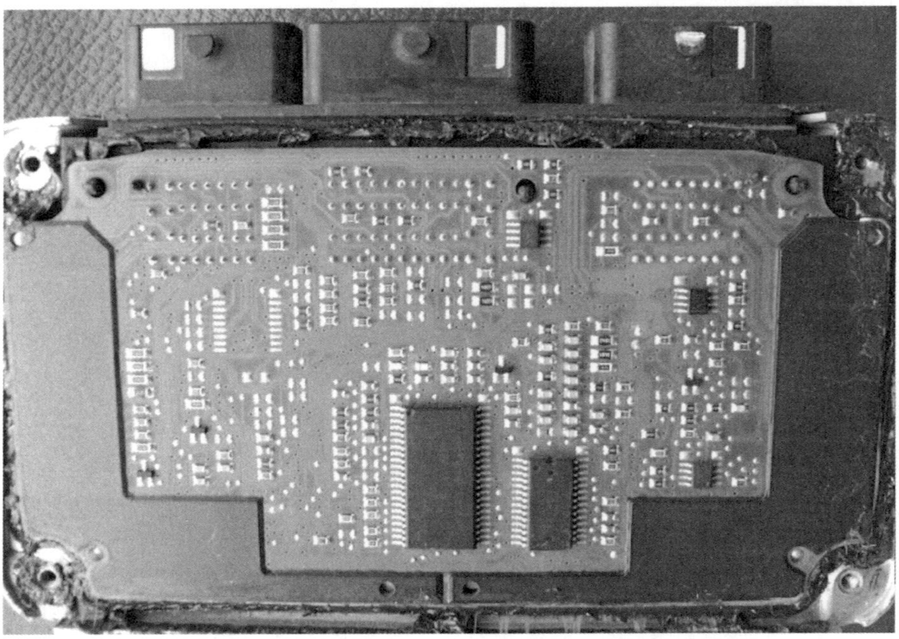

图 3-27 东风赛纳轿车电脑板内部结构(反面)

四、无油无火时点不着火

1. 故障现象

打开发动机盖检测汽油压力，不在200~300kPa范围内，不符合正常油压。将高压帽从火花塞中拔出，插上一个火花塞起动时没有跳火，说明高压火不正常。用信号笔检测喷油器，无喷油脉冲，将高压帽插回原处。起动时无爆发燃烧现象，说明发动机电控系统不正常。用解码器进入系统，能进去则说明内部CPU还在运行，问题在于外部线路或传感器；不能进去则说明电脑板死机，问题在于供电线路或者ECU本身。

2. 解码器能进入系统时点不着火的原因及解决方法

1）燃油泵熔丝烧断或者相应线路断开，不能给燃油泵、喷油器以及点火线圈供电。此时需更换熔丝或者接通相应线路。

2）电脑板内某驱动模块损坏造成燃油泵继电器不吸合，则不给燃油泵、喷油器以及点火线圈供电。此时须用信号笔或者汽车电脑板修复仪，检查出具体损坏的电脑板内部驱动燃油泵继电器模块，并更换相应模块。

3）曲轴位置传感器不工作会造成无火无油现象。用万用表或汽车电脑板修复仪找出问题是在线路或电脑板内部还是曲轴位置传感器本身，更换相应设备。

4）根据解码器内部故障码提示，找出相应的问题所在，清除故障码。

3. 解码器不能进入系统时点不着火的原因及解决方法

1）ECU供电线路不良（包括线路、熔丝和钥匙等）。用万用表判断问题所在，更换熔丝、匹配钥匙或接通线路。

2）ECU内部电源模块损坏。电源模块是将汽车的12V电源转换成5V电源，供给CPU及外围电路使用，其损坏将导致CPU或外围电路不工作。用万用表或汽车电脑修复仪判断其是否损坏，是，则更换相应模块。

3）CPU损坏或者RAM损坏。用信号笔或者汽车电脑修复仪判断其是否损坏，如果是则更换CPU或RAM。

4. 故障实例

1）一辆东风雪铁龙轿车，清洗喷油器、节气门、怠速步进电动机后，发动机运行正常，但电动门窗运行失常，试车行驶中发动机突然熄灭不能起动。

故障诊断与排除：用元征X431读取故障码，显示系统正常。考虑是否因电动车窗运行不正常导致电脑死机？于是摘下蓄电池负极20s后装回，清除故障码，等候20min后试车正常起动。

故障分析：因为电动车窗插头接触不良，如同再着车状态拔下传感器插头故障相同，由于电动车窗的插头松动造成汽车电脑死机，死机后拔下EFI熔丝20s后（有音响和防盗的车辆不能拆掉蓄电池负极），过20min后死机即解除，并且别忘记清除故障码。东风雪铁龙轿车电脑板内部结构（正面）如图3-28所示。东风雪铁龙轿车线路图如图3-29所示。

2）一辆2005款奥迪A4L轿车在上坡时突然熄火，而后再也无法起动。救援车拖进厂后做目检，发现没有高压火，也没有燃油供给。

故障检修：先检查全车熔丝继电器，均正常。然后用大众专用检测仪器5053检查，无故障码存储。

图 3-28 东风雪铁龙轿车电脑板内部结构(正面)

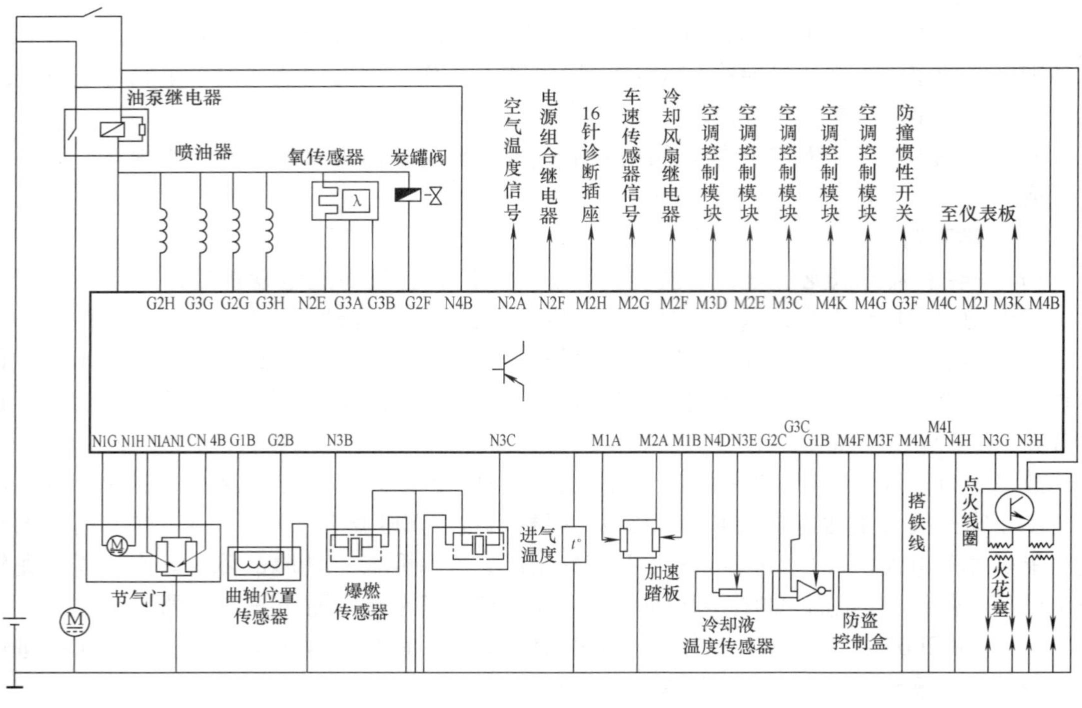

图 3-29 东风雪铁龙轿车线路图

由于无高压火花，就把查找点放在点火线路上。更换上全新的点火器总成仍然无效，测量点火线路的连接，一切正常。打开点火开关时，低压线有 12V 电压，而起动起动机时却没有低压。打开点火开关时燃油泵继电器也工作，可是起动起动机时也没有工作迹象。此时怀疑发动机 ECU 有问题，找来另一个同样车型上的 ECU 装车试验，故障依旧。

翻阅此车的专用维修资料，看出该车的点火系统组件由发动机转速传感器、判缸传感器(3 缸上止点)和霍尔传感器组成。拆下发动机转速传感器(该传感器距飞轮齿轮圈约 5mm)测量其阻值正常，它与发动机电脑连线无断路。判缸传感器安装在左侧缸体上，拆下发现表面有轻微划痕，阻值正常，怀疑它的信号有误，更换一个仍无效。揭开左侧气门室盖，拆下霍尔传感器，测量阻值正常，连线也正常。传感器触发尖端和轮轴上的凹槽都没有异常。3 个传感器都正常，那为什么没有高压火花呢？当判缸传感器、霍尔传感器和发动机转速传感器同时传给 ECU 信号时，发动机 ECU 向点火器发出点火指令，同时接通燃油泵继电器低压端。由此判断是否因为 3 个传感器的信号不同呢？发动机转速传感器每时都发出信号(因为它依靠飞轮齿圈触发信号)，判缸传感器只在 3 缸上止点时发信号，那此时霍尔传感器是否有信号。把曲轴上的凹槽对正，松开传感器固定螺栓，打开点火开关转动传感器，当传感器触发端与轮凹槽正对时，突然听到清脆的继电器闭合声，同时有燃油的流动声。故障终于找到——正时错误。由于该车正时带轮为 V 带驱动，很可能是 V 带中加速时跳齿所致。但是，该车型正时带轮上无任何标记，只好按下述方法调整正时 V 带：拆下 3 缸火花塞，用一个直钢丝向下试探活塞，同时转动曲轴直到上止点。左侧轮轴以传感器触发端正对轮凹槽为准。右侧轮轴就只能凭视觉观察，找来相同的车型观察其角度对着将正时标记对齐，装好 V 带，着车正常。

维修小结：该车原厂设定了机械故障保护功能，当 V 带错齿后 3 个传感器就不能发出同步信号，此时发动机 ECU 截止点火信号以及供油信号。该故障的维修可以说明这样一点：有些车表面看似电路故障，实际是机械问题，修理现代汽车需要全方位的机电知识。奥迪 A4L 轿车 BOSCH 电脑板外形如图 3-30 所示。其原理图如图 3-7、图 3-8 和图 3-9 所示。

3）一辆捷达直列 4 缸发动机，配备 DIGIFANT Ii 发动机电控系统，有分电器。起动发动机时，高压无火，喷油器也不工作。

图 3-30　奥迪 A4L 轿车 BOSCH 电脑板外形

故障诊断与排除：打开点火开关后，测通往控制单元的正极线(对地为蓄电池电压)，且连接良好，搭铁线也都可靠。可是关闭点火开关后，却没有蓄电池电压送往控制单元。

参考电路图发现该 DIGIFANT Ii 系统，在点火开关关闭后并无蓄电池电压提供给控制单元。但电源属于正常，控制单元却不工作，肯定是控制单元内部出现故障。

打开控制单元盒，发现怠速执行机构的电阻及 3 只较大的晶体管均更换过。经检查没有发现元器件烧坏的情况。

控制单元的14端子为电源+B，该端子所接的两个晶体管，一个给CPU供电并向各传感器提供5V参考电压；另一个则是给怠速执行机构提供近似蓄电池电压的电源。拆下这两个晶体管检测，并没有损坏。但对照印制电路板上的元器件及线路布置，并与晶体管的测量结果核对，终于发现两个晶体管虽是该控制单元要求的硅PNP型，但端子却不对应：集电极倒是都在中间，可基极与发射极装倒了。

换上两只SB950A晶体管(当然要注意管脚接法)，并更换有裂纹的大电容(以220μF，63V代替)之后，测控制单元外接电源，在其17端子、9端子、10端子可测得5V参考电压，在22端子、8端子可测得近似蓄电池电压。对照系统电路图，连接一个桑塔纳分电器、电子点火模块、点火线圈及高压线。旋转分电器，可产生足够强的高压火花，至此，可认为控制单元已基本修复。

4只喷油器并联后(并联后阻值为5Ω)接在了控制单元相对的端子上，给控制单元通电后，旋转分电器，不但产生高压火花，喷油器也发出了“嗒嗒”的工作声，并且是先喷油后点火，先后快慢有序，可就在断开后再通电时，任你如何旋转分电器，高压火始终有，喷油器却不动作了。

再次查找故障，发现两块印制电路板之间的连接软线有一根已折断，时而接触不良。修复后，再通电试验，却再也没有出现点火、喷油器都工作的现象。

控制单元装车后，打开点火开关，可听到汽油泵工作几秒钟(就是油泵声音不太好听)，起动发动机，高压有火，喷油器动作。捷达电脑板外观如图3-31所示，捷达线路图如图3-32所示。

图3-31　捷达轿车电脑板外观

4）一辆捷达前卫Gix轿车，被水淹过后出现发动机无法起动的故障。经修理厂检查发现无高压火，拆下发动机ECU，发现已经进水烧坏，修理厂在换上了一只新的发动机ECU后起动发动机，第一次起动，发动机运转几秒后随即熄火；再次起动，发动机毫无着火迹象。检查发现还是无高压火，新换上的发动机ECU又被烧坏。

故障检查诊断与排除：接修该车后，根据该车防盗系统工作原理对上述检查结果进行分析，认为故障原因是在更换发动机ECU后，没有清除防盗电控单元内的旧发动机ECU码，在换上新的发动机ECU后，防盗电控单元经过识别后锁止了发动机ECU，导致发动机断火和断油，发动机不能起动。

连接5053故障阅读仪(下称阅读仪)，输入地址码25(防盗系统)，选择02(查询故障记忆)，阅读仪显示“发动机电控单元锁止”。

根据阅读仪显示的内容，得知这时只要清除防盗电控单元内的旧发动机ECU码，再完

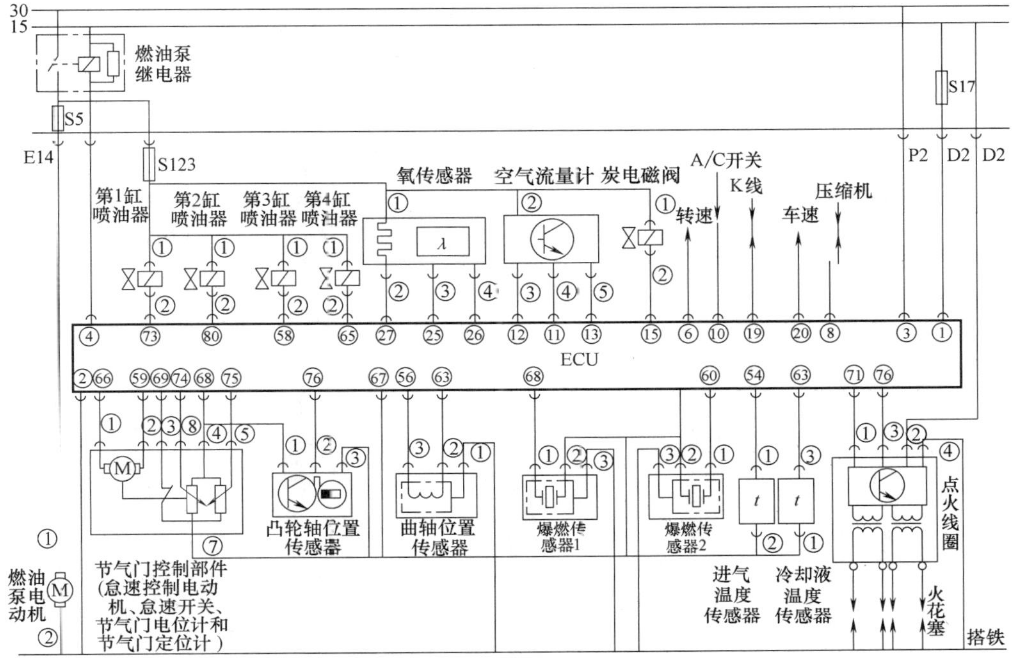

图 3-32　捷达轿车线路图

成新的发动机 ECU 和防盗电控单元间的匹配，即可排除故障。

输入地址码 25，选择 02 功能，再选择 05 功能（清除故障记忆），然后再选择 10 功能（选择匹配功能），输入 00 通道号，按“Q”键确认，记忆值被删除，按“?”结束，选择 06 功能退出功能。关闭点火开关，等待约 30s 后起动发动机，立即着火，而且新发动机 ECU 码被防盗电控单元记忆，将原来的电脑板按照书上的方法清洗烘干以后，测量各部位电阻值不正常，更换电源模块 A2C33648 后电阻值正常装车试验，匹配方法同上，匹配后起动发动机正常。捷达前卫轿车用电脑板内部结构（正面）如图 3-33 所示。

5）电喷车不点火、不喷油、冒黑烟等故障，检查机械部分正常，又查了与故障有关的传感器等也正常，但还是不敢确认电脑板故障，尤其是对于没有经验的修理工更是如此。现介绍一种只用一块数字万用表测试电脑板上的少数端子就可判断电脑板是否损坏，如果坏了是否能修的方法。下面介绍尼桑蓝鸟 U12 车电脑板故障的判定（电脑板的型号为 87—23710—80E10）：

① 不点火、不喷油的测试。首先测搭铁线。点火开关位于“OFF”位，打开数字万用表电阻档，负表笔接车身搭铁，用正表笔分别测试电脑端子 107、108、116、6、13、21、29、39、48，电阻值为 0Ω，电阻值越小越好，最大不应超过 1Ω。如果不正常应仔细检查蓄电池负极到车身、发动机上的搭铁线接触是否良好，如果正常，再测试电源线。打开点火开关，数字电压表放在电压档，负表笔接车身搭铁，用正表笔分别测试电脑 109、36、38、46、47 端子，应有蓄电池电压。然后用一试灯，一端接搭铁；另一端分别碰上述 5 个端子，试灯应达到正常亮度。用试灯的主要目的是检查主继电器触 1 点、点火开关触点的带载能力，因为很多时候触点经常动作而氧化后，用数字表测电压正常，一旦带负载电压便降低，造成电脑不工作，这种情况很多，不能忽视。在搭铁和电源两项测试都正常后，把分电器作

图 3-33　捷达前卫轿车电脑板内部结构(正面)

记号后从机体上拔出，慢慢旋转分电器，用数字电压表电压档测电脑 1、22、31 端子，应该有电压值变化。如果 22、31 端子电压值变化，而 1 端子电压值为 0V 或 5V 不变，基本可以断定为电脑板内部故障。如果点火正常不喷油，只要用熔丝一端搭铁；另一端间断地碰电脑 101 端子应能听到喷油器的动作声。如果有声，也可以判断为电脑内部故障。因为在正常情况下，有点火就应该有喷油。不过请注意在电脑 36 端子断电的情况下也会产生只点火，不喷油的现象。

② 电脑板是否可修复的判断。当电脑板出现故障时，电脑板中的发光管会亮，同时电脑进入备用系统，按一个固定的模式喷油点火。老式电脑板会出现起动困难，而新款电脑备用系统可使发动机起动较为容易，但都会产生加速困难或冒黑烟等现象，如果在起动时观察电脑板内的故障灯由亮变为熄灭，而且可以解故障码，这种电脑板多数可以修复。相反起动时电脑板内故障灯一直亮着，同时也解不出故障码，是因为电脑内的 HD63140 专用集成块不正常，不能代换，只能更换修复。

最后也可以用一个最简单的方法来确定电脑板故障，那就是在车上系统都正常的情况下，打开点火开关，不起动发动机，如果此时风扇常转，基本可以认定为电脑板坏，可换用新板修复。

6）日产蓝鸟轿车，该车为四缸发动机，型号为 CA—18，现以该车 U12 电脑板(型号为 61—23710—51E11,端子为 76)为例介绍电脑板的故障判断：

① 不点火不喷油的测试。参照图 3-34 首先检查搭铁线。用数字万用表电阻档，黑表笔

与车身搭铁，红表笔分别测试 107、108、116、10、20、30、50、60 电脑板端子。特别是 107、108、116 端子是喷油器的搭铁回路，喷油器的电阻值很小，只有几欧姆，如果搭铁回路电阻过大，产生电压降也大，会使喷油量变化，因此而产生的故障不易查找。在搭铁测试正常后，测试电源线，用数字万用表电压档，黑表笔与车身搭铁，打开点火开关，用红表笔分别测 109、45、49、58、59 端子，应该有蓄电池电压，如不正常，可查找点火开关、主继电器、熔丝，正常后可进行下一步。由于该车没有分电器，需要把曲轴、凸轮轴位置传感器拆下(两个位置传感器为一整体)，因为该传感器齿轮内有键槽，所以拆下时不用作标记，但此时千万不要转动发动机。点火模块固定在发动机上，一边 4 个端子，为点火控制端，分别与电脑 1、2、3、11 端子连接；另一边为 5 个端子，其中 4 个端子分别接点火线圈，剩下一个端子接电源正，模块外壳搭铁。为了避免在转动曲轴位置传感器时产生误点火和喷油，可把四个缸的喷油器插头拔下，每个插头接上用发光二极管做的试灯，同时把点火模块上点火线圈的驱动端端子拔下，下面开始做喷油点火测试。打开点火开关，用数字万用表电压档负表笔搭铁，逆时针慢慢旋转曲轴位置传感器的同时，用正表笔分别测试电脑板 41、51、42、52、1、2、3、11 端子，电压应该有波动。如果发现 41、42、51、52 端子电压有波动变化，而 1、2、3、11 端子只有 0V 或 5V 电压，没有波动变化，可以认定为电脑板损坏。喷油部分测试，在上述测试都正常的情况下应该有喷油，端子上的发光二极管会闪亮。如不亮可按上面介绍的方法测试，就很快地判断出电脑板的故障。另外在电脑板 45 端子断电时，会产生只点火不喷油现象。但是 109、58 端子断电时，对起动时测试喷油点火没有影响。尼桑蓝鸟轿车电脑板端子如图 3-34 所示。

② 判断电脑板故障时注意事项。根据很多修理厂检测该型号电脑板时反映：该车气缸压力正常、油路正常、喷油点火也正常，但起动时就是不着火，并且有时有回火或放炮现象。后借用一块着火正常的同型号电脑板试车，故障依旧，当把借用的好电脑板装回原车后，也产生了打不着火的现象，最后通过电脑检测仪测试发现，喷油与点火的顺序对不上，用车上的曲轴位置传感器在检测仪上与电脑板连机测试发现，曲轴位置传感器在一缸位置点火时，而电脑板点火输出端却在二缸，并且其他缸的点火也错乱。原来该车由于没有分电器，各缸的点火顺序由曲轴位置传感器来完成，该传感器为光电式，对应于各缸的光孔有大有小，一缸的光孔最大。这样曲轴位置传感器旋转时产生的脉冲宽度不一样，电脑板是依照脉冲的数量和宽度确认各缸点火的。该传感器装在发动机前右上角，从前看与曲轴带轮旋转方向相同，点火顺序是 1、3、4、2 缸。当拆下传感器进行点火喷油测试时(因为用此方法测不需要起动机，方便、直观，很多修理工都在用)应该为逆时针旋转，而我们经常习惯于用右手顺时针旋转，这时点火顺序变成了 1、2、4、3 缸。还有的修理工一会儿顺时针转，一会儿又逆时针转，最后造成了点火错乱，使电脑板损坏。这就是借用一块好电脑板试车也打不着火的主要原因。所以判断电脑板故障时不能忽略旋转方向。由于该车点火线圈与火花塞装于一体，而且用护板压在缸盖上，用传统的点火测试方法很不方便，所以在修该车时，对曲轴位置传感器旋转方向千万要小心。当然可用“尼桑信号发生器”来代替曲轴位置传感器进行测试，这样可以不必担心正转与反转的问题。

通过测试，发现该型号电脑板除了点火顺序错乱外，其他控制都正常时，可以按 1、3、4、2 缸点火顺序方法继续使用，而不必更换电脑板。

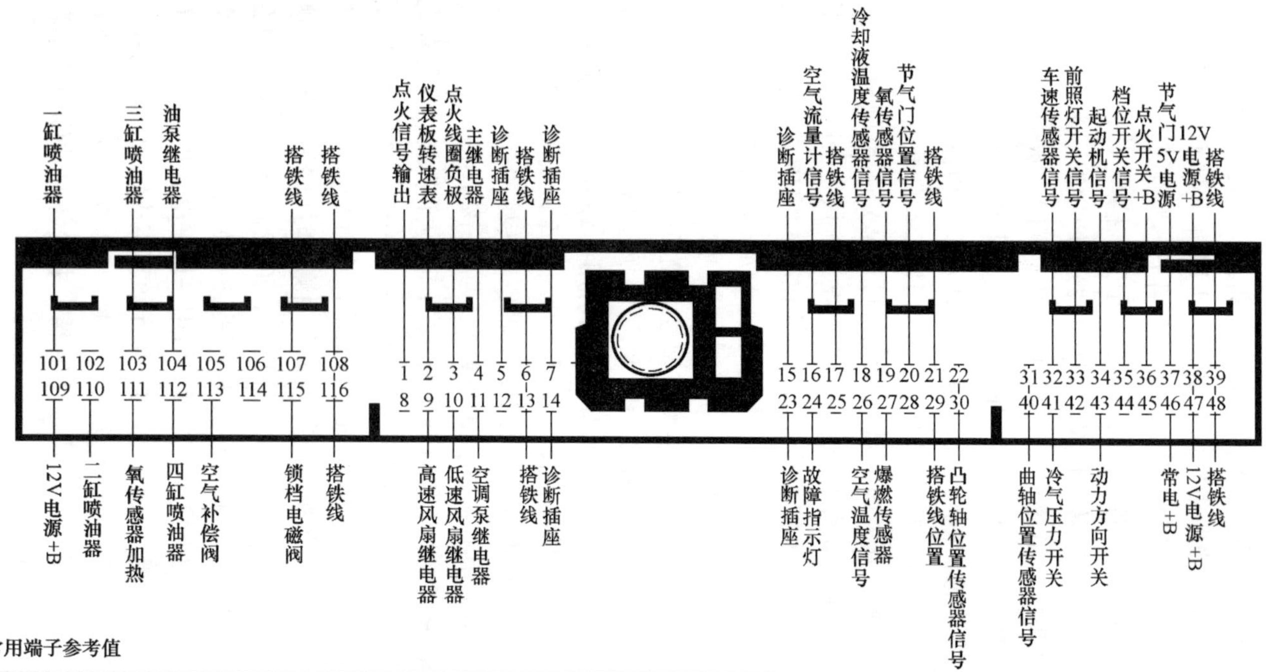

电脑板常用端子参考值

端子号	任何时候	参考值	端子号	测试条件	参考值	端子号	测试条件	参考值
46	测试条件	蓄电池电压	20	点火开关接通正常工作时	0.5~4.5V	20	点火开关接通正常工作时	0.5~4.5V
36,38,47	点火开关接通	蓄电池电压	26	点火开关接通正常工作时	0.7~2.8V	16	点火开关接通5V,工作时	频率方波
所有搭铁线	点火开关接通	0~0.12V	104	点火开关接通12V,工作时	接近0V	22,30	点火开关接通5V,工作时	接近5V
1	点火开关接通0V,工作时	频率方波	31,40	点火开关接通12V,工作时	4.8~0.5V	37	点火开关接通正常工作时	0.2~0.9V
01,103,110,112	点火开关接通12V,工作时	频率方波	18	点火开关接通正常工作时	接近0V	19	点火开关接通正常工作时	0.3~1.4V
43	转向盘摆正12V,转动转向盘	接近0V	4	点火开关接通12V,工作时	接近0V	27	点火开关接通5V,工作时	0~0.12V
24	发动机无故障灯灭,有故障	灯亮起	9,10	点火开关接通12V,工作时	接近0V	41	点火开关接通正常工作时	频率方波
3	点火开关接通12V,发动机运转	频率方波	11	点火开关接通12V,工作时	接近0V	2	点火开关接通12V,工作时	低频方波
32	车辆正常行驶时	频率方波	34	点火开关接通12V,点火后	接近0V	113		

图3-34 尼桑蓝鸟轿车电脑板端子图

第二节 冷车易起动、热车不易起动

一、故障现象

发动机首次起动时温度较低易起动，车运行以后发动机温度上升，灭车后再起动不易点火。这种现象与温度有关系，问题在于与温度有关系的元器件。

二、故障原因

1）点火线圈过热后漏电量增大，造成高压火弱难起动。

2）电脑板内部点火模块的问题。温度高时放大倍数降低，高压火弱难起动。

3）电脑板内部 CPU 的问题。温度高时 CPU 电流增大，造成喷油或点火不正常。

4）电脑板外部进气温度传感器或者冷却液温度传感器失控，CPU 无法找到正确数据，造成冷车易起动、热车不易起动。

5）冷车时汽油压力正常，热车时汽油压力不正常，造成难起动。

三、解决方法

1）更换点火线圈。

2）用信号笔或者汽车电脑板修复仪检查电脑板内部点火模块是否烧坏，烧坏则更换相应模块。

3）用信号笔或者汽车电脑板修复仪检查 CPU 是否正常，不正常则更换 CPU。

4）用万用表判断外部进气温度传感器或考冷却液温度传感器是否损坏，损坏则更换。

5）清洗燃油泵集滤器和汽油滤清器。

四、故障实例

1）一辆新秀轿车，冷车好起动，着车半小时之后，熄火后再着车比较困难，经修复仪检查，电脑板内部点火模块发热，用信号笔测量点火脉冲发现脉冲较宽，点火模块电流较大，模块发热，在起动时高压火弱，造成不好起动。新秀 M1.5.4 电脑板 CPU 如图 3-35 所示。

故障诊断与排除：用电脑板修复仪检查，电脑板内部点火驱动模块发热。用信号笔测量点火闭合时间较长，更换 CPU 后，测量点火脉冲宽度正常，起动试车故障排除。

故障分析：此车用 BOSCH M1.5.4 电脑板，点火驱动模块 4226 容易损坏，造成起动时点火高压火弱，不好着车。造成热车不易起动的主要原因如下：

① 点火线圈漏电（绝缘不好）。

② 电脑板内部点火模块温度高时放大信号电压降低高压火弱。

③ 电脑板内部 CPU 温度高时输出电流失控造成点火不正常。

④ 进气温度和冷却液温度传感器失控，CPU 找不到正确数据，造成冷车易起动，热车不易起动。

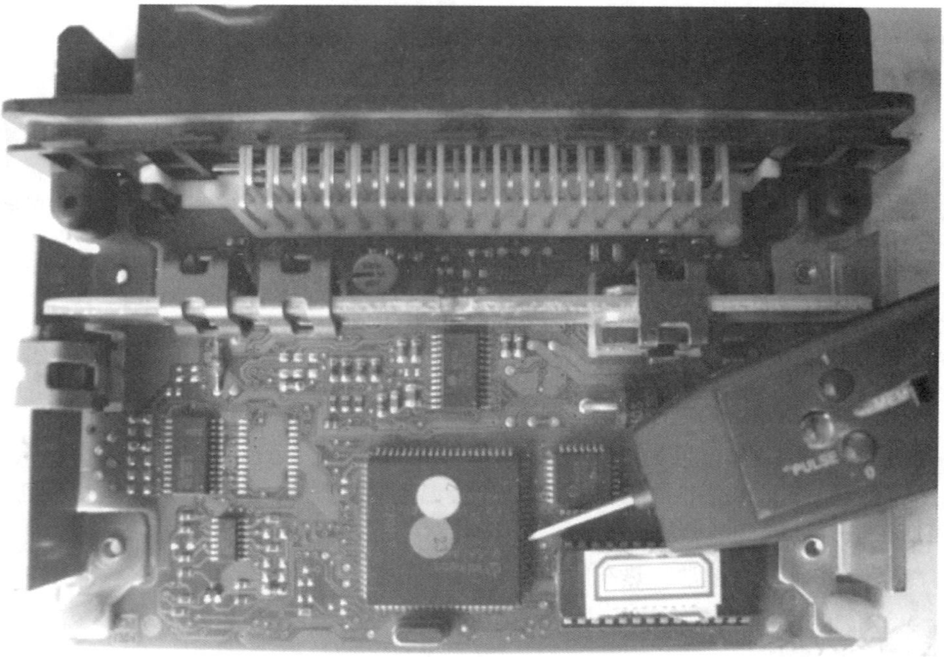

图3-35 新秀轿车M1.5.4电脑板CPU

2）一辆2008款富康988型轿车，起动机能带动发动机，发动机起动困难，甚至不能起动。

故障检修：首先应判断是电路故障，还是燃油系统故障。该车故障是起动困难，而起动后车辆能够运行，这表明是油路故障。油路故障又是集中在起动工况中，影响起动工况又有两种可能：一是燃油供给太多，过浓混合气超过着火界限；二是燃油供给太少，过稀混合气低于着火界限。该车的具体故障分析：车辆点火后，未有浓烟或窜出汽油味，过浓混合气的可能性可排除。

车辆起动工况中供油不足除喷油器阻塞、油管破损外，另一重要原因是输油压力过低。经检查，前一种供油不足的原因被排除，该车喷油器无堵塞，油管无破损。

现在故障诊断集中在燃油压力上，其方法是在输油管和燃油滤清器间接上0.5MPa量程的油压表，用起动机带转发动机，观察油压表读数，该数为160~165kPa(正常值为225~303kPa)。

输油压力低的可能性有喷油器泄漏、燃油泵低转速时性能不良、压力调节器损坏，需逐一检查。踩下加速踏板，节气门全开，结果仍难起动，从而排除冷气制动阀和喷油器泄漏的可能。拆下火花塞，无汽油浸湿现象，验证了冷气制动阀、喷油器无泄漏。拆下火花塞，无汽油浸湿现象，验证了冷气制动阀、喷油器无泄漏。进一步检查压力调节器，其方法如下：用夹子加紧燃油压力调节器的橡胶回油软管，起动机带转发动机，观察油压表压力，结果压力值升高至280~300kPa，诊断为压力调节器损坏。更换压力调节器，即顺利起动，故障排除。

维修小结：如果压力调节器损坏，阀门关闭不严，燃油漏入回油管，使输油压力降低，造成低转速时难以起动，发动机着火后，转速提高，燃油虽从压力调节器处泄漏进回油管，但量不大，对正常行驶的影响难以察觉。富康 988 型轿车电脑板内部结构如图 3-36 所示，富康 988 型轿车线路图如图 3-37 所示。

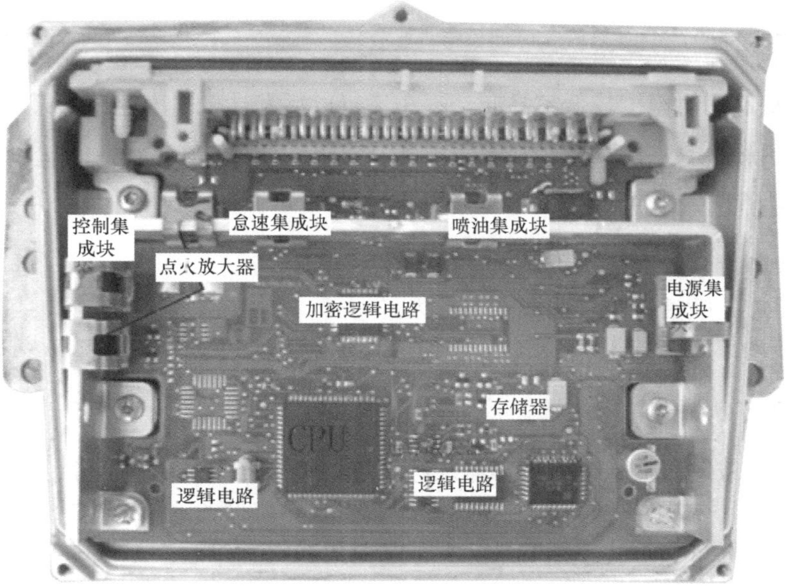

图 3-36　富康 988 型轿车电脑板内部结构

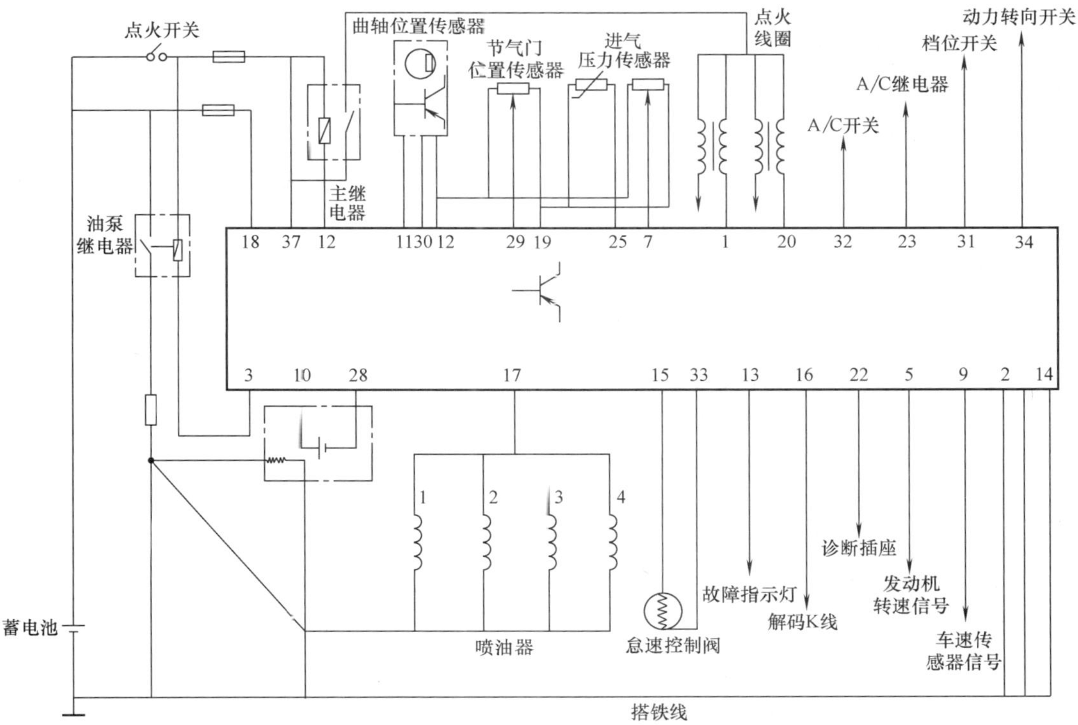

图 3-37　富康 988 型轿车线路图

第三节 热车易起动、冷车不易起动

一、故障现象

发动机首次起动时温度较低不易起动，车运行以后发动机温度上升，灭车后再起动易点火。这种现象与温度有关系，问题在于与温度有关系的元器件。

二、故障原因

1）冷车时喷油量大，淹灭火花塞，造成点不着火。

2）油压不够，喷油量小，造成点不着火。

3）电脑板内部 CPU 工作不良。

三、解决方法

1）用万用表或解码器检查氧传感器及进气压力传感器工作是否正常，不正常，则要判断问题在于传感器、线路或者 ECU，正确判断后更换相应设备。

2）用万用表测量油泵的工作电流，不正常时更换燃油泵，如果燃油泵正常，则更换燃油压力调节器。

3）刷新电脑板内部 CPU 程序。

四、故障实例

1）一辆五菱荣光商务车冷车不易起动，驾驶人用火烧电脑板之后容易起动，经修复仪检查 CPU 工作状态不良，用修复仪刷新 CPU 内部程序，可以正常着车。用修复仪刷新 CPU68HC711K4 如图 3-38 所示，五菱荣光商务车电脑板工作原理图如图 3-39 所示。

故障诊断与排除：经用电脑修复仪检查此车电脑板 CPU 工作状态不良。用修复仪刷新 CPU S8HC711K4 内部程序，可以正常起动。

故障分析：冷车不易起动的原因如下：

① 冷车喷油量大火花塞容易淹死，造成不能点火。

② 汽油压力不够，喷油量小造成热车易起动，冷车不易起动。

③ 电脑板内部 CPU 程序需要刷新。

④ 氧传感器、进气压力传感器工作失常。

2）一辆上海大众帕萨特 B5 1.8Gsi 轿车，发动机冷机难起动，要起动多次发动机才能起动，而且热机后停机一段时间，发动机仍难起动。

故障检修：接车后，首先询问了该车的状况。车主反映，在来厂前，曾经在另一家修理厂换过一个燃油泵，但是故障却没能排除。根据故障现象分析，认为问题应该是出在燃油供给系统上。

断开点火开关，在进油管上接上燃油压力表，夹往回油管，起动发动机，运转一段时间后将发动机熄火。发现燃油压力表指针在 30s 时间内几乎没动，这说明燃油供给系统不能保

图 3-38　用修复仪刷新 CPU68HC711K4

压。由于该车燃油泵刚在其他修理厂换过，一般不会出什么问题，于是重点检查燃油管路是否有泄漏之处。仔细检查燃油箱、燃油分配管和回油管等，没有发现有燃油泄漏的现象。拆下喷油器检查，也未发现有堵塞、漏油和针阀卡死的情况。

燃油管路没有问题，难道问题还是出在燃油泵上？因该车的燃油泵单向阀与燃油泵的泵芯制造为一体，单向阀对供油系统起保压作用。由于怀疑是新换的燃油泵可能存在问题，于是从同类轿车上拆下一个工作正常的燃油泵装上后试车，故障现象依旧。经过仔细分析认为，喷油器是正常工作的，不泄露；燃油箱、燃油分配管管路和回油管也均不泄露；燃油泵也是完全正常的，也不存在内泄。想到该车燃油泵是安装在燃油箱内，从燃油泵出口到燃油箱出油管接头之间还有一段透明橡胶管（燃油泵出油管），问题有可能出现在这里，再次拆下燃油泵检查，终于发现了故障原因。

拆下燃油泵出油管，堵住该管一端，在另一端用嘴吹气，发现这段油管果然泄漏。这根长约 15cm 的透明橡胶管，在燃油箱内经过长时间的汽油浸泡，已经老化呈黄褐色，用肉眼观察很难发现裂纹。正是由于这段油管泄漏，发动机停机一段时间后，进油管内的汽油几乎全从泄漏处返回油箱，使得燃油系统不能保压。

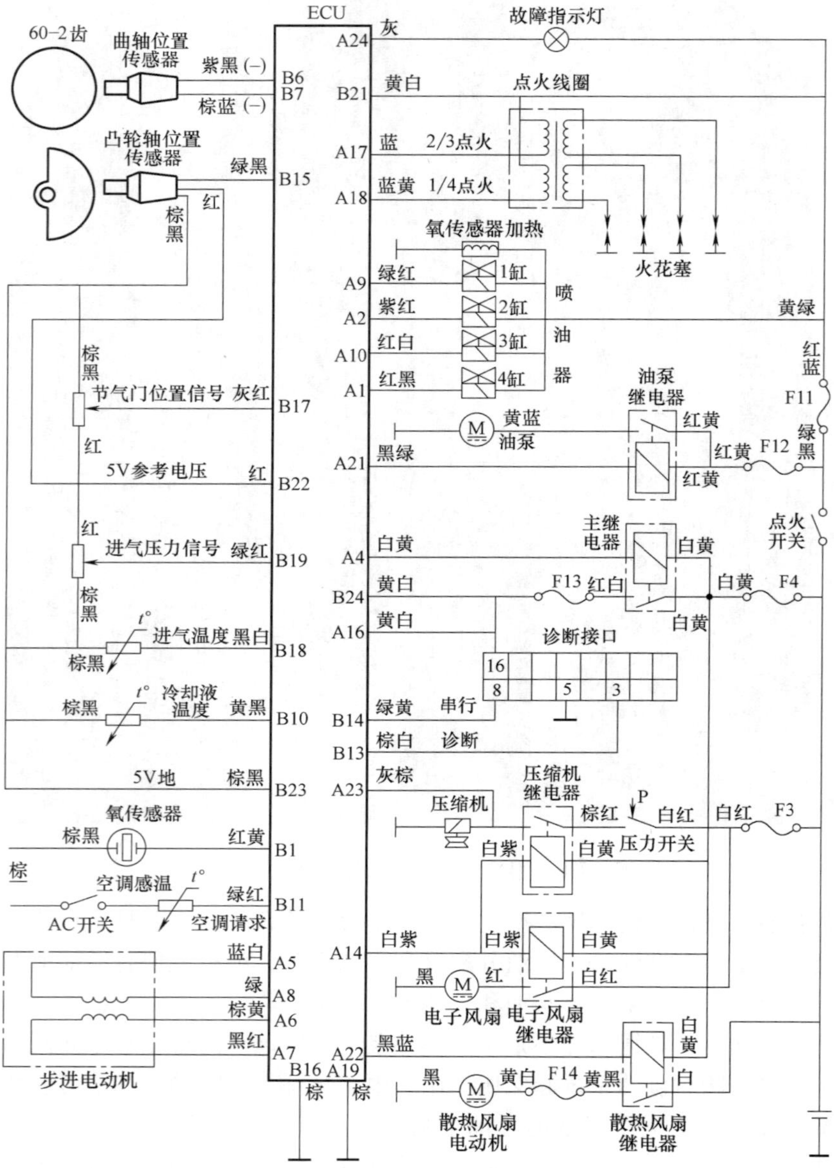

图3-39 五菱荣光商务车电脑板工作原理图

更换一根燃油泵出油管后，将燃油泵装复试车，发动机起动良好，冷机热机均能一次性起动，上述故障排除。上海大众帕萨特 B5 1.8 轿车电脑板内部结构如图 3-40 所示。上海大众帕萨特 B5 1.8 轿车线路图如图 3-41 所示。

图 3-40　上海大众帕萨特 B5 1.8 轿车电脑板内部结构

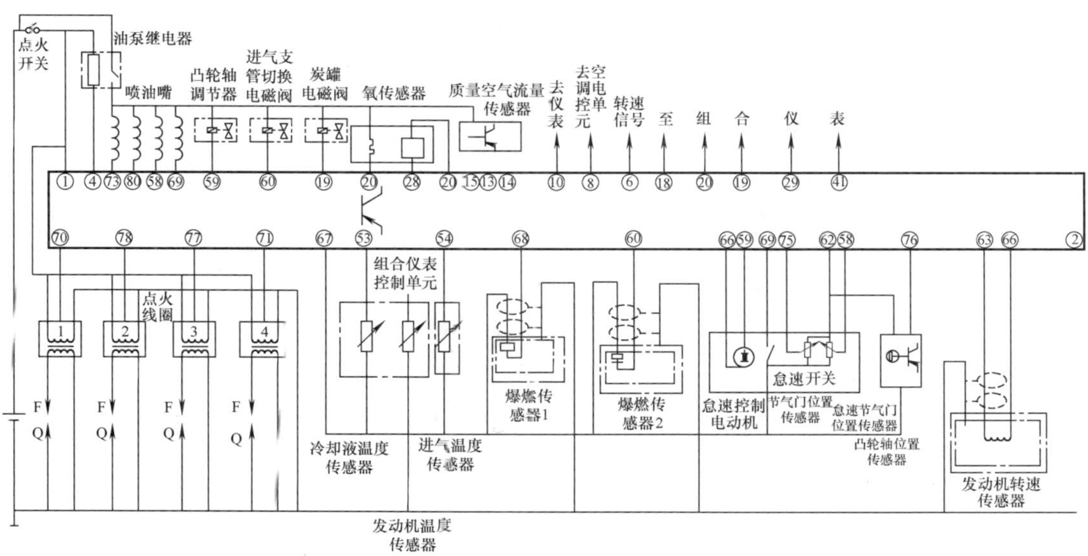

图 3-41　上海大众帕萨特 B5 1.8 轿车线路图

第四节 发动机起动时，点火时而正常、时而不正常

一、故障现象

发动机起动时点火情况不规律，时而正常时而不正常。当用外力牵引故障车时容易点火。

二、故障原因

曲轴位置传感器离起动机较近，起动机的漏磁干扰曲轴位置传感器的信号，使得点火情况不规律。

三、解决方法

将曲轴位置传感器从车上摘下，用模拟58+2信号源试验，点火正常则说明起动机有问题，须更换起动机。

四、故障实例

1）一辆奇瑞瑞虎轿车，起动比较困难，用车辆牵引很容易起动，经修复仪检查，曲轴位置传感器信号不正常，进一步检查，发现起动机漏磁，更换起动机后一切正常。奇瑞瑞虎轿车用马瑞利电脑板内部结构(正面)如图3-42所示，其原理图如图3-43所示。

图3-42 奇瑞瑞虎轿车用马瑞利电脑板内部结构(正面)

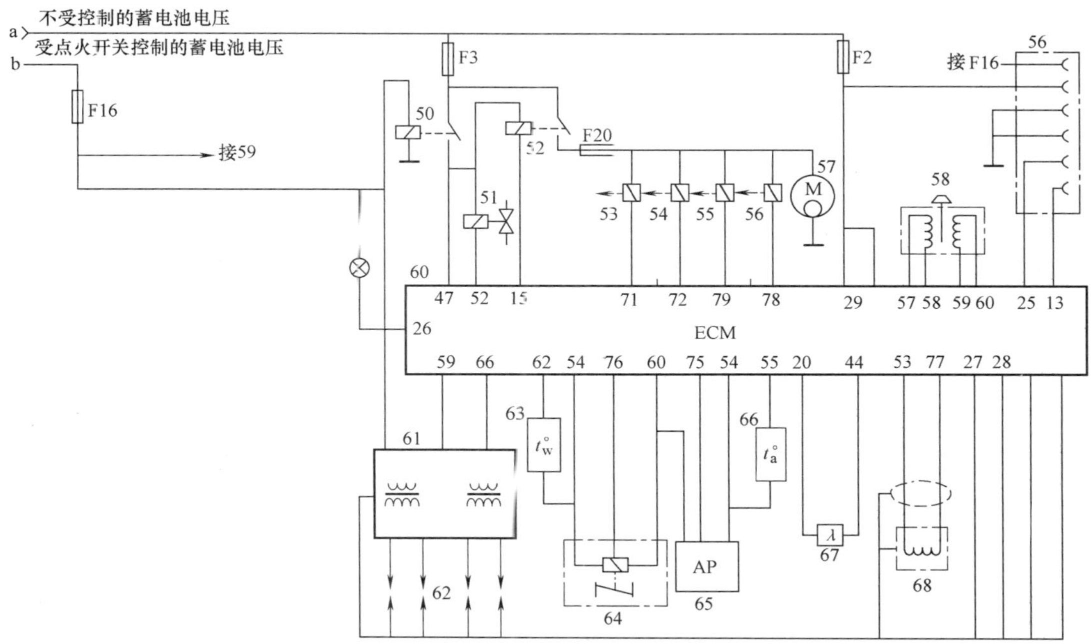

图3-43　奇瑞瑞虎轿车用马瑞利电脑板原理图

一辆奇瑞瑞虎发动机点火时情况不稳定，时而正常，时而不正常，当外力牵引时容易着车。

诊断与排除：凭多年维修经验判断，此故障是由于起动机距曲轴位置传感器较近，起动机漏磁干扰曲轴位置传感器信号所致，使点火规律失常，时好时坏。

故障分析：将曲轴位置传感器拆下，用模拟58+2信号源试验，点火正常，这说明起动机漏磁，需更换起动机或给起动机转子消磁。

2）一辆捷达王5V轿车，行驶里程为10 250km，发动机有时熄火。查询发动机控制单元，故障码为16726，凸轮轴位置传感器G40信号不可靠，此故障码清除后，还出现。更换G40，再次查询发动机控制单元无故障存在，经试车没有发现熄火现象。第二天用户说熄火现象依然存在，维修工对发动机控制单元进行故障查询时没有发现任何故障码，于是对燃油系统、缸线、火花塞、转速传感器、线路进行检查，均未发现问题，就试着更换点火线圈、发动机控制单元，经过多次试车虽说性能上有所改善，但有时熄火现象依然存在。

故障诊断与排除：虽然刚开始时发动机控制单元存储G40故障信息，但是不至于使发动机熄火。首先来看霍尔传感器G40的作用：采集发动机1缸上止点信号，发动机通过此信号来确定点火次序，同时也用来进行单气缸爆燃控制。若信号中断则发动机爆燃控制被关闭，同时点火提前角推到最大。由此看来第一次更换G40对于发动机有时熄火来说是一个无效维修过程，维修工只是看到表面现象。至于第二天维修时虽然检查和更换了一些有关的部件，但是并没有解决实质性存在的问题。

① 首先从最基本因素着手来解决此问题，造成发动机熄火有3方面原因：a. 发动机本身机械故障。b. 燃油系统。c. 电气与线路。

发动机本身机械故障造成熄火可从声音和温度两方面来确定；燃油系统故障造成发动机熄火最终表现在油质、油压与供油量上；电气与线路最终表现在终端点火上。经过多次试车确实遇到一次熄火现象，通过5053解码器检测与数据分析、油压测量、点火波形观察、线路检查均没有发现问题。

② 从熄火现象和测量与分析上看排除了①与②存在，于是把问题集中在③上。能够造成点火中断的有线路、发动机控制单元、执行器件(点火线圈)、传感器。通过上述维修过程，现在的问题就落在传感器上。

③ 能够导致发动机熄火的肯定是主信号传感器而不是附加或校正信号传感器，对点火有关的主信号传感器只有发动机转速传感器 G28。

若信号中断，将会造成发动机不能起动、发动机熄火、转速表不显示转速等。发动机转速传感器 G28 出现故障时，控制单元仍可以存储故障，之所以没有故障显示，可能是不具备达到让发动机控制单元存储故障记忆的程度。

④ 重新对发动机转速传感器 G28 进行检查，电阻值为 891Ω(正常值为 450~1000Ω)，其波形也没有发现异常。于是起动发动机再试，一个多小时熄火后再次起动时发现转速值出现间断性故障(此时发动机不能起动)，当转速值接近平稳时发动机方能起动。

⑤ 更换发动机转速传感器后再试，一切正常。分析后认为，发动机转速传感器 G28 随温度升高有时有断路现象。

维修总结：对于维修过程中出现间断性故障，查找起来虽然有一定的难度，但是只要认真去分析，最后会发现故障往往由于某个接线或用电器状态不稳定、安装不到位等原因造成，而真正的机械问题并不多见。捷达王轿车电脑板内部结构如图 3-44 所示。捷达王轿车线路图如图 3-45 所示。

图 3-44 捷达王轿车电脑板内部结构

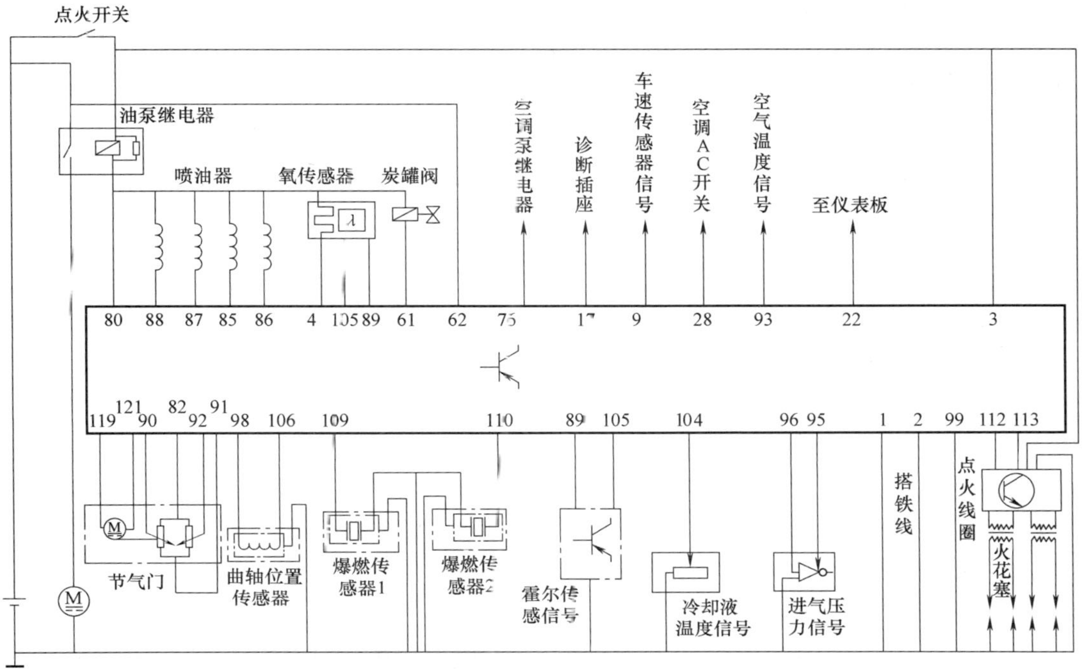

图 3-45　捷达王轿车线路图

3）一辆北京现代伊兰特轿车，装备 2.0L G4GC 发动机和 5 速手动变速器，累计行驶 13 万 km，出现在正常行驶时发动机突然熄火，而后无法起动的故障。

故障检修：该车曾在就近某修理厂检修过，对机械部分进行了检查，没发现问题。对相关的传感器，执行器进行更换试验，故障依旧。

起动发动机试车，无着火迹象。用北京现在专用 5053 故障诊断仪读取故障码接着检查燃油系统。该车燃油系统采用无回流方式，燃油泵、燃油滤清器和燃油压力调节器都内置于油箱中。用万用表测量燃油泵的电阻及电路，正常；用故障诊断仪的自诊断功能检测燃油泵和喷油器，也正常。拔下分缸线试火，火花强烈；检查火花塞燃烧状况，正常，说明点火电路基本正常。由于该车在前修理厂更换过冷却液温度、进气温度及进气歧管绝对压力传感器，所以就重点检查了曲轴位置传感器和凸轮轴位置传感器。两传感器都为霍尔式，均有 3 个接线端子，一个接上 12V 的电源线、另外两个接动力控制模块 PCM（信号线和搭铁线）。分别检查其电源、搭铁及信号线路，均未发现异常。转动曲轴，仔细检查两传感器的信号触发轮，都正常。

转动曲轴，使曲轴带轮对准第 1、4 缸上止点记号，然后拆下凸轮轴前段的密封盖，检查凸轮轴的正时记号，基本正常，说明配件正时应无问题。用万用表检查 PCM 的电源和搭铁线路，未见异常。换上工作正常的同车型的动力控制模块 PCM 试车，故障依旧。

根据上述检修情况分析，说明该发动机的喷油、点火、配气正时都应该没有问题，影响起动的主要传感器和 PCM 也未见异常，发动机应该能够正常起动，问题究竟出在哪里？

针对此情况，重新进行分析认为，发动机不能起动，主要原因应为油路故障、电控部分故障或机械故障，故障就可能出在机械部分了。测量气缸压力，发现所有气缸的压力都低于

500kPa，小于正常值的60%。气缸压力不足与气缸的密封状况有关，也可能与配气正时有关。用内窥镜检查气缸壁表面情况，无明显拉缸现象；从火花塞处加少许机油，再次测量气缸压力，无明显变化，说明气缸压力不足与活塞环等的密封状况无关。接着检查气门的密封性，当拆下排气凸轮轴的正时齿轮时，突然发现排气凸轮轴与正时齿轮间传动销断裂。由于该传动销断裂，使凸轮轴与其上的正时齿轮间发生相对转动，引起发动机正时错误，导致发动机无法起动。更换凸轮轴与正时齿轮间的传动销，装配好发动机，发动机即能顺利起动。

维修小结：伊兰特轿车G4GC发动机曲轴正时带驱动排气凸轮轴前端的正时齿轮，排气凸轮轴后端通过链条带动进气凸轮轴转动。传动销孔与排气凸轮轴前端的传动销配合，止口与排气凸轮轴前端的轴颈间隙配合，排气凸轮轴正时齿轮用螺栓固定在排气凸轮轴的前端。

该发动机由于传动销断裂，虽然排气凸轮轴正时齿轮仍有螺栓紧固在排气凸轴上，但是排气凸轮轴正时齿轮已沿着排气凸轮轴的旋转方向(从发动机前端看顺时针反向)转过了大约15°左右，也就是说，进、排气门的提前角及滞后角较正常值落后大约15°左右，进、排气门实际的配气相位已发生错误，引起气缸压力减小；另外，该发动机进气凸轮轴的前端有霍尔式凸轮轴位置传感器用的一个齿的触发轮，由于实际的配气正时已发生错误，凸轮轴位置传感器提供给动力控制模块的判缸信号相对于曲轴位置传感器提供的信号，也发生错误，动力控制模块控制的点火及喷油的信号也同样不正确。北京现代伊兰特轿车电脑板内部结构如图3-46所示。

图3-46 北京现代伊兰特轿车电脑板内部结构

第五节 发动机起动后缺缸

一、故障现象

发动机起动后发抖，怠速明显低于800r/min。

二、故障诊断

检查气缸压力够不够，检查高压火是不是缺火，检查喷油器是不是不喷油，检查线路、电脑板，从而针对不同的故障选择合适的解决方法。

三、故障实例

1）一辆GiX型捷达车，该车发抖，好像缺一个缸。熄火后，检查缸线、喷油器，没有发现接线松动或接触不良现象，初步检查完发动车时该车还是起动发抖。

① 检查燃油供给系统，油路中无燃油，点火系分缸线无高压火。

② 用5053解码器进入防盗器控制单元（如果防盗器控制单元识别钥匙未授权，会自动锁住发动机ECU，出现不供油，无高压火），5053解码器显示防盗器无故障，系统正常。再用5053解码器对发动机ECU检测，发动机ECU中存储两个故障：一是节流阀体J338没有满足基本设定；二是二缸喷油器N31对地断路。从这两个故障分析，和不能起动几乎没有多大关系。

③ 仔细检查燃油泵熔丝、继电器和燃油泵及点火线圈均正常，就是燃油供给系不供油，点火系不跳火。

经分析，认为发动机转速传感器G28损坏，该传感器是发动机传感器中非常重要的一个传感器。它是检测并输入发动机电脑信号包括活塞上止点及曲轴的转角信号，同时也是供测量发动机转速的信号源。发动机ECU根据得到曲轴（或活塞）运行的位置与发动机的转速信号，控制执行部件供燃油和产生高压火。如果发动机ECU接收不到转速传感器G28的信号时，发动机将停止工作。

④ 更换一个新的发动机转速传感器G28，车可以起动了，但是发动机依然发抖。用5053再次对发动机ECU检测，5053显示一个故障：二缸喷油器N31对地断路。

⑤ 用万用表测出二缸喷油器N31电阻为14Ω，正常。将点火开关打开“ON”档的瞬间，发动机ECU80端子搭铁，燃油泵继电器吸合。万用表测出87号线对地电压为电源电压（12.52V）。证明二缸喷油器线束无断路故障。车发动后，87端子对地电压一直保持为电源电压。说明发动机ECU内部发生短路，没有控制二缸喷油器N31负极线（电脑的87端子）间歇性搭铁，所以二缸喷油器不工作，车发抖。捷达GiX型轿车用ME7.5电脑板内部结构如图3-47所示，其原理图如图3-48所示。

更换一块发动机ECU，用5053对发动机ECU匹配后，发动机工作非常平稳，用5053检测发动机ECU无任何故障，系统正常。打开旧电脑板，更换喷油集成块ATM43C—9282后，匹配系统，一切正常。

2）一辆2003年3月20日出厂的上海大众帕萨特1.8Gsi轿车，在行驶至290km时，出

图 3-47 捷达 GiX 型轿车用 ME7.5 电脑板内部结构

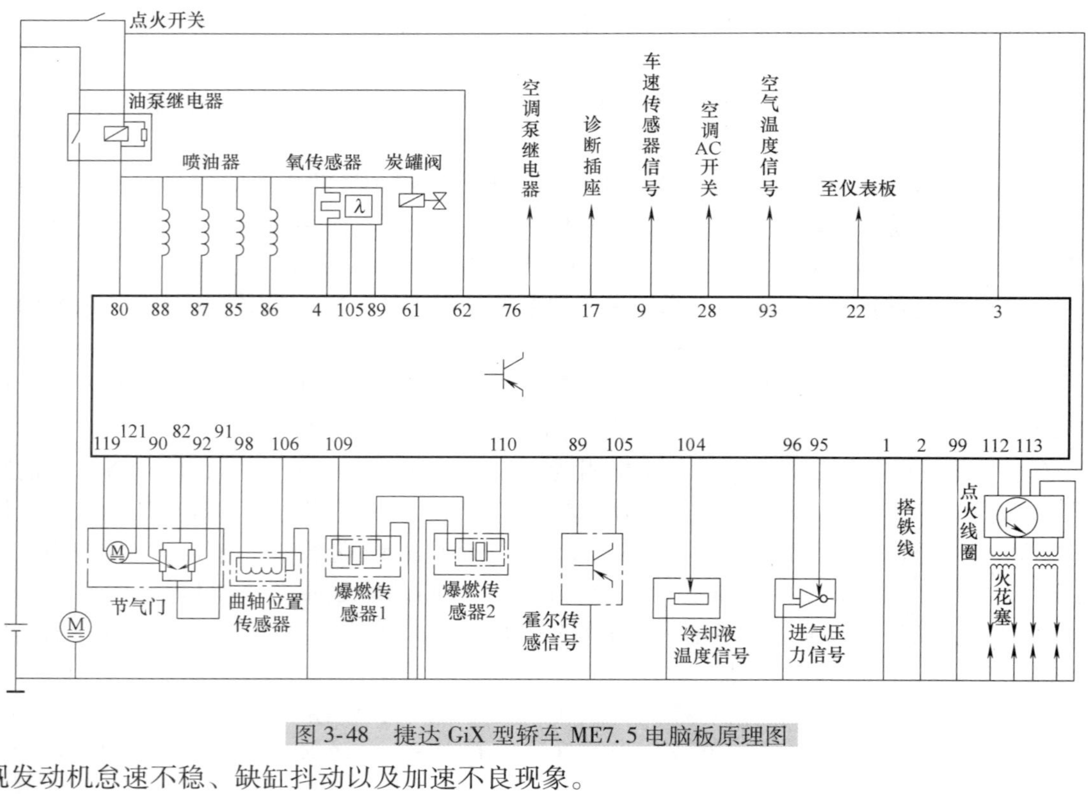

图 3-48 捷达 GiX 型轿车 ME7.5 电脑板原理图

现发动机怠速不稳、缺缸抖动以及加速不良现象。

故障检修：针对以上故障现象，用故障诊断仪 5053 进行检测，接上故障诊断接口，打开点火开关，读取发动机故障码，发现该车无故障码存在。发动机起动后，读取发动机的数据块，发现该车各组数据块正常。

在经过断火试验后，发现3缸不工作，3缸火花塞积炭比较严重，更换新的火花塞后故障消失。可是，第二天，当车辆行驶至390km时，故障现象又出现了。经检查，发现3缸火花塞明显积炭，且表面有机油覆盖。用检测仪5C53进行测试，发现3缸气压为1.2MPa，1、2、4缸气压均为1.4MPa。由此，维修人员还认为3缸气门油封漏油所致，于是决定更换气门油封。待拆下气缸盖后，发现3缸进排气门均有较多的积炭，更换节门油封后，对该车进行路试，在行驶30km后，原故障现象重复出现，3缸火花塞依旧有积炭，并覆盖有机油，考虑到可能是由于活塞环对口、卡死、断裂及缸壁拉伤等原因造成气缸活塞配合副密封不严所致。维修人员经过反复认真仔细检查后，终于发现3缸活塞顶部有一个8mm×2mm的砂眼。砂眼的缝隙斜穿活塞的顶部，从而造成机油上窜至活塞顶部及燃烧室，导致活塞点火不良，于是更换了一组活塞，经装配后试车，原怠速不稳、缺缸抖动以及加速不良现象全部消失。

维修小结：回顾整个检修过程，不难发现，该车的故障在于3缸火花塞积炭严重，并有明显机油覆盖，从而导致3缸点火不良。用气缸压力检测仪检测气缸压力，又存在测量误差的缺点。研究表明，测量结果不但与气缸内各处的密封程度有关，而且还与曲轴转速有关。不同型号的发动机，由起动机带动曲轴的转动，不可能完全一致，即使同一型号的发动机，由于蓄电池、起动机和发动机的技术状况不一，其起动转速也不可能完全一致。所以，在检查气缸压力时，如果能够监控曲轴转速，将是发现问题、减小测试误差、获得正确分析结果的重要保证。

上述故障实例，说明了在现代汽车维修企业中，汽车维修是以机电一体化系统诊断为核心的一种综合诊断技术，以准确诊断故障为目标，是总成拆装调整工艺与系统诊断技术的组合，其故障诊断主要是以定量分析为基础，采用仪器仪表检测分析和分支检查的方法来完成的。

第四章

发动机怠速时的故障现象及维修

发动机空转时称为怠速，在发动机运转时，如果完全放松加速踏板，这时发动机就处于怠速状态。发动机怠速时的转速被称为怠速转速，怠速转速可以通过调整风门大小等来调整其高低。

第一节　发动机起动后怠速忽高忽低

一、故障现象

发动机起动后怠速忽高忽低(俗称悠车)

二、故障原因

1）电脑板内部 RAM 程序错乱。
2）节气门漏气使怠速电动机不能复位。
3）电脑板内部怠速电动机控制模块损坏。
4）线路断开或者怠速电动机损坏。
5）电子节气门匹配不正确。

三、解决方法

1）刷新电脑板内部 RAM 程序。
2）使节气门密封严紧。
3）更换电脑板内部怠速电动机控制模块。
4）检查线路或者更换怠速电动机。
5）用解码器匹配电子节气门。

四、故障实例

1. 实例一

一辆长安星光大修后发动机处于悠车(怠速不稳)状态，电脑板为 M7. 9. 7BOSCH0261207986，用修复仪刷新电脑板内部 RAM 程序，使电脑板内部初始化，装车试验一切正常，用户较满意。长安星光用 M7. 9. 7 电脑板内部结构如图 4-1 所示，其原理图如图 4-2 所示。

图 4-1 长安星光用 M7. 9. 7 电脑板内部结构(反面)

2. 实例二

一辆汽油机捷达轿车，清理节气门后怠速高，经检查电脑板没有问题，仔细检查节气门翻板处严重漏气，更换节气门翻板故障排除。汽油捷达轿车电脑板(1GD906033)内部结构如图 4-3 所示。汽油捷达轿车线路图如图 4-4 所示。

3. 实例三

故障现象：德国原装帕萨特 B4，1. 8L GLS 多点燃油喷射，配置五档手动变速器的轿车，据车主介绍，此车很长时间加速无力，修过几次也没有解决，后又出现了怠速不稳的故障现象。

故障诊断与排除：经过试车发现，怠速时，转速大约为 1200r/min 时抖动，加速无力，故障现象基本与车主所述一致。用 VAS5053 读取 003 组，主要显示节气门开度为 11. 5°和发动机负荷为 21. 7%。清洗节气门体后重新做匹配，显示“自适应正常”，读取数据流，节气门开度依然为 11. 5°没有变化，造成这个开度也有可能是点火时间有误或是配气相位不正确，发动机控制单元为了维持怠速而给出的控制信号。检查节气门体，用万用表测量节气门调节电动机(V60)电阻 1—2 端子，冷车时为 11. 8Ω，正常；怠速开关(F60)3—7 端子怠速时为 0Ω，节气门微开电阻无穷大，正常；7 是公共搭铁端子；4 是控制单元提供的 5V 电源端子；5 是节气门位置传感器信号端子；8 是怠速位置传感器端子；6 端子不用。测量节气门位置传感器(G69)5—7 端子电阻为 1. 42kΩ，随节气门开度增加均匀变大，没有问题。测量 7—8 端子怠速位置传感器(G88)电阻变化也基本正常，总体来看这个节气门体是没有问题的，那问题出现在哪里？又检查了线路都正常，难道会是节气门接收了控制单元错误的信号，或是控制单元损坏了？回头再看发动机负荷为 21. 7%，如把它看成负荷信号，控制单元为了提高发动机动力而给节气门 11. 5°的开度信号，经检查并没有额外负荷。根据这种情况，更换了一个新的空气流量

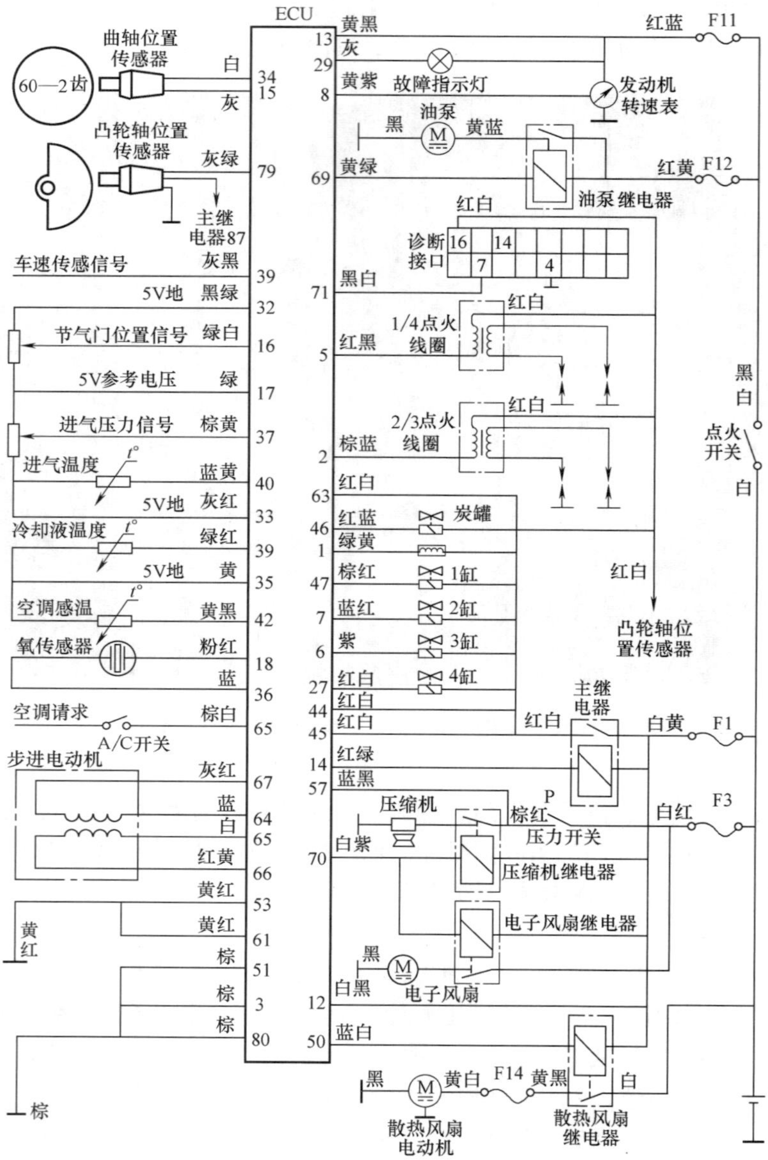

图 4-2 长安星光 M7.9.7 电脑板原理图

传感器，装复试车，发动机运转平稳，加速响应快。连接 V. A. S5053 检测发动机此时的运行状态，002 组喷油脉宽为 4.02ms；003 组发动机负荷为 21.9%，节气门开度为 11.5°，那么是不是节气门开度的增加，造成进气量增大(发动机负荷)，然后喷油脉宽也加大了呢？看来还要围绕节气门开度来作文章了。更换一新的节气门体，试车一切恢复正常了。数据流显示，001 组发动机转速为 800r/min，冷却液温度为 87℃，氧传感器电压在 0.20~0.78V 间波动；002 组喷油脉宽为 3.06ms；003 组发动机负荷为 17.9%，节气门开度为 4°，怠速电动机控制位置为 14.3%。这些数据是没有问题的。再次试车，加速一切正常。

故障分析：检修时不要排除机械故障，不要把问题考虑复杂。帕萨特 B4 用西门子电脑板内部结构如图 4-5 所示，其原理图如图 4-6 所示。

图 4-3　汽油机捷达轿车电脑板（1GD906033）内部结构

4. 实例四

一辆通用赛宝轿车发动机处于悠车（怠速不稳）状态，电脑板为 M7. 9. 7BOSCH0261B2076。用修复仪检测电脑板内部怠速模块（L9936）损害，电脑板不控制怠速电动机，更换怠速模块 L9936 后，装车试验一切正常。通用赛宝用 M7. 9. 7 电脑板内部结构如图 4-7 所示，其原理图如图 4-8 所示。

5. 实例五

一辆五菱荣光轿车怠速不稳，经修复仪检测一切正常，又仔细检查是怠速电动机损坏，于是更换怠速电动机后，怠速正常。五菱荣光用怠速电动机如图 4-9 所示。

6. 实例六

一辆汽油机改天然气发动机的捷达轿车，怠速忽高忽低，用解码器解码发现有故障码，将节气门拆下，用空气压缩机吹干净内部脏物后，匹配节气门，清楚故障码后怠速正常。天然气捷达用电脑板内部结构如图 4-10 所示。

7. 实例七

故障现象：一辆吉利金刚，发动机怠速忽高忽低，并伴有喘息现象直至熄火。

故障诊断：用检测仪检测为点火正时不对，重新调整点火正时后，故障没有排除。再检测发动机数据，发现氧传感器的数据一直为 1000mV，更换氧传感器，故障依旧。又检查发动机线路，一切线路正常。至此怀疑 ECU 有故障，更换 ECU，故障排除。打开坏电脑板，检查为 CPU 内部数据缺损，因为没有找到编程器无法刷新程序，故更换了电脑板。吉利金刚电脑板内部结构如图 4-11、图 4-12 所示，其原理图如图4-13 所示。

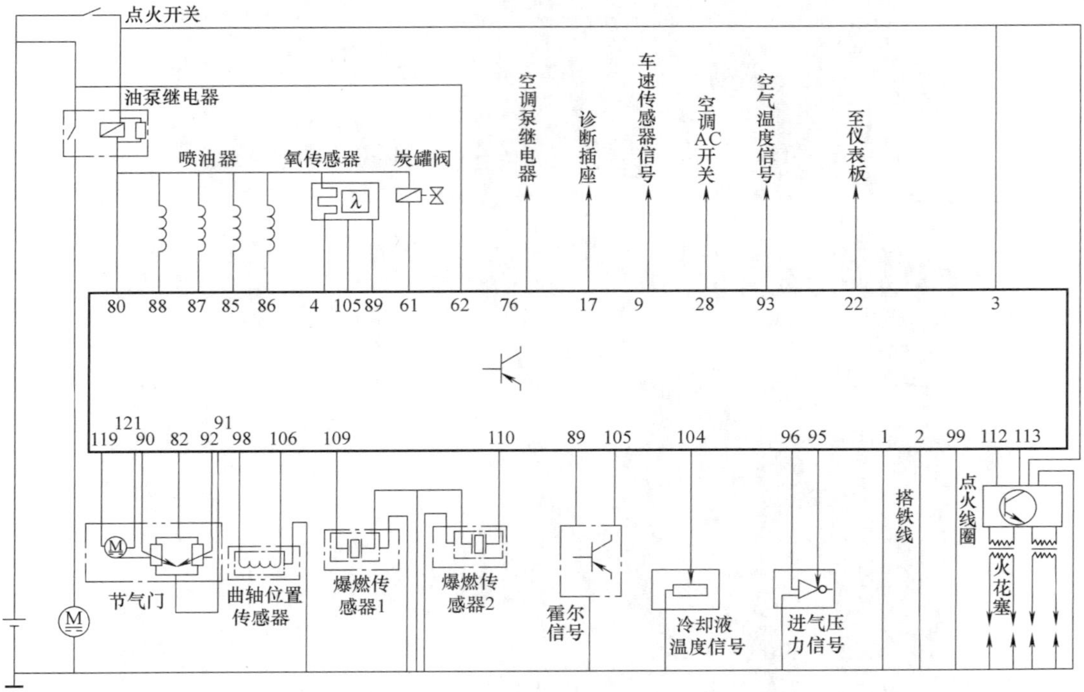

图 4-4 汽油捷达轿车线路图

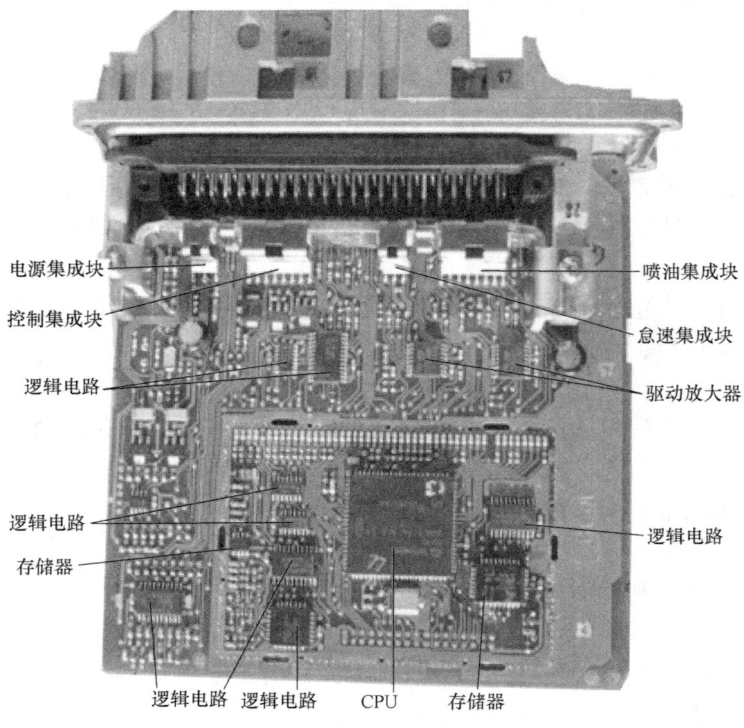

图 4-5 帕萨特 B4 用西门子电脑板内部结构

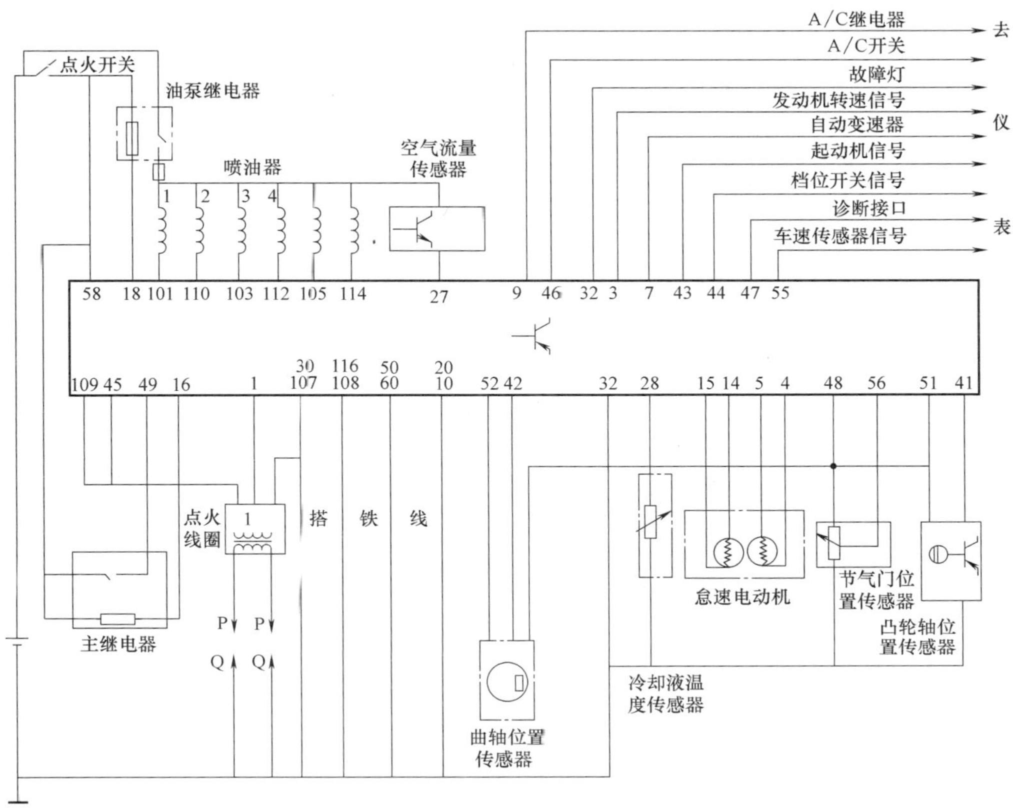

图 4-6　帕萨特 B4 西门子电脑板原理图

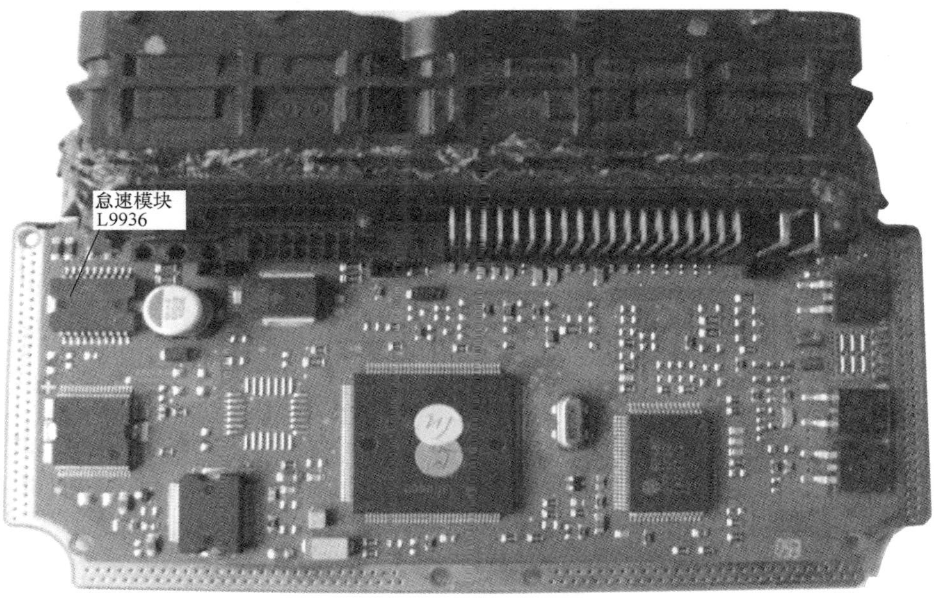

图 4-7　通用赛宝和 M7. 9. 7 电脑板内部结构（正面）

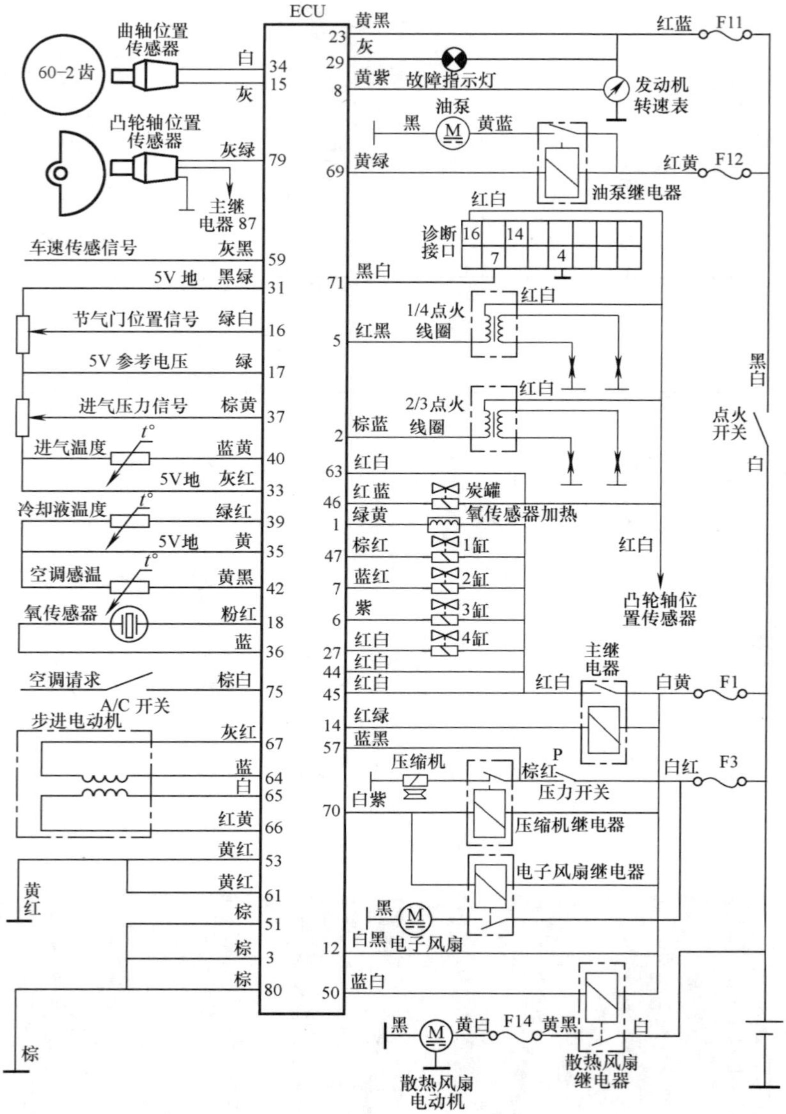

图4-8 通用赛宝M7.9.7电脑板原理图

图4-9 五菱荣光用怠速电动机

图 4-10 天然气发动机捷达用电脑板内部结构

图 4-11 吉利金刚用 M7.9.7 电脑板内部结构(正面)

图 4-12 吉利金刚用 M7.9.7 电脑板内部结构(反面)

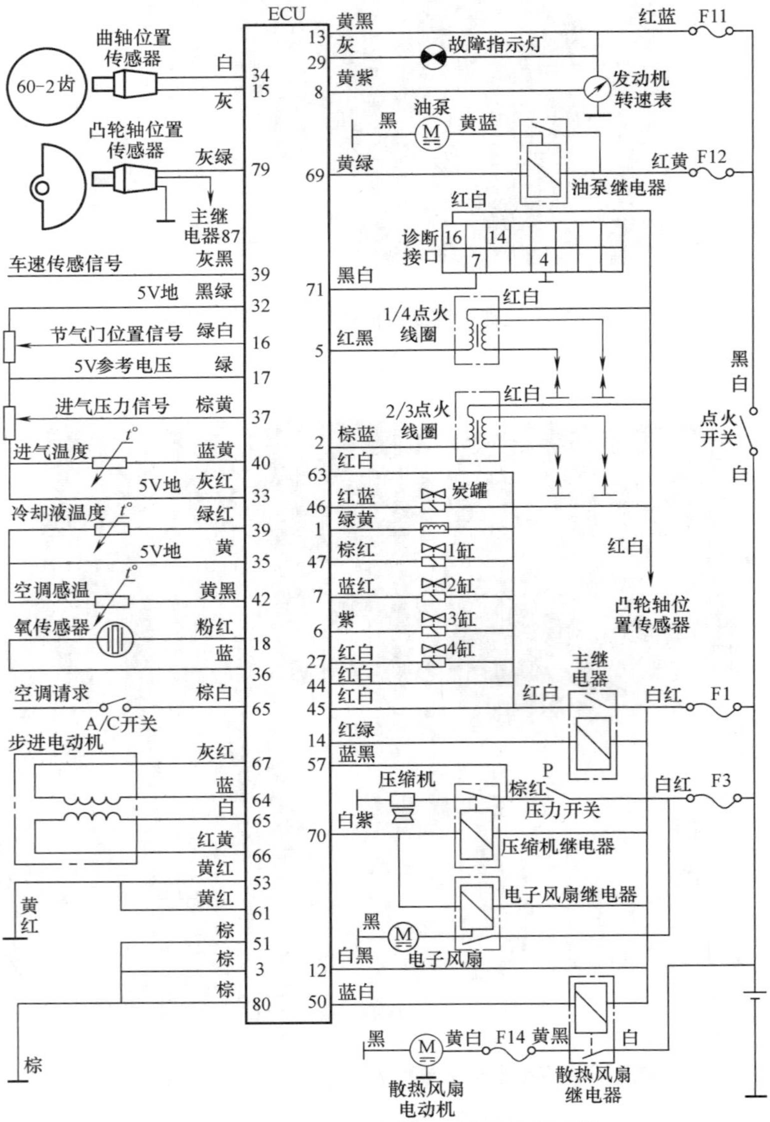

图 4-13 吉利金刚 M7.9.7 电脑板原理图

第二节　起动后怠速高

一、故障现象

发动机起动后怠速超过 1000r/min，且不回落，有时高达 2000r/min。

二、故障原因

1）节气门漏气。

2）线路断开或者怠速电动机损坏。

3）电脑板内部怠速电动机控制模块损坏。

4）废气再循环减压阀漏气。

三、解决方法

1）堵好节气门或更换节气门翻板。

2）接通断开线路或更换怠速电动机。

3）更换电脑板内部怠速电动机控制模块。

4）更换废气再循环减压阀。

四、故障实例

1. 实例一

一辆厦门金龙面包车用修复仪检查该车发动机怠速为 2000r/min，用解码器解码没有故障码，仔细检查是废气再循环减压阀漏气严重，更换之后一切正常。厦门金龙面包车电脑板内部结构如图 4-14 所示，其线路图如图 4-15 所示。

2. 实例二

故障现象：一辆福特嘉年华轿车，累计行驶 3.5 万 km，发动机出现怠速转速过高的故障。

故障诊断：首先检查节气门拉索和节气门开度是否调整的正常，结果没有发现问题。接着用 5053 故障检测仪进行检测，没有查到故障码，读取数据流，发现喷油器的喷油时间、节气门开度信号、冷却液温度信号和氧传感器信号等数值均在标准范围内。该车的怠速控制阀为旋转电磁阀，其驱动电压为 12V，驱动波形为方波。用示波器测量怠速控制阀的驱动波形，发现其驱动电压仅为 7V，显然这么低的电压无法驱动其工作，测量怠速控制阀的电阻为 18.6Ω，正常；检查怠速控制阀工作正常。因该车怠速控制阀的驱动电压是由发动机 ECU 提供的，由此可以判定，发动机 ECU 有问题。

故障排除：更换发动机 ECU 后，上述故障排除。将旧电脑打开，用修复仪刷新内部程序，再上车试验一切正常。长安福特电脑板内部结构（正面）如图 4-16 所示。

3. 实例三

故障现象：一辆行驶了 3.5 万 km 的福特嘉年华轿车，发动机怠速过高（2000r/min），挂档后转速下降至 850r/min。

图 4-14 厦门金龙面包车电脑板内部结构

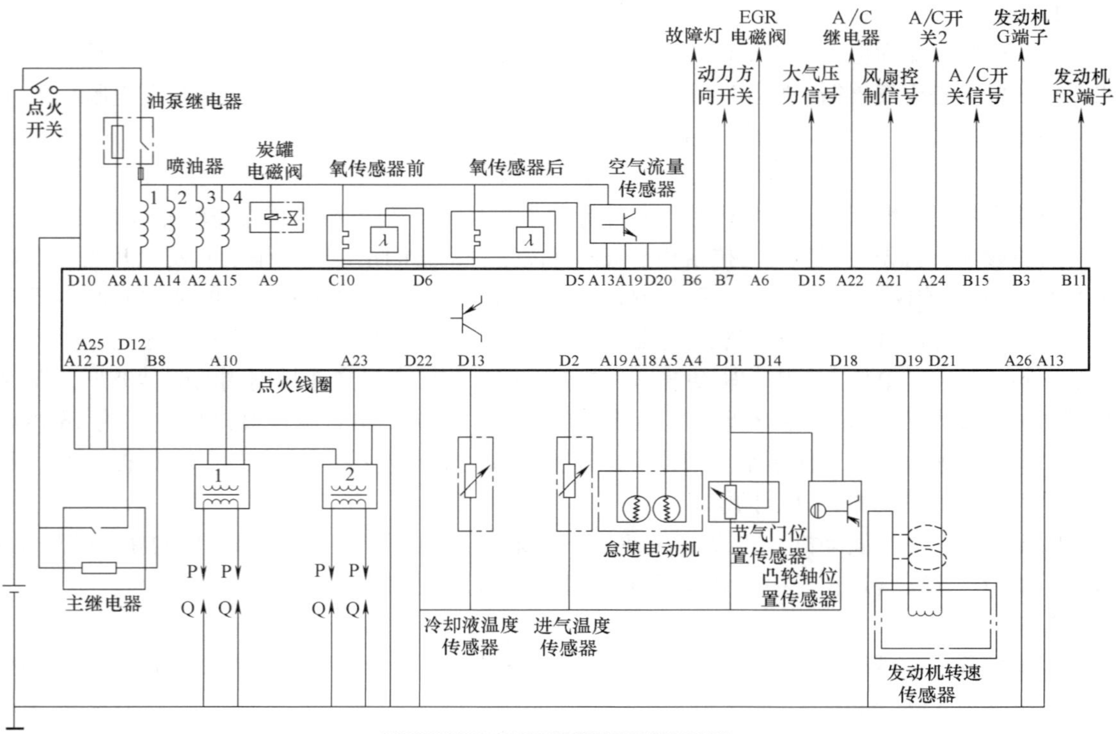

图 4-15 厦门金龙面包车线路图

图 4-16　长安福特电脑板内部结构（正面）

故障诊断：首先检查节气门拉索是否正常，节气门开度是否调整不当。用 WDS 诊断仪进行检测，无故障码输出。进行数据分析，检查喷油时间、TPS（节气门开度）、冷却液温度传感器数值和氧传感器电压变化情况，这些数值均在正常范围内。当进行发动机控制单元测量时，发动机转速并无变化，由此说明怠速控制系统有故障。

嘉年华轿车发动机怠速控制，是由安装在进气管道上的怠速控制阀通过调节进气道面积来控制空气流量的方法实现的。发动机控制系统根据各传感器输入信号（节气门位置传感器、冷却液温度传感器、转速信号、发动机负荷信号等）确定出目标转速，并将实际转速与目标转速加以比较，根据比较差控制目标转速的进气量，进而驱动怠速控制阀来改变占空比，使实际转速接近目标转速。该车的怠速控制阀驱动电压为 12V，驱动波形为方波。控制单元以一固定周期，使怠速控制阀线圈 12V 供电电源接通或断开，线圈另一端由控制单元控制其搭铁。所以这种怠速控制阀出现故障时，怠速控制阀便处于固定位置，便发动机转速升至 2000r/min。

故障排除：根据嘉年华轿车怠速控制阀的特点，用信号笔测量怠速运转时控制阀的信号，发现其脉冲不对。检查其搭铁状况是良好的，但供电电压只有 7V。显然该电压无法驱动怠速控制阀无法作动。而这条电源线由控制单元直接控制输出，在确认线路正常的前提下，可以断定是控制单元的故障。为确保彻底解决问题，又拆下怠速控制阀，测其电阻值为 18.6Ω，在正常的范围内。用 12V 电源直接驱动，工况良好。更换一新的发动内部怠速控制 IC，发动机怠速恢复到正常转速 850r/min。长安福特电脑板内部结构（反面）如图 4-17 所示。

图4-17 长安福特电脑板内部结构(反面)

4. 实例四

故障现象：一辆2007雪铁龙轿车，冷车时发动机怠速可达1000r/min左右，运转平稳。冷却液温度超过80℃后，发动机抖动厉害，驾驶室有明显的颤动。加速时，转速上升滞后。

故障检修：该车为电喷发动机，在冷却液温度低于80℃时，飞轮每转一周喷油两次，此时发动机转速约为1000r/min，且随冷却液温度上升，发动机转速下降。电控单元不参与氧传感器信息(因氧传感器在排气温度200℃以上才参与工作)。

冷却液温度达到80℃时，飞轮每转一周喷油器开启一次，此时排气温度达到200℃以上，氧传感器参与工作，传递信息供ECU修正喷油量。

从该车这个特性判断，应着重检查氧传感器，提取故障码来验证这个初步推断。但一般传感器检查，应首先检查线端连接和外观情况。查看氧传感器，顶端已呈灰白色，有烧损症状。为验证这个判断，和未隔断氧传感器前状况进行比较，仍然是热怠速不稳，从而验证氧传感器烧损失效。拆下氧传感器观察，内部氧化锆均已烧损。

更换氧传感器，清洁曲轴箱通风管及过滤网，试车10min，车辆恢复正常，故障排除。

维修小结：据车主说，该车一直运行正常，最近跑长途中在路边个体加油站加了箱便宜油，不久即发生这个故障。由此推断车主加注的是含铅低标号油，使氧传感器铅中毒，加之低劣汽油的不正常燃烧，致使排气温度过高烧损氧传感器。

高温怠速不稳是电喷车的特殊故障，而化油器车只会发生热起动困难故障。雪铁龙轿车用电脑板内部结构如图4-18所示，其原理图如图4-19所示。

图 4-18　雪铁龙轿车用电脑板内部结构

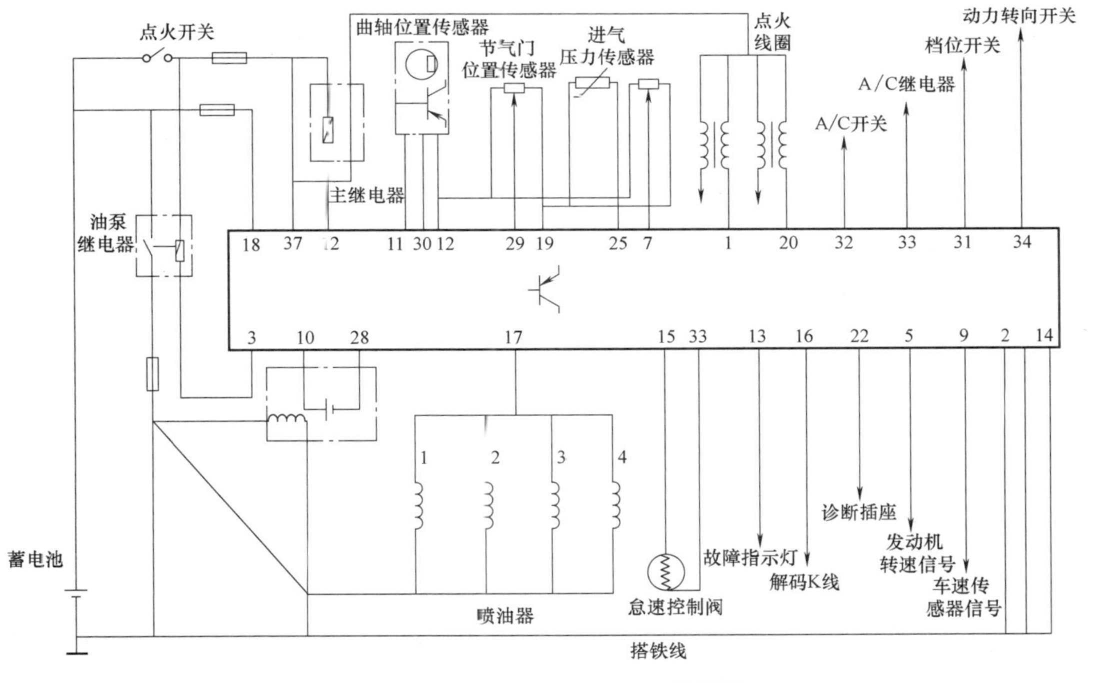

图 4-19　雪铁龙轿车电脑板原理图

第三节　起动后怠速低

一、故障现象

发动机起动后怠速处于500r/min左右，且不增加。

二、故障原因

1）怠速电动机损坏或是线路故障。
2）高压火缺缸，4个缸的汽车有2个缸不工作，达不到额定功率。
3）空滤堵塞或是三元催化器堵塞。
4）汽油压力不够250~300kPa。
5）气缸压力达不到800~1200kPa。
6）喷油器阻塞。
7）进气压力传感器（进气流量传感器）损坏。
8）电脑板内部程序损坏。
9）电脑板内部控制模块损坏。
10）其他传感器工作不正常。

三、解决办法

1）更换怠速电动机或接通断路线路。
2）检查火花塞、缸线、电脑板内部、点火驱动及线路、更换相应的元器件。
3）更换空气滤清器或更换三元催化转化器。
4）更换汽油泵或更换汽油泵进出口滤芯。
5）研磨气门或大修发动机。
6）清洗喷油器或更换喷油器。
7）更换进气压力传感器（进气流量传感器）。
8）刷新电脑板内部程序。
9）更换电脑板内部控制模块。
10）检查线路及其他传感器，更换相应的部件。

四、故障实例

1. 实例一

一辆帕萨特B5轿车，大修后发动机怠速低，用修复仪检查，电脑板没有问题，用解码器检查没有故障码，说明电控部分线路正确，但读数据流发现怠速电动机参数不对，更换怠速电动机后怠速正常。帕萨特B5轿车用电脑板内部结构如图4-20所示，其系统控制图如图4-21所示。

2. 实例二

一辆雷克萨斯400轿车，怠速低，行车时提速困难，用修复仪检查电脑板无问题，用解码器解码，各线路传感器都正常，拔掉缸线拆下火花塞，检查发现火花塞电极烧秃，更换新

图 4-20　帕萨特 B5 轿车用电脑板内部结构

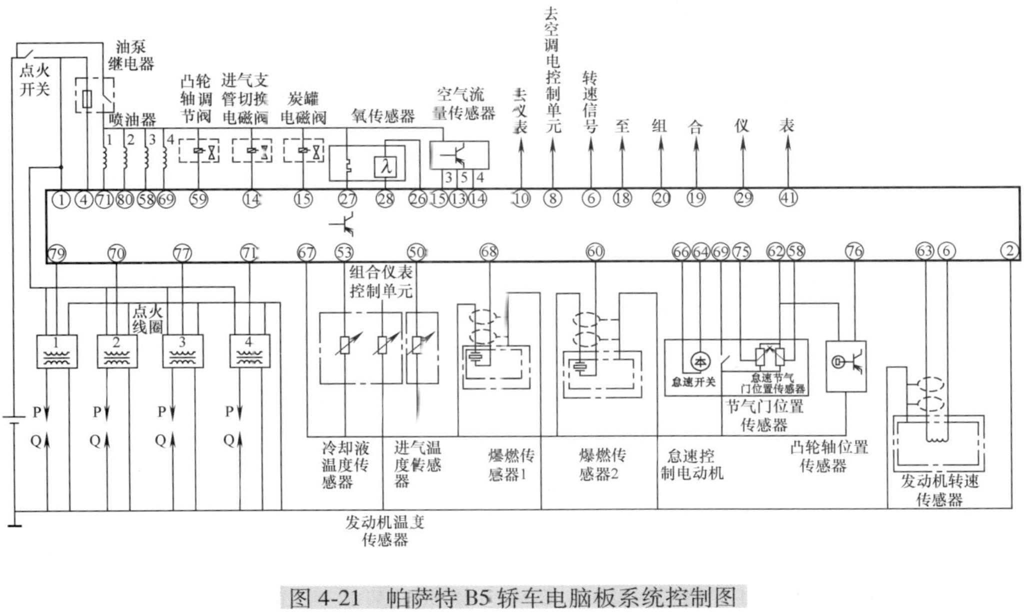

图 4-21　帕萨特 B5 轿车电脑板系统控制图

的火花塞后一切正常。雷克萨斯400轿车用火花塞如图4-22所示。

图4-22 雷克萨斯400轿车用火花塞

3. 实例三

一辆奔驰E320轿车，打着车后发动机转速低，加速比较困难，用修复仪检查和解码器解码都没有发现问题，用万用表测量进气流量传感器数据不对，认真检查线路和传感器都没有问题，进气部分也没有问题，拆掉排气管后，进气流量传感器正常，加速也正常，更换三元催化器后将排气管装上，一切正常。奔驰轿车用电脑板内部结构如图4-23所示，其系统控制图如图4-24所示。

4. 实例四

一辆广州本田2.4轿车，打着车后发动机转速低，加速比较困难，急加速有回火迹象，用修复仪检查和解码器解码都没有发现问题，检查气路的进排气部分没有问题，检查油路发现油压不够，拆下油泵发现油泵的进油口滤网堵塞，更换油箱内油泵进口滤网，油压达到正常，发动机工作恢复正常。广州本田2.4轿车电脑板内部结构如图4-25所示。

图4-23 奔驰轿车用电脑板内部结构

5. 实例五

一辆羚羊轿车，打着车后发动机转速低，加速比较困难，用修复仪检查和解码器解码都没有发现问题，检查油路也正常，电控数据流也正常，只是进气量略低，拆检配气正时也对，于是用气压表测量气缸压力，果然发现压力不够，经大修发动机后一切正常。羚羊用电

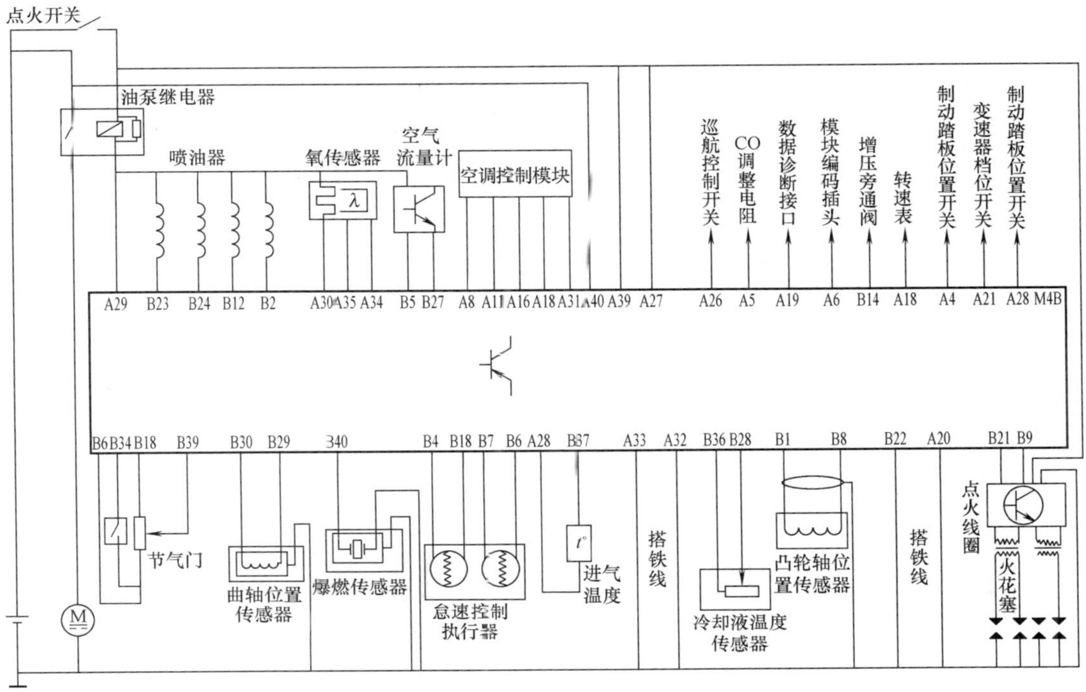

图 4-24　奔驰轿车电脑板系统控制图

图 4-25　广州本田 2.4 轿车电脑板内部结构

脑板内部结构如图 4-26 所示，其系统控制图如图 4-27 所示。

图 4-26 羚羊轿车用电脑板内部结构

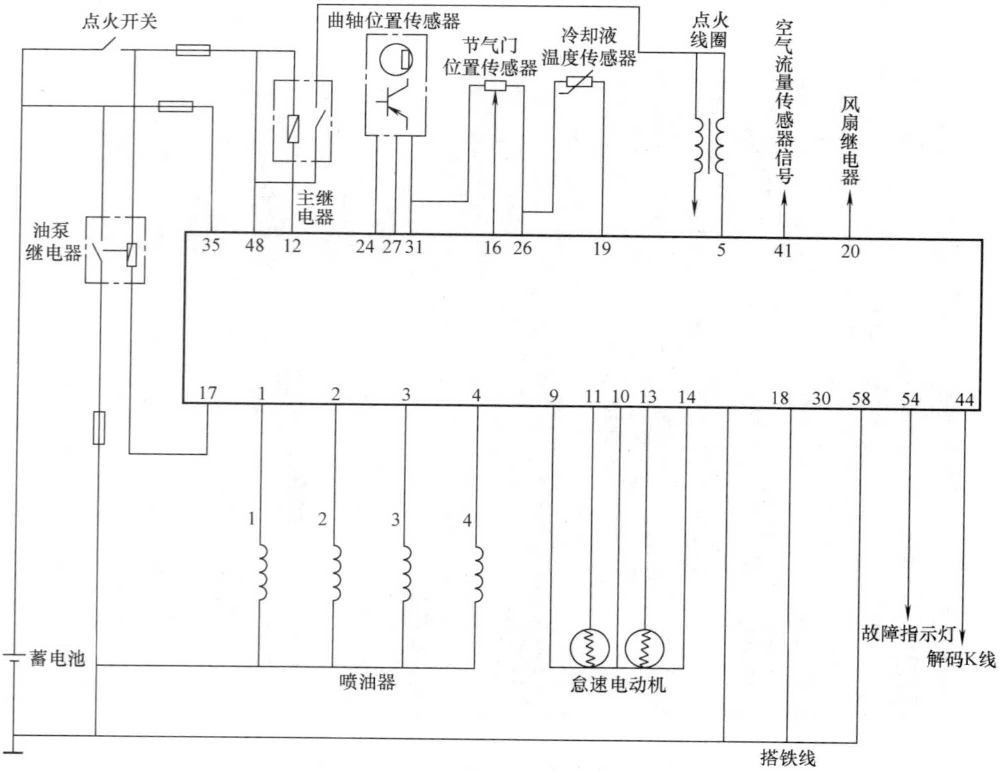

图 4-27 羚羊轿车电脑板系统控制图

6. 实例六

一辆日本丰田皇冠，怠速低，发现喷油器有堵塞的情况，踩加速踏板速度也上不来，经修复仪和解码器检查一切正常，检查燃油压力也正常，用尾气分析仪检测发现混合气太稀，于是检查喷油器，清洗喷油器后，一切正常。日本丰田皇冠轿车电脑板内部结构如图4-28 所示。

图 4-28 日本丰田皇冠轿车电脑板内部结构

7. 实例七

一辆哈飞中意，发动机转速低，踩加速踏板排气管冒黑烟。用修复仪检查不出问题，用解码器解码发现进气压力传感器损坏。于是更换进气压力传感器，用解码器进入系统清除故障码后数据流正常，再次着车一切正常。哈飞中意轿车用进气压力传感器如图 4-29 所示。

图 4-29 哈飞中意轿车用进气压力传感器

8. 实例八

一辆五菱荣光商务车用摩托罗拉 SF30142A03E 电脑板，怠速低，踩加速踏板也无力。经修复仪检测是电脑板内部程序损坏，刷新内部程序，再次放入车上起动，一切正常。五菱荣光商务车用摩托罗拉电脑板(SF30142A03E)内部结构如图 4-30 所示，其系统控制图如图 4-31 所示。

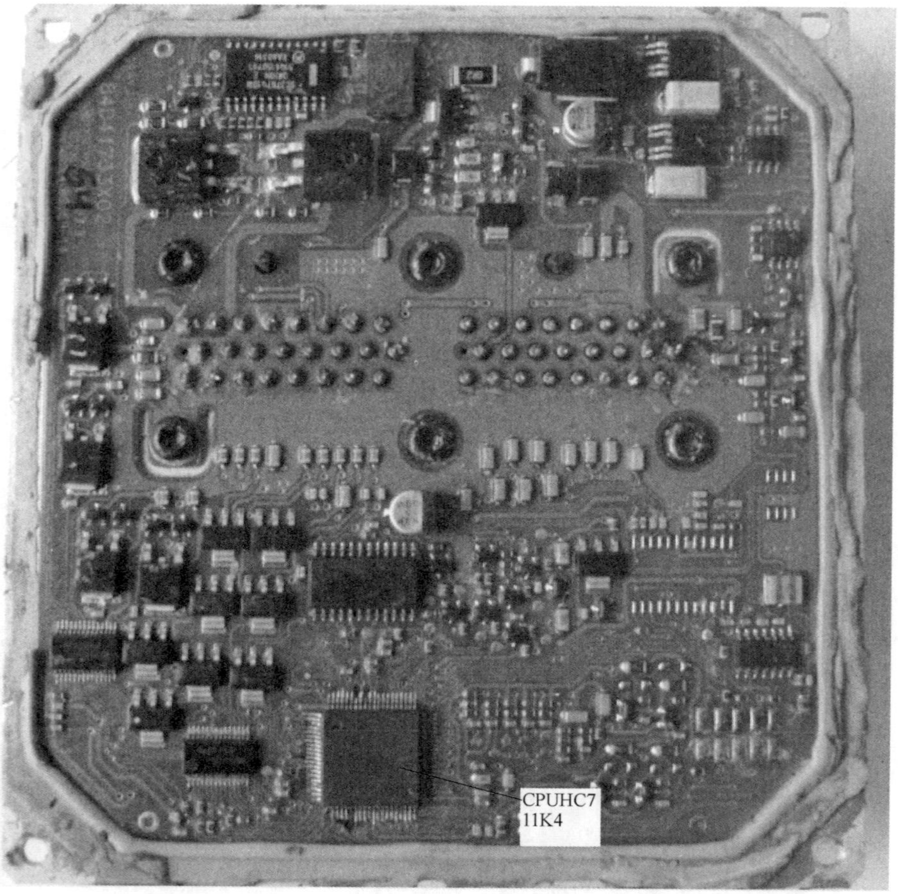

图 4-30 五菱荣光商务车用摩托罗拉电脑板(SF30142A03E)内部结构

9. 实例九

一辆桑塔纳 3000 轿车，怠速低，经修复仪检测发现电脑板内部控制模块损坏，于是更换电脑板内部控制模块，再次着车一切正常。桑塔纳 3000 轿车电脑板内部结构如图 4-32 所示，其系统控制图如图 4-33 所示。

10. 实例十

故障现象：一辆采用德国博世公司 Motronic3. 8. 3 电控燃油喷射系统的桑塔纳 3000 轿车，行驶里程为 1. 7 万 km。车主介绍，该车在刚购买不久，就发生了一次火灾，维修时除了气缸体没有更换外，其余部件全部更换。但修复后出现了冷车不好起动的现象，只有在轻踩加速踏板时可以起动，只要一松加速踏板，车立即自行熄火，热车后一切正常。在一个修理厂前后更换了两个节气门，故障依旧。

故障诊断：对该车进行故障确认，如车主所述，由于车辆达到正常工作温度后起动一次成功，且怠速运转平稳，故分析认为，冷车无法起动且加速起动后无法维持怠速运转，是由于冷车无怠速造成的，接着便对其进行常规检查。

用 5053 解码器进行检测，显示为节气门体故障，对其进行清码，然后再查询故障，仍为此故障。看来此故障为永久性故障。

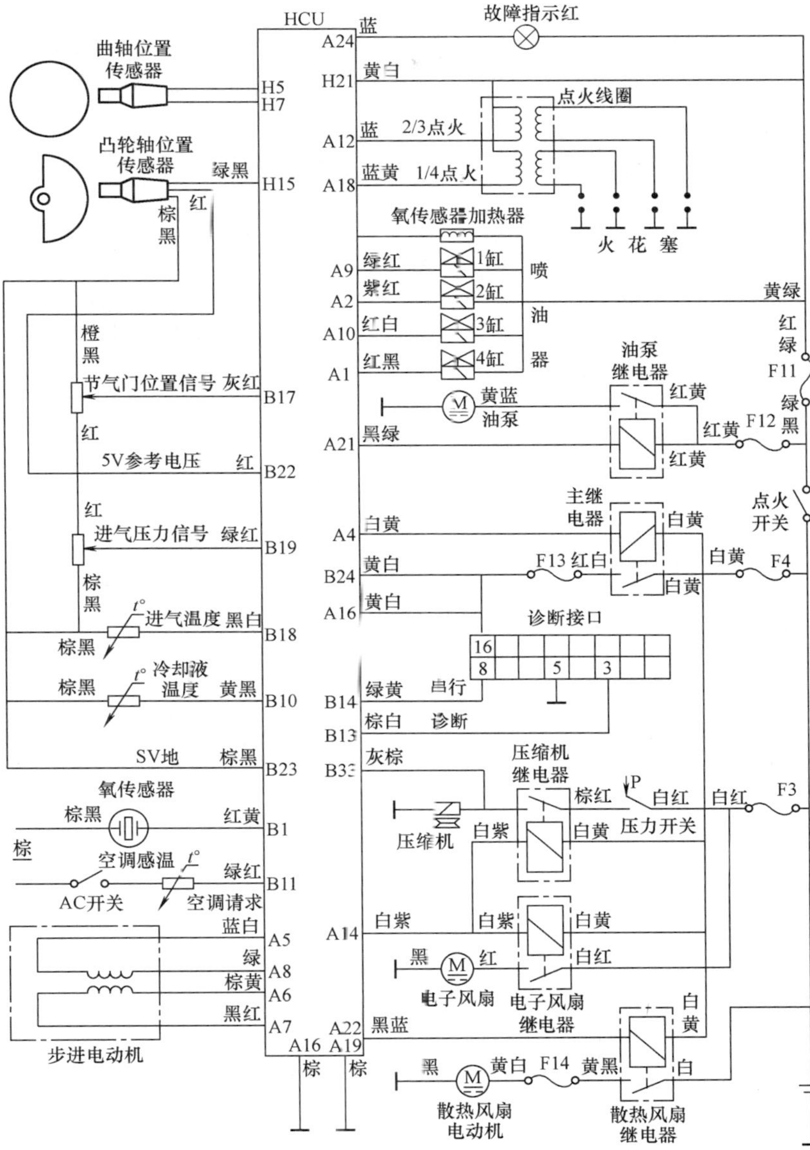

图 4-31　五菱荣光商务车用摩托罗拉电脑板（SF30142A03E）系统控制图

试着对节气门进行基本设定，结果诊断仪显示节气门定位器故障而无法进行基本设定。然后读其动态数据流，发现节气门开度、冷却液温度等均正常，只有点火提前角显示负值，正常应为 12°，显示有误。

拔下节气门控制单元 J338 的连接插接器，打开点火开关，用万用表测量 1、2 端子，无电压，说明其控制线路或发动机 ECU 有故障。对其他各端子供电情况进行测量，均正常。又对 1、2 端子导线进行检查，没有发现异常，故判断为发动机控制单元有故障。将发动机控制单元拆下进行检查，果然发现其内部电路有一处已烧坏。

故障排除：更换模块 30381 后用修复仪测量，正常，装车后故障清除，匹配节气门后车

图 4-32　桑塔纳 3000 轿车电脑板内部结构

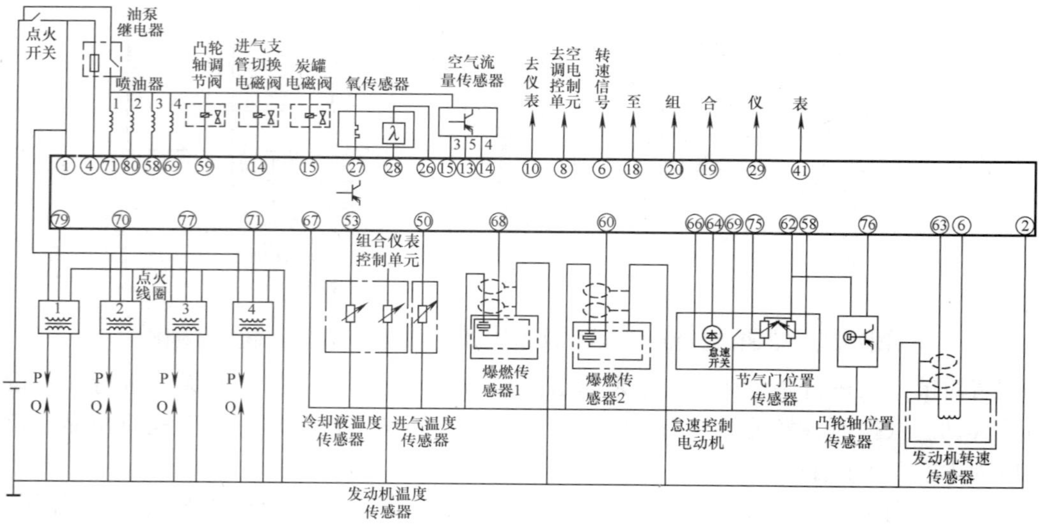

图 4-33　桑塔纳 3000 轿车电脑板系统控制图

辆正常。桑塔纳 3000 轿车用电脑板内部结构（正面）如图 4-34 所示，其电脑板内部结构（反面）如图 4-35 所示。

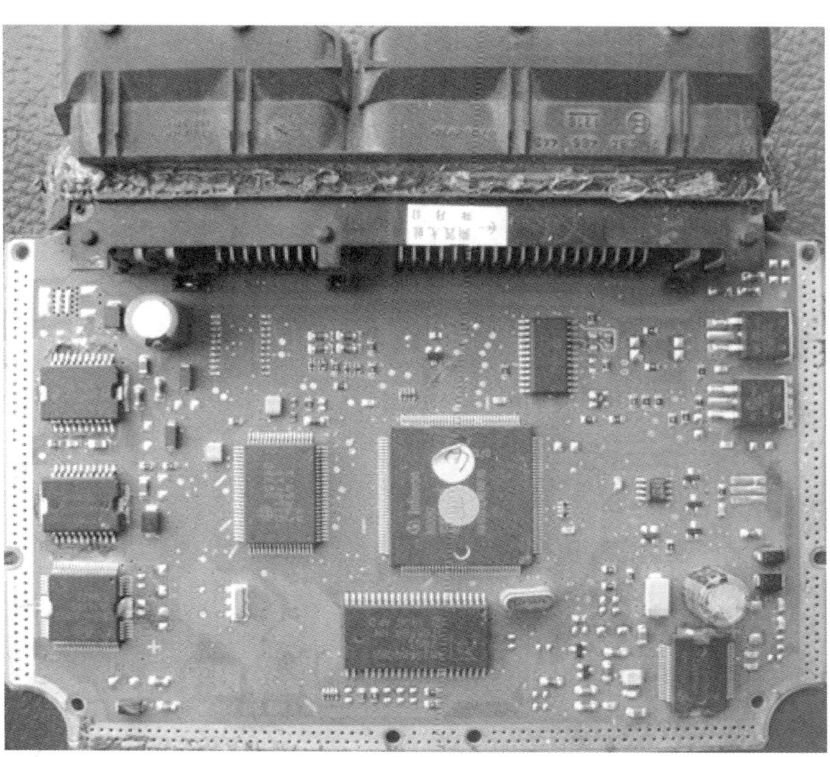

图 4-34　桑塔纳 3000 轿车用电脑板内部结构(正面)

图 4-35　桑塔纳 3000 轿车用电脑板内部结构(反面)

第四节　怠速时开空调熄火

一、故障现象

车辆在怠速时开空调，车辆突然熄火。

二、故障原因

1）氧传感器损坏。
2）进气压力传感器（进气流量传感器）损坏。
3）火花塞烧损。
4）缸线漏电。
5）点火线圈漏电。
6）喷油器漏油。
7）电脑板内部点火模块损坏。
8）电脑板内部程序损坏。
9）怠速控制阀或其线路损坏。

三、解决方法

1）更换氧传感器后清除故障码。
2）更换进气压力传感器（进气流量传感器）后清除故障码。
3）更换火花塞。
4）更换缸线。
5）更换点火线圈。
6）更换喷油器。
7）更换电脑板内部点火模块。
8）刷新电脑板内部程序。
9）更换怠速阀或修复线路。

四、故障实例

1. 实例一

一辆北京现代伊兰特轿车，在怠速状态时开空调，车辆突然熄火。经解码器解码发现氧传感器损坏，于是更换氧传感器后清除故障码，再次起动，车辆一切正常。北京现代伊兰特轿车用电脑板内部结构如图 4-36 所示。

2. 实例二

一辆雷克萨斯轿车，在怠速状态时开空调，车辆突然熄火。经修复仪检查电脑内部程序一切正常，又用解码器解码也没有故障码，经过仔细检查发现火花塞烧秃，于是更换了新的火花塞后再次起动车辆正常。雷克萨斯轿车用电脑板内部结构如图 4-37 所示。

故障现象：一辆雷克萨斯轿车，车辆遥控功能失灵，驾驶人侧的主电动玻璃升降器开关

图 4-36 北京现代伊兰特轿车用电脑板内部结构

不能控制其他 3 个门的玻璃升降；用钥匙打开车门后，车辆报警，发动机无法起动；车辆的座椅记忆功能和转向盘自动伸缩功能失效；用钥匙锁车时，车辆不能锁定；左前门车门照明灯不亮。

故障检修：当车辆设定防盗后，如果车辆的车门、行李箱及发动机室盖被打开，车辆将报警，并起动发动机防盗系统，阻止车辆被强行起动。由于该车用钥匙锁车时不能实现中控锁的功能，故决定检查车辆左前门的控制开关和车门电脑。

首先拆下左前门的护板，用万用表检查左前车门的门锁孔开关。经确认，开关在 LOCK 和 UNLOCK 时能够导通，且测量的电阻值在正常范围内。接下来又检查了左前门电脑的供电线路，并重点检查了供电电源的接地线路是否有开路或虚接的现象。

经检查，D615—GROUND 的电压不正常，电压为 9V 左右。测量了从熔丝到车门控制电脑导线的电阻，测量值为 800Ω 左右。正常情况下，这根导线的电阻应该小于 1Ω。再次分析电路图，发现在这根导线中间有 1 个插接器(IF1)和这个熔丝相连。于是找到该插接器进行检查，发现里面的金属端子已经氧化。在进行必要的清理后，将氧化的金属端子全部更换。之后将系统恢复，发现用钥匙可以控制车门锁的开启和关闭，但还是不能用遥控器控制开锁和闭锁，同时左前门车门照明灯也不亮。本着从易到难的修理原则，先检查了车门的照明灯泡是否损坏，经确认灯泡正常，但照明灯座的金属端子裸露在外

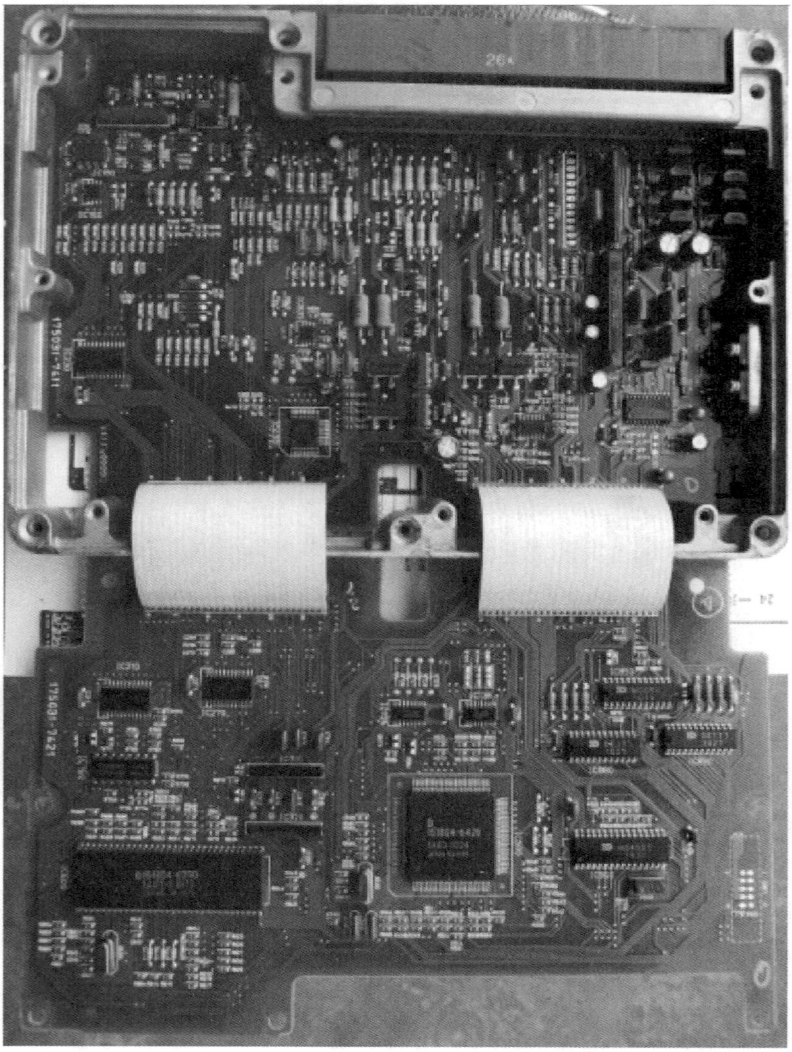

图 4-37 雷克萨斯轿车用电脑板内部结构

面。检查供电的红色导线与 GROUND 之间的电压，经测量为 0V(标准值为 12~14V)。经过分析线路图，发现该线路与刚才发现氧化的那个插接器是同一个。于是再次断开插接器测量插接器到灯泡的线路是否导通，经测量电阻小于 1Ω。再从插接器的另一端测量到熔丝(DOME—FR)之间是否导通，结果不导通。于是检查了从插接器(IF1)到熔丝(DOME—FR)之间的线路，发现有 1 处已经断开，同时发现这个熔丝(DOME—FR)已经熔断。于是将导线缠绕到熔断的熔丝上，对开路的导线进行修复，并再次将线路恢复，结果车门的照明灯依然不亮。于是又检查照明灯的另一端到车门控制电脑的导线连接情况，结果线路正常。后来决定检查一下电脑，在打开电脑的外壳后，闻到有线路板烧焦的糊味。仔细检查发现，在电路板插接器的下面有烧焦的痕迹，于是更换了车门控制电脑，该车的各种功能恢复正常。

故障分析：对该车的故障进行了认真的分析，由于车门照明灯和遥控防盗系统共同使用 1 个熔丝(DOME—FR)，当车门照明灯的两根导线短路将熔丝熔断后，修理工没有按照要求安装相同的熔丝，从而将从熔丝到 IF1 之间的导线烧断(估计以前曾经磨损过只有少量的几根铜丝连接,可以勉强给灯泡供电,当电路中的电流增大时,就将这根受到磨损的导线烧段,同时车门控制电脑内部的线路板也因为电流过大而烧毁)。这样遥控器的接收系统已经失去供电电源，如果用遥控器设定防盗后发生上面的情况，车辆的遥控将失灵，不能解除防盗。当用户在不能用遥控开启门锁的情况下，只能用钥匙开启车门，但由于车门的供电电源线路氧化，加上车门控制电脑内部烧毁，车门锁的开启信号不能通过车门控制电脑传输到车身控制电脑(BODYECU)，这样车辆识别到不正常的开启信号，所以防盗功能失效。

3. 实例三

一辆天津一汽丰田轿车，此车在怠速状态时开空调，突然熄火，修理人员用修复仪和解码器进行检查没有发现任何问题，仔细检查汽车后发现，缸线老化有漏电现象，于是更换了新的缸线，再次起动一切正常了。天津一汽丰田轿车用电脑板内部结构如图 4-38 所示，其系统控制图如图 4-39 所示。

图 4-38 天津一汽丰田轿车用电脑板内部结构

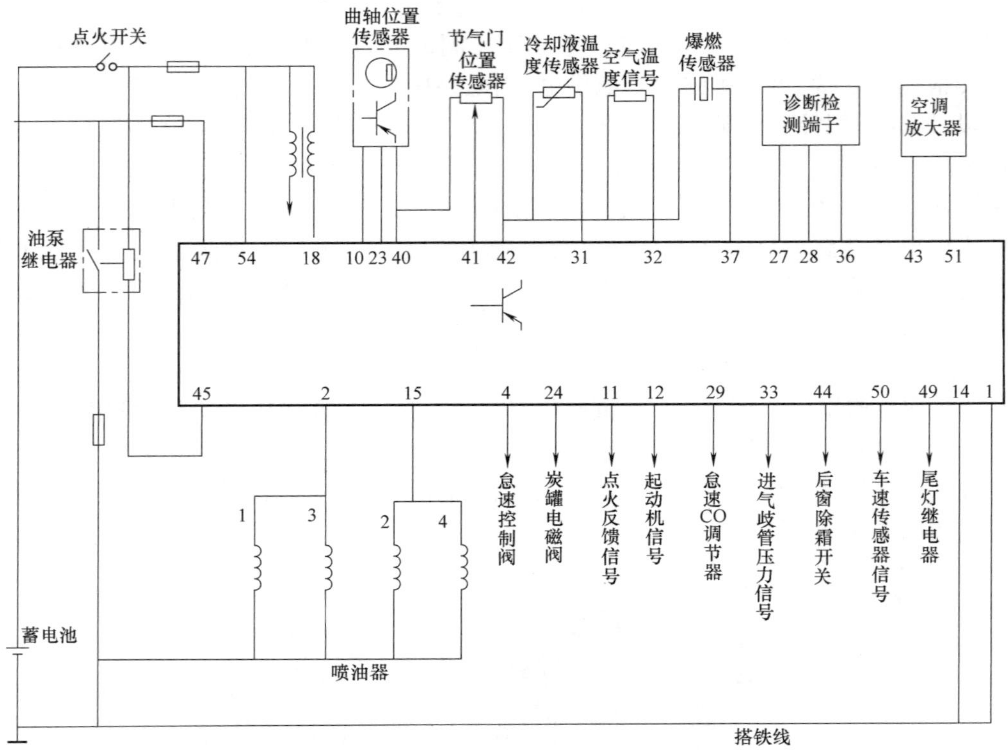

图 4-39 天津一汽丰田轿车电脑板系统控制图

4. 实例四

一辆民意面包车，在怠速状态时开了空调，面包车突然熄火。用修复仪检查没有发现问题，又用解码器解码没有任何故障码，经修理人员认真检查发现喷油器漏油，更换喷油器后，故障排除一切正常。民意面包车电脑板内部结构如图 4-40 所示，其系统控制图如图 4-41 所示。

5. 实例五

一辆帕萨特领驭轿车，在怠速状态时开空调，车辆突然熄火。经修复仪检查没有发现毛病，用解码器解码发现电脑板内部程序损坏，于是用修复仪刷新电脑内部程序后再起动，一切正常。帕萨特领驭轿车用电脑板内部结构如图 4-42 所示，其系统控制图如图 4-43 所示。

6. 实例六

故障现象：一辆捷达前卫轿车，空调运转一段时间（10～15min）后压缩机自动断开，再等待 15min 左右压缩机又重新吸合，导致空调一会儿吹冷风，一会儿吹热风，空调无法使用，在其他维修厂重新加注了制冷剂，又更换了新压缩机，还是无法解决问题。

故障诊断：

1）试车发现故障确实如此，车主说该车空调制冷剂泄漏并重新加注后就出现这种故障，以前很正常。根据车主介绍的情况，故障与制冷剂加注有关，于是接上压力表观察空调

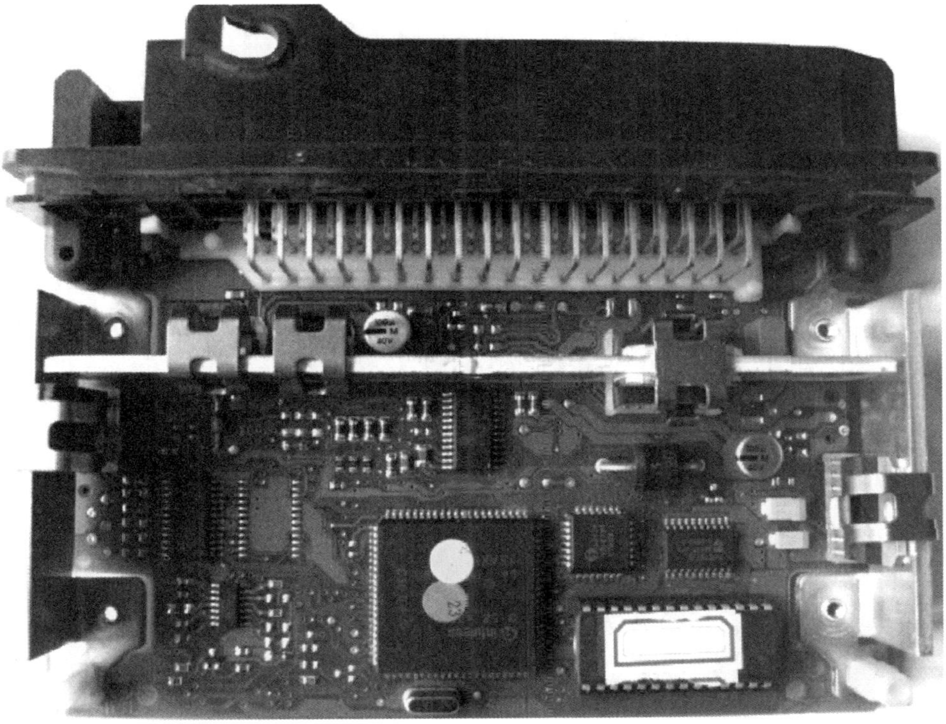

图 4-40 民意面包车电脑板内部结构

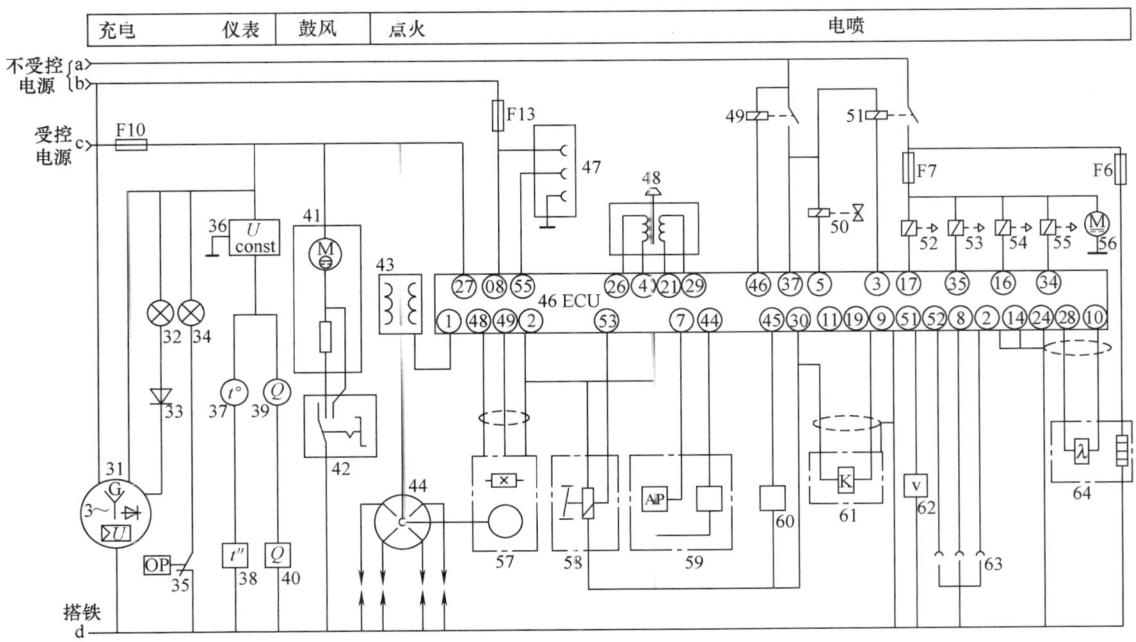

图 4-41 民意面包车电脑板系统控制图

图 4-42 帕萨特领驭轿车用电脑板内部结构

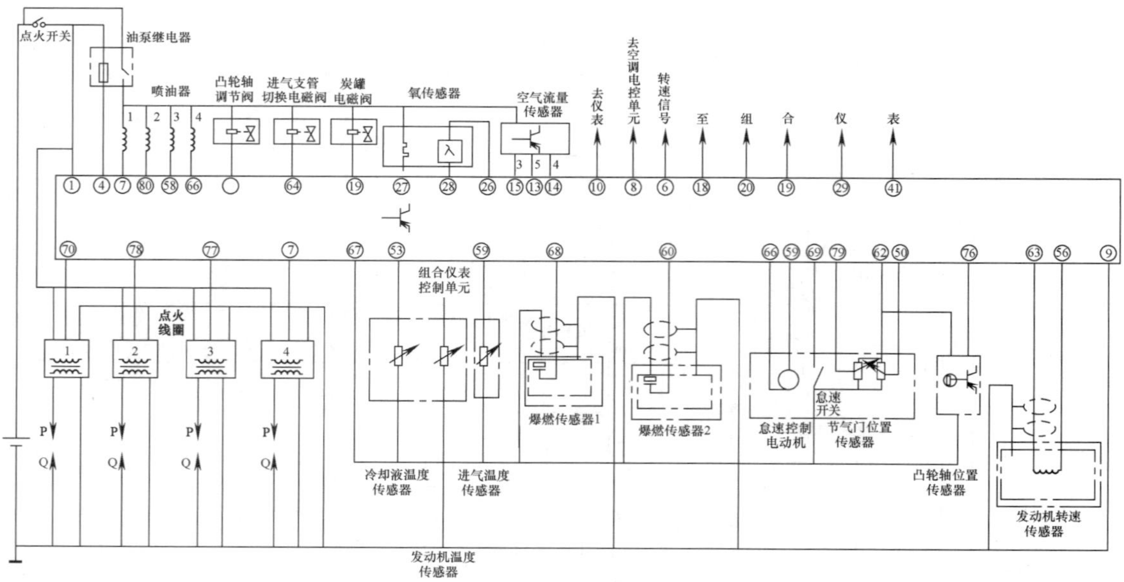

图 4-43 帕萨特领驭轿车电脑板系统控制图

工作情况，发现空调制冷还可以，就是高压端指示偏高，怀疑制冷剂加多了造成压力过高导致空调自动切断。

2）根据经验判断决定放掉制冷剂并重新加注，试车发现故障依然存在。但是压缩机停机出现的时间比以前长了，高压也没有那么高了，为1500kPa左右。

3）看来故障可能出现在电路部分，为了防止压力开关出现故障造成这种现象，直接将压力开关短接，故障依然存在。

4）检查外围线路没有发现故障，此车空调压缩机经继电器由发动机控制单元控制。

发动机控制单元接到空调开关的请求信号后，如果压力开关接通，且冷却液温度正常，发动机控制单元则使压缩机吸合。压缩机在工作正常的情况下突然停止工作一定是有原因的，线路没有故障。此车空调受风扇控制盒控制，风扇控制盒在得到发动机控制单元搭铁信号时压缩机就吸合，故障可能出现在发动机控制单元和风扇控制盒上。

5）捷达前卫的风扇控制盒，不但控制冷却风扇的停转，也控制压缩机的吸合。T4端子受发电动机控制单元控制，当T4端子搭铁时控制盒M4端子输出电压至压缩机。

6）将风扇控制盒T4端子引出，用万用表电压档红表笔接电源，黑表笔接T4端子，在空调工作时显示蓄电池电压，在车辆行驶过程中，且空调吹出热风的一刻，发现电压显示0V，看来故障的真实原因是发动机控制单元切断空调工作造成的。

发动机控制单元为什么会切断空调呢？而此时仪表显示冷却液温度并未超出正常且有点偏低，车主说发动机未装节温器，用手摸上下管冷却液温度并不高，难道是发动机控制单元有问题？

7）带着疑问，连接诊断仪，起动发动机且开空调，未读出任何故障码。接着读数据流，此时冷却液温度显示106℃，而车辆刚起动不久属于暖机状态，仪表冷却液温度也显示低温，难道是冷却液温度感应塞出现故障？

8）捷达轿车冷却液温度感应塞为4线插接器，发动机冷却液温度与仪表冷却液温度用一个感应塞显示。用万用表电阻档测量，发现阻值一大一小，有明显差别。

9）更换感应塞后试车，空调工作正常，再没有出现时有时无的故障。再用诊断仪读数据流，发动机冷却液温度恢复到正常状态。

维修总结：此车故障很有特点，发动机控制单元和仪表收到的冷却液温度信号不一致，带有欺骗性。只通过冷却液温度表现观察难以发现问题，因为发动机控制单元具有保护功能。通过观察冷却液温度表，冷却液温度并不高，发动机的实际冷却液温度也不高，如果不通过读数据流是很难发现故障的。故障的原因是由于冷却液温度传感器损坏使发动机控制单元得到了错误的信号，发动机控制单元的保护功能起作用，造成一起特殊故障。捷达前卫轿车用电脑板内部结构如图4-44所示，其系统控制图如图4-45所示。

图 4-44 捷达前卫轿车用电脑板内部结构

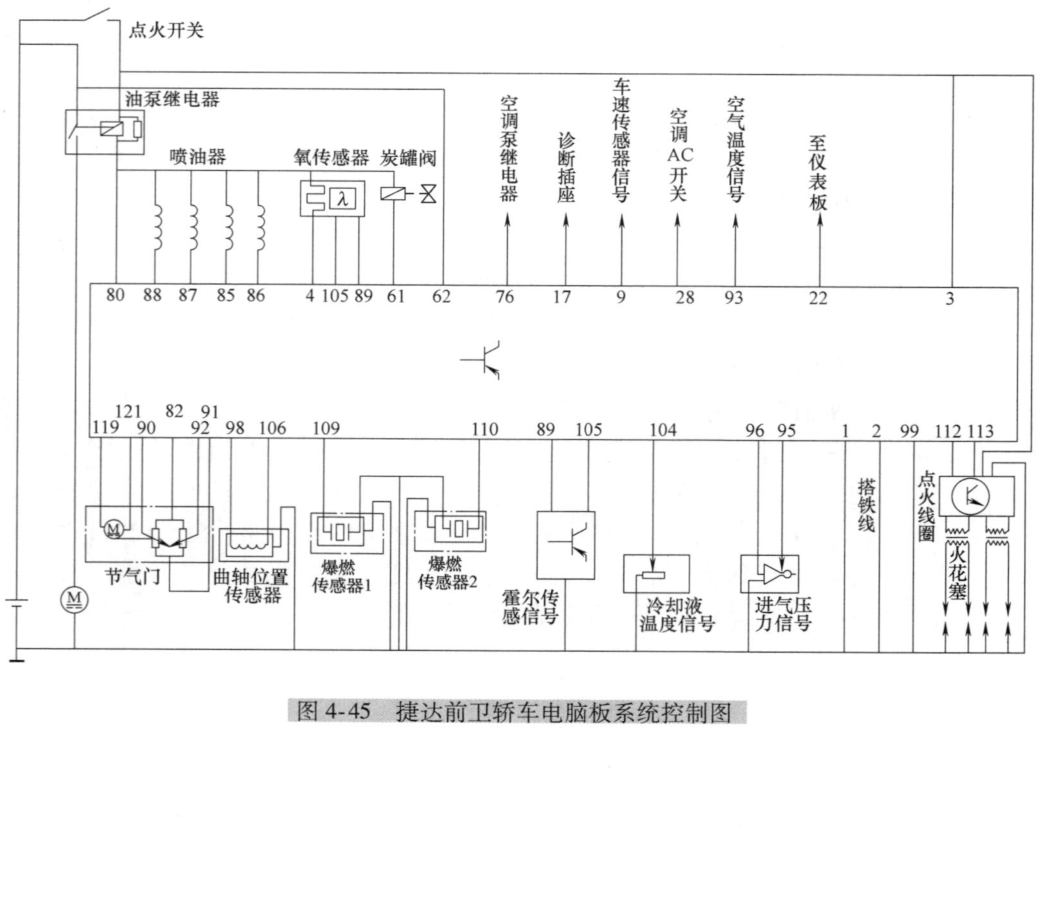

图 4-45 捷达前卫轿车电脑板系统控制图

第五章

汽车电脑板维修

第一节　传感器、执行器工作原理

一、电阻型的传感器

电阻：电阻主要用于控制和调整电路中的电流和电压，或用作消耗电能的负载。导体的电阻越大，表示导体对电流的阻碍作用越大。不同的导体，电阻一般不同，电阻是导体本身的一种性质。

导体的电阻通常用字母 R 表示，电阻的单位是欧姆（ohm），简称欧，符号是 Ω。比较大的单位有千欧（kΩ）、兆欧（MΩ）（兆＝百万，即 100 万）。

电阻器简称电阻（Resistor，通常用 R 表示），换算关系式是：1MΩ＝1000kΩ

1kΩ＝1000Ω

电阻是所有电子电路中使用最多的元件。电阻的主要物理特征是变电能为热能，也可说它是一个耗能元件，电流经过它就产生内能。电阻在电路中通常起分压分流的作用。

电阻表示阻值的方法是数码标志法。即用三位数字标示阻值。在三位数码中，从左至右第一位、第二位数字表示电阻值的第一、二位有效数字，第三位数则表示有效数字后有几个“0”，单位为 Ω。例如标识为“183”的电阻器其阻值则是 18000Ω，而标识为“120”的电阻器其阻值则是 12Ω。

电位器：电位器是可变电阻器的一种。通常是由电阻体与转动或滑动系统组成，即靠一个动触点在电阻体上移动，获得部分电压输出。

电位器的作用——调节电压（含直流电压与信号电压）和电流的大小。

电位器的结构特点——电位器的电阻体有两个固定端，通过手动调节转轴或滑柄，改变动触点在电阻体上的位置，则改变了动触点与任一个固定端之间的电阻值，从而改变了电压与电流的大小。

电位器是一种可调的电子元件。它是由一个电阻体和一个转动或滑动系统组成。当电阻体的两个固定触电之间外加一个电压时，通过转动或滑动系统改变触点在电阻体上的位置，在动触点与固定触点之间便可得到一个与动触点位置成一定关系的电压。它大多是用作分压器，这种电位器是一个四端元件。电位器基本上就是滑动变阻器，有几种样式，一般用于音箱音量开关和激光头功率大小调节。电位器是一种可调的电子元件。

节气门位置传感器：节气门位置传感器的作用是把节气门的位置或开度转换成电压的信号，传输给电控单元，作为单控单元判定发动机运作工况的依据，实现不同节气门开度下的喷油量控制。节气门位置传感器有线性、开关型及综合型(既有开关又有线性可变电阻)三种。节气门位置传感器装在节气门体上，与节气门联动，如图 5-1 所示。

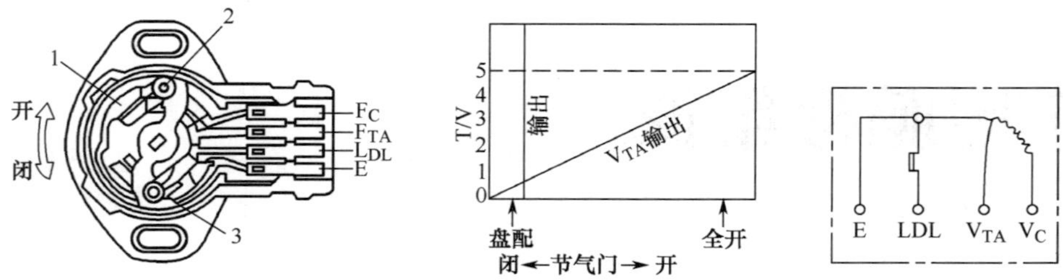

a）结构　　b）输出特性　　c）输出端子电路

图 5-1　综合型节气门位置传感器

节气门位置传感器内部是一种滑动电位计，由节气门轴带动电位计的滑动触点，外形如图 5-2 所示。不同的节气门开度，电位计的电阻值不同，从而将节气门的开度转变为电阻或电压信号输送给微机。微机通过节气门位置传感器可获得表示节气门由全闭到全开的所有开启角度的连续变化的模拟信号，以及节气门开度的变化速率，从而更精确地判定发动机的运作工况，提高控制精度和效果。为了准确检测怠速工况的信号，综合型节气门位置传感器有一个怠速触点。节气门全闭时，怠速输出触点接通，传感器输出怠速信号，这时电控单元将指令喷油器增加喷油量以加浓混合气。

图 5-2　节气门位置传感器外形

二、冷却液温度传感器

冷却液温度传感器的作用是测量发动机冷却液温度并将测得的数值转换为电信号输送到 ECU。ECU 根据输入的信号(发动机冷却液温度的高低)对发动机喷油量进行修正，以调整空燃比，使进入发动机的可燃混合气燃烧稳定，热机时，供给较浓的可燃混合气；热机时供给较稀的混合气。如果传感器损坏。当发动机处于冷机状态时，致使混合气过稀，发动机就不易起动且运转不平稳；暖机时，又致使混合气过浓，发动机也不能正常工作。

检查方法：

1）单体检查。从车上拆下冷却液温度传感器，并将其置于水杯中，缓慢加热提高温度，同时用万用表测量传感器两端子间的电阻值，其缓慢加热提高温度，其电阻值应在表

5-1 所示的范围内，否则表示传感器已经损坏，应换用新的传感器。

表 5-1　正常情况下的电阻值

冷却液温度/℃	电阻值/kΩ	冷却液温度/℃	电阻值/kΩ
-20	10～20	40	0.9～1.3
0	4～7	60	0.4～0.7
20	2～3	80	0.2～0.4

2）就车检查。将冷却液温度传感器的连接器断开，用万用表测定传感器两端子间的阻值，对照上表所示的标准值，判断传感器的好坏。

图 5-3 为冷却液温度传感器。

图 5-3　冷却液温度传感器

三、进气压力传感器

进气压力传感器检测的是节气门后方的进气歧管的绝对压力，它根据发动机转速和负荷的大小检测出歧管内绝对压力的变化，然后转换成信号电压送至电子控制器（ECU），ECU 依据此信号电压的大小，控制基本喷油量的大小。

进气压力传感器种类较多，有压敏电阻式、电容式等。由于压敏电阻式具有响应时间快、检测精度高、尺寸小且安装灵活等优点，因而被广泛用于 D 型喷射系统中。

压敏电阻式进气压力传感器的工作原理。

应变电阻 R1、R2、R3、R4，它们构成惠斯顿电桥并与硅膜片粘接在一起。硅膜片在歧管内的绝对压力作用下可以变形，从而引起应变电阻 R 阻值的变化，歧管内的绝对压力越高，硅膜片的变形越大，从而电阻 R 的阻值变化也越大。即把进气压力对硅膜片形状的机械式变转变成了电信号，再由集成电路放大后输出至 ECU，如图 5-4 所示。图 5-5 为进气压力传感器。

四、进气温度传感器

进气温度传感器通常安装在空气流量计上，用来检测进气温度。进气温度传感器与空气流量计相配合，测量空气温度的变化，以确定空气密度的变化，进而获得较精确的空气质量流量及空燃比。并将温度变化的信息传输给电控单元作为修正喷油量的依据之一。进气温度传感器内部也是一个热敏电阻，其电阻温度特性、构造、工作原理以及与电控单元的连接方式均与发动机温度传感器相同。图 5-6 为进气温度传感器。

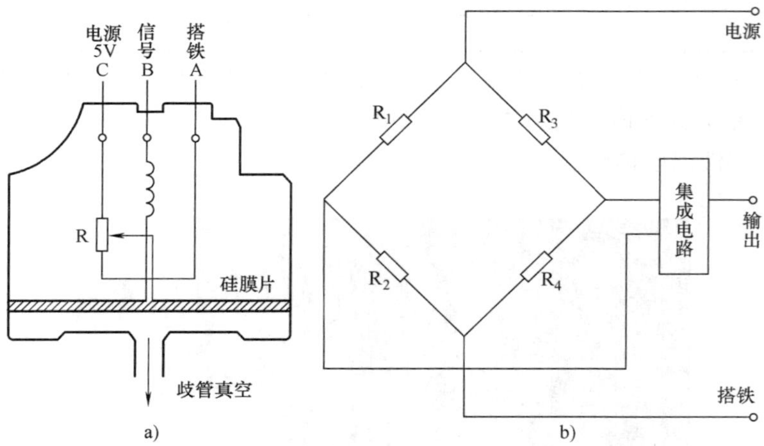

图 5-4　压敏电阻式进气压力传感器工作原理图

图 5-5　进气压力传感器

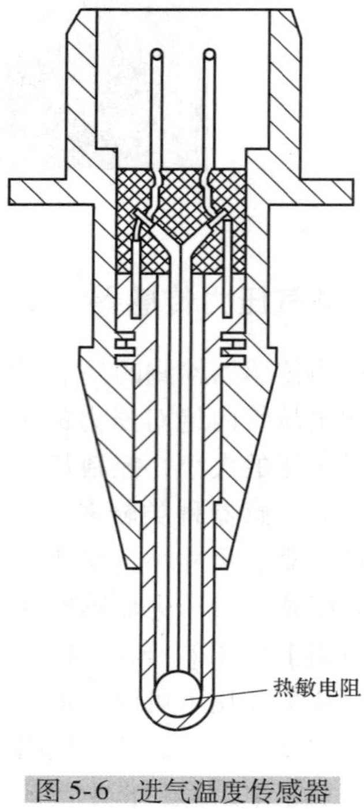

图 5-6　进气温度传感器

进气温度传感器的检测方法有两种：

1. 进气温度传感器的电阻检测

进气温度传感器的电阻检测方法和要求与冷却液温度传感器基本相同。单件检查时，点火开关置于“OFF”，拔下进气温度传感器导线连接器，并将传感器拆下；用电热吹风器、红外线灯或热水加热进气温度传感器；用万用表 Ω 档测量在不同温度下两端子间的电阻值，将测得的电阻值与标准数值进行比较。如果与标准值不符，则应更换。

2. 进气温度传感器的输出信号电压值检测

当点火开关置于“ON”位置时，ECU 的 THA 端子与 E2 端子，进气温度传感器连接器 THA 与 E2 端子间的电压值在 20℃时应为 0.5~3.4V。

五、加速踏板传感器

加速踏板位置传感器由可变电阻器(电位计)和安全开关组成，安全开关属于双触点式开关。两个元件都由电位计调节杆控制。如果点火开关在”ON”位置或发动机转动，电子节气门电脑以恒定参考电压触发电位计。通过节气门拉索，调整加速踏板位置以改变电位计位置，即产生一个可变电压信号送回电子节气门控制电脑。在控制电脑的系统控制中，对信号进一步处理。

如果加速踏板未踩下，加速踏板位置传感器的安全开关接通，无论在点火开关“ON”或发动机转动时，安全开关都会有一个输入电压。安全开关在怠速止点前 4”~6”时关闭。图 5-7 为加速踏板传感器外观。图 5-8 为加速踏板传感器内部构造。

图 5-7 加速踏板传感器外观

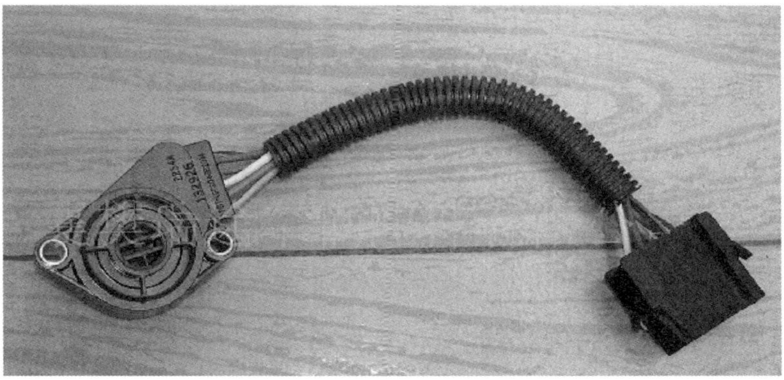

图 5-8 加速踏板传感器内部构造图

六、空气流量传感器

空气流量传感器这是测定吸入发动机的空气流量的传感器将吸入的空气转换成电信号送至电控单元(ECU)，作为电控单元决定喷油的基本信号之一。电子控制汽油喷射发动机为了在各种运转工况下都能获得最佳浓度的混合气，必须正确地测定每一瞬间吸入发动机的空气量，以此作为 ECU 计算(控制)喷油量的主要依据。如果空气流量传感器或线路出现故障，ECU 得不到正确的进气量信号，就不能正确地进行喷油量的控制，将造成混合气过浓或过稀，使发动机运转不正常。电子控制汽油喷射系统的空气流量传感器有多种型式，目前常见的空气流量传感器按其结构型式可分为叶片(翼板)式、量芯式、热线式、热膜式、卡门涡旋式等几种。

量芯式空气流量传感器的检测

量芯式空气流量传感器的检测，可以按表 5-2 内容进行，主要检查电阻、电压。如果检查值与规定值相差太大，则应更换传感器。

表 5-2 量芯式空气流量传感器的检测

测量端子	电阻/kΩ	电压/V
V_C-E_2	0. 20～0. 40	5
V_S-E_2		怠速时 2. 8，停机时 4
$THA-E_2$	20℃时，2～3 60℃时，0. 40～0. 70	20℃时，2. 5

热膜式流量传感器是一种基于传统的热膜片风力计原理的新型传感器。该传感器是借助先进的薄膜片技术，将性能稳定的薄膜片电阻加工到一片薄膜上。由于采用了 MEMS 加工，因此一方面缩短了传感器响应时间，另一方面也能测量出了回流流量。电路图可以参见图 5-9所示，由于采用了前后桥电路，所以我们可以很方便地判断出流体流向，从而进一步测量出回流流量。图 5-10 为空气流量传感器。

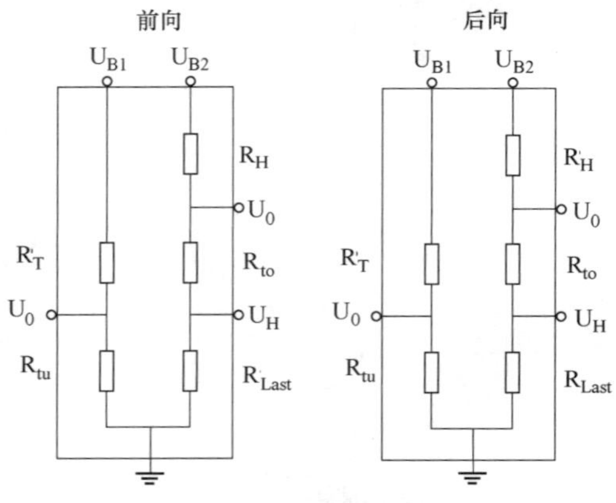

图 5-9 空气流量传感器原理图

图 5-10 空气流量传感器

七、跟电感线圈有关的传感器

电感线圈：电感是利用电磁感应的原理进行工作的。当有电流流过一根导线时，就会在这根导线的周围产生一定的电磁场，而这个电磁场的导线本身又会对处在这个电磁场范围内的导线发生感应作用。对产生电磁场的导线本身发生的作用，叫做“自感”；对处在这个电磁场范围的其他导线产生的作用，叫做“互感”。

电感线圈的电特性和电容器相反，“阻高频，通低频”。也就是说，高频信号通过电感线圈时会遇到很大的阻力，很难通过；而对低频信号通过它时所呈现的阻力则比较小，即低频信号可以较容易的通过它。电感线圈对直流电的电阻几乎为零。

电阻、电容和电感，他们对于电路中电信号的流动都会呈现一定的阻力，这种阻力我们称之为“阻抗”电感线圈对电流信号所呈现的阻抗利用的是线圈的自感。电感线圈有时我们把它简称为“电感”或“线圈”，用字母“L”表示。绕制电感线圈时，所绕的线圈的圈数我们一般把它称为线圈的" 匝数"。

主要性能指标：电感线圈的性能指标主要就是电感量的大小。另外，绕制电感线圈的导线一般来说总具有一定的电阻，通常这个电阻是很小的，可以忽略不记。但当在一些电路中流过的电流很大时，线圈的这个很小的电阻就不能忽略了，因为很大的电流会在这个线圈上消耗功率，引起线圈发热甚至烧坏，所以有些时候还要考虑线圈能承受的电功率。

在电路中常用的电感线圈的分类大致有这么几种：如果按照电感线圈所使用的线圈心的材料来分，则有铁心电感线圈、铜心电感线圈、铁氧体心电感线圈，空心电感线圈等；如果按照电感线圈的绕制方法来分，则有单层式线圈、多层式线圈、密绕式线圈、间绕式线圈、脱胎式线圈、蜂房式线圈、乱绕式线圈等；而如果按照电感线圈在电路中的用途来分，又有振荡线圈，扼流线圈(阻流线圈)，滤波线圈等。

八、曲轴位置传感器

曲轴位置传感器也称曲轴转角传感器，是计算机控制的点火系统中最重要的传感器，其作用是检测上止点信号、曲轴转角信号和发动机转速信号，并将其输入计算机，从而使计算机能按气缸的点火顺序发出最佳点火时刻指令。曲轴位置传感器有三种型式：电磁脉冲式曲轴位置传感器、霍尔效应式曲轴位置传感器(桑塔纳 2000 型轿车和北京切诺基)、光电效应式曲轴位置传感器。曲轴位置传感器型式不同，其控制方式和控制精度也不同。曲轴位置传感器一般安装于曲轴皮带轮或链轮侧面，有的安装于凸轮轴后端飞轮处。

1. 光电式曲轴位置传感器

光电式曲轴位置传感器由发光二极管和光敏三极管及遮光盘组成。它通常也是安装在分电器内，在分电器底板上固定着由两对发光二极管和光敏三极管组成的信号发生器，分电器轴上装有遮光盘，盘上开有弧形槽。在光盘随分电器轴转动时。弧形槽交替地阻断从发光二极管射向光敏三极管的光线，使光敏三极管导通或截止，由此产生脉冲信号，光盘外圈弧形槽的个数与气缸数目相同，与它对应的一对发光二极管和光敏三极管产生各缸活塞到达上止点的基准信号(NE 信号)及转速信号。光盘内圈的弧形槽只有一个，与它对应的发光二极管和光敏三极管产生第一缸活塞到达上止点的基准信号(G 信号)。

2. 霍尔效应式曲轴位置传感器

霍尔效应式转速传感器和曲轴位置传感器都是一种利用霍尔效应的信号发生器。霍尔信号发生器安装在分电器内，与分火头同轴，由封装的霍尔心片和永久磁铁作成整体固定在分电器盘上。触发叶轮上的缺口数和发动机气缸数相同。当触发叶轮上的叶片进入永久磁铁与霍尔元件之间，霍尔触发器的磁场被叶片旁路，这时不产生霍尔电压，传感器无输出信号；

当触发叶轮上的缺口部分进入永久磁铁和霍尔元件之间时，磁力线进入霍尔元件，霍尔电压升高，传感器输出电压信号。

3. 电磁式曲轴位置传感器

电磁式曲轴位置传感器可分为上下两部分；上部分为凸轮轴位置传感器，由一个带凸齿的G转子和两个感应线圈G1和G2组成，用以产生第一缸上止点基准信号（G信号）；下部分为曲轴位置传感器，由一个带24个凸齿的Ne转子和Ne感应线圈组成，用以产生曲轴转角信号。G转子是用以产生第一缸上止点基准信号的转子，ECU据G1和G2确定第一缸上止点位置。Ne信号是曲轴每转两圈在Ne感应线圈中产生与Ne转子凸齿数量相等的脉冲信号。ECU根据单位时间内受到的Ne信号确定发动机转速。图5-11为曲轴位置传感器。

九、凸轮轴位置传感器

凸轮轴位置传感器（Camshaft Position Sensor，CPS）又称为气缸识别传感器（Cylinder Identification Sensor，CIS），为了区别于曲轴位置传感器（CPS），凸轮轴位置传感器一般都用CIS表示。凸轮轴位置传感器的功用是采集配气凸轮轴的位置信号，并输入ECU，以便ECU识别气缸1压缩上止点，从而进行顺序喷油控制、点火时刻控制和爆燃控制。此外，凸轮轴位置信号还用于发动机起动时识别出第一次点火时刻。因为凸轮轴位置传感器能够识别哪一个气缸活塞即将到达上止点，所以称为气缸识别传感器。图5-12为霍尔式凸轮轴位置传感器的安装位置。图5-13为凸轮轴位置传感器。

图5-11 曲轴位置传感器

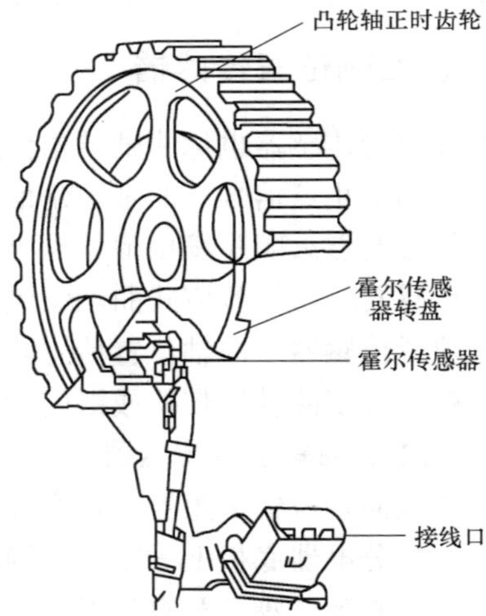

图5-12 霍尔式凸轮轴位置传感器的安装位置

十、喷油器

喷油器是把燃油喷向气门附近，在进气行程时混合气被吸入气缸内燃烧做功的一个重要零部件。喷油器其实就是个电磁阀。当电磁线圈通电时，产生吸力，针阀被吸起，打开喷孔，燃油经针阀头部的轴针与喷孔之间的环形间隙高速喷出，形成雾状，利于充分燃烧。燃油里含有焦油等各种杂质，喷油器使用日久后慢慢积累杂质，使喷油器喷出的燃油雾化性不好，燃烧不充分，继而使发动机的功率下降，油耗上升。

喷油器的大小决定了单位时间的喷油量，在改装发动机单控系统时改用口径较大的喷油器是提高喷油量的最直接方法，要换到多大则需视发动机的改装程度而定。改喷油器最大的困难是可相容喷油器的取得，通常同车系或同系列发动机的喷油器才可相容，最常见的就是喜美车可换用雅阁车的喷油器，可增加约25%的喷油量。

改调喷油器所获得喷油量的增加是全面性的，也就是从低转速到高转速喷油量都会增加，这可能会造成中、低转速时的供油过浓，导致耗油量增加和运转不顺。通常“动过大手术”的发动机才会需要大幅的增加供油量，一般车主所需要的通常是高转速和重负荷时适度的增加喷油量，这就有赖软件的改进才能达成。但有个情况就是发动机大幅改装后，也许高转速时所需的喷油时间比发动机运转一个行程的进气时间还长，造成喷油器持续的喷油都无法提供足够的油量，这时加大喷油器已是必然的选择。图5-14为喷油器。

图5-13 凸轮轴位置传感器

图5-14 喷油器

十一、点火线圈

点火线圈的作用是把电源供给的低压电转变为20kV左右的高压电。按磁路结构的不同，点火线圈有开磁路和闭磁路之分。开磁路点火线圈能量转换率较低，只有60%左右，闭磁路式点火线圈的能量转换率可高达75%，因而被广泛用于电子点火系统中。

1. 低压线圈的检修

一般用6V的蓄电池作电源，串联30A的电流表，测试低压线圈是否发生断路、短路。当向线圈低压电路通电时，电流应是8~10A，若电流过大，说明匝间短路；若无电流，说明断路。

断路或短路，一般发生在引出线外或引出线线段间。修理时，应更换引出线并重新焊牢，但不许烫断。焊前用细砂纸把漆包线待焊表面的绝缘漆轻轻擦去，然后用约25W的小功率烙铁烫上焊锡，烙铁只需稍加热，待两焊件连合后立即抬起烙铁。焊后为不使引出线因受拨动而弄断漆包线，要用细绳扎牢引出线，然后缠好黄蜡布并烘干，用绝缘漆或环氧树脂胶粘剂涂封。

2. 高压线圈的检修

常用万用表检查高压线圈，将万用表拨到R×10档，两表笔分别接点火线圈的高、低压端，电阻值应是5000Ω左右。若电阻值很小，说明匝间短路；若电阻无限大，说明线圈断路。高压线圈刚发生断路时，高压电还能在断路处通过，但经长时间工作后，断路处受到多次电蚀，便会逐渐扩展而引起故障。因此，查出高压线圈发生断路时，尚需用另一台完好的点火线圈作高压放电检查，使带电的高压线与受检查的高压线圈的输出端吊火。若无火花，说明高压线圈严重断路，不能继续使用；如果低压线圈的电流、电阻均正常，而高压电输出微弱，则往往是线圈受潮而使内部漏电，应烘干后再检查。

高压线圈断路，应剥开外包绝缘体，拆下引出线，直拆到断头处为止。如断头靠近外表，且拆下引出线层不多的，可重新接好引出线再用。如断头接近内部的，则应更换。图 5-15为点火线圈的结构。图 5-16 为点火线圈。

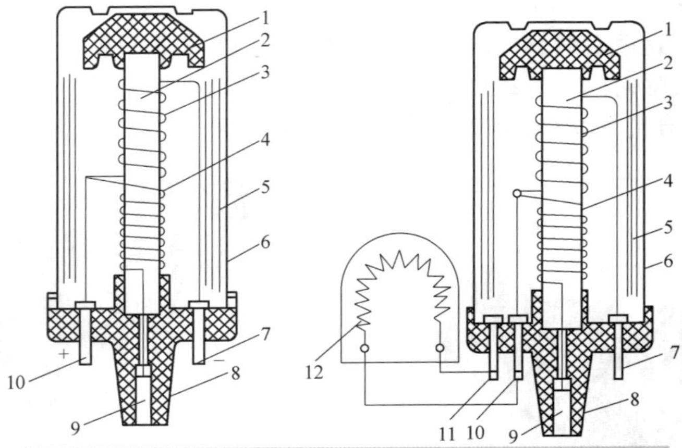

图 5-15　点火线圈的结构

1—绝缘座　2—铁心　3—一次绕组　4—二次绕组　5—导磁钢套　6—外壳　7—分电器接线柱　8—胶木盖　9—高压线插孔　10—开关接线柱　11—电源-开关接线柱　12—附加电阻

图 5-16　点火线圈

十二、步进电动机(怠速电动机)

步进电动机是将电脉冲信号转变为角位移或线位移的开环控制元件。

在非超载的情况下，电动机的转速、停止的位置只取决于脉冲信号的频率和脉冲数，而不受负载变化的影响，即给电动机加一个脉冲信号，电动机则转过一个步距角。这一线性关系的存在，加上步进电动机只有周期性的误差而无累积误差等特点。使得在速度、位置等控制领域用步进电动机来控制变的非常简单。虽然步进电动机已被广泛地应用，但步进电动机并不能像普通的直流电动机，交流电动机在常规下使用。它必须由双环形脉冲信号、功率驱动电路等组成控制系统方可使用。因此用好步进电动机绝非易事，它涉及机、电、电子及计算机等许多专业知识。图 5-17 为步进电动机原理图。图 5-18 为步进电动机外形。

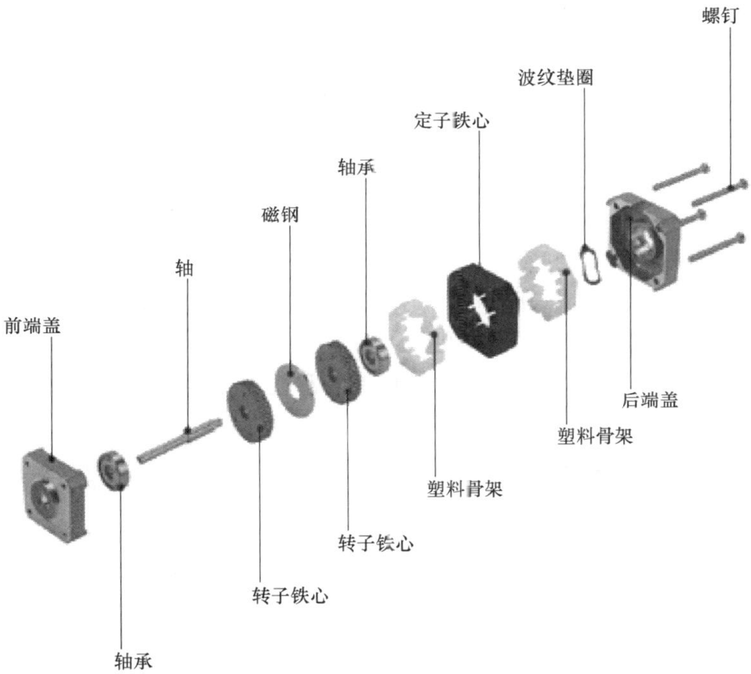

图 5-17 步进电动机原理图

十三、继电器

继电器是一种电子控制器件，它具有控制系统(又称输入回路)和被控制系统(又称输出回路)，通常应用于自动控制电路中，它实际上是用较小的电流去控制较大电流的一种“自动开关”。故在电路中起着自动调节、安全保护、转换电路等作用。

1. 电磁继电器的工作原理和特性

电磁式继电器一般由铁心、线圈、衔铁、触点簧片等组成的。只要在线圈两端加上一定的电压，线圈中就会流过一定的电流，从而产生电磁效应，衔铁就会在电磁力吸引的作用下克服返回弹簧的拉力吸向铁心，从而带动衔铁的动触点与静触点(常开触点)吸合。当线圈断电后，电磁的吸力也随之消失，衔铁就会在弹簧的反作用力作用下返回原来的位置，使动

图 5-18 步进电动机外形

触点与原来的静触点(常闭触点)吸合。这样吸合、释放，从而达到了在电路中的导通、切断的目的。对于继电器的“常开、常闭”触点，可以这样来区分：继电器线圈未通电时处于断开状态的静触点，称为“常开触点”；处于接通状态的静触点称为“常闭触点”。

2. 热敏干簧继电器的工作原理和特性

热敏干簧继电器是一种利用热敏磁性材料检测和控制温度的新型热敏开关。它由感温磁环、恒磁环、干簧管、导热安装片、塑料衬底及其他一些附件组成。热敏干簧继电器不用线圈励磁，而由恒磁环产生的磁力驱动开关动作。恒磁环能否向干簧管提供磁力是由感温磁环的温控特性决定的。

3. 固态继电器(SSR)的工作原理和特性

固态继电器是一种两个接线端为输入端，另两个接线端为输出端的四端器件，中间采用隔离器件实现输入输出的电隔离。

固态继电器按负载电源类型可分为交流型和直流型。按开关型式可分为常开型和常闭型。按隔离型式可分为混合型、变压器隔离型和光电隔离型，以光电隔离型为最多。图 5-19 为继电器。

图 5-19 继电器

十四、油泵电动机

电动燃油泵由泵体、永磁电动机和外壳三部分所组成。电动燃油泵的电动机部分包括固定在外壳上的永久磁铁和产生电磁力矩的电枢以及安装在外壳上的电刷装置。电刷与电枢上的换向器相接触，其引线接到外壳的接柱上，将控制电动燃油泵的电压引到电枢绕组上。电动燃油泵的外壳两端卷边铆紧，使各部件组装成一个不可拆卸总成。

工作原理：永磁电动机通电即带动泵体旋转，将燃油从进油口吸入，流经电动燃油泵内部，再从出油口压出，给燃油系统供油。燃油流经电动燃油泵内部，对永磁电动机的电枢起到冷却作用，又称湿式燃油泵。图 5-20 为油泵电动机。

图 5-20　油泵电动机

十五、氧传感器

1. 氧传感器的作用

在使用三元催化转换器以减少排气污染的发动机上，氧传感器是必不可少的元件。由于混合气的空燃比一旦偏离理论空燃比，三元催化剂对 CO、HC 和 NOx 的净化能力将急剧下降，故在排气管中安装氧传感器，用以检测排气中氧的浓度，并向 ECU 发出反馈信号，再由 ECU 控制喷油器喷油量的增减，从而将混合气的空燃比控制在理论值附近。

2. 氧传感器的组成

主氧传感器包括一根加热氧化锆元件的热棒，加热棒受（ECU）电脑控制，当空气进量小（排气温度低）电流流向加热棒加热传感器，使其能精确检测氧气浓度。

3. 氧传感器的工作原理

氧传感器是利用陶瓷敏感元件测量排气管中的氧电势，由化学平衡原理计算出对应的氧浓度，达到监测烧空燃比，保证尾气排放达标的测量元件，应用广泛。它是目前最佳的燃烧气氛测量方式，具有结构简单、响应迅速、维护容易、使用方便、测量准确等优点。

氧传感器的工作原理与干电池相似，传感器中的氧化锆元素起类似电解液的作用。其基本工作原理是，在一定条件下（高温和铂催化），利用氧化锆内外两侧的氧浓度差，产生电位差，且浓度差越大，电位差越大。大气中氧的含量为 21%，浓混合气燃烧后的废气实际上不含氧，稀混合气燃烧后生成的废气或因缺火产生的废气中含有较多的氧，但仍比大气中的氧少得多。在高温及铂的催化下，带负电的氧离子吸附在氧化锆套管的内外表面上。由于大气中的氧气比废气中的氧气多，套管上与大气相通一侧比废气一侧吸附更多的负离子，两侧离子的浓度差产生电动势。当套管废气一侧的氧浓度低时，在电极之间产生一个高电压（0.6~1V），这个电压信号被送到ECU放大处理，ECU把高电压信号看作浓混合气，而把低电压信号看作稀混合气。根据氧传感器的电压信号，电脑按照尽可能接近14.7∶1的理论最佳空燃比来稀释或加浓混合气。因此氧传感器是电子控制燃油计量的关键传感器。氧传感器只有在高温时(端部达到300°C以上)其特性才能充分体现，才能输出电压。它在约800°C时，对混合气的变化反应最快，而在低温时这种特性会发生很大变化。

十六、爆燃传感器

爆燃传感器是发动机电子控制系统中必不可少的重要部件，它的功用是检测发动机有无爆燃现象，并将信号送入发动机ECU。常见的爆燃传感器有两种：一种是磁致伸缩式爆燃传感器；另一种是压电式爆燃传感器。磁致伸缩式爆燃传感器的内部有永久磁铁、靠永久磁铁激磁的强磁性铁心以及铁心周围的线圈。其工作原理是，当发动机的气缸体出现振动时，该传感器在7kHz左右处与发动机产生共振，强磁性材料铁心的导磁率发生变化，致使永久磁铁穿过铁心的磁通密度也变化，从而在铁心周围的绕组中产生感应电动势，并将这一电信号输入ECU。

压电式爆燃传感器利用结晶或陶瓷多晶体的压电效应而工作，也有利用掺杂硅的压电电阻效应的。该传感器的外壳内装有压电元件、配重块及导线等。其工作原理是，当发动机的气缸体出现振动且振动传递到传感器外壳上时，外壳与配重块之间产生相对运动，夹在这两者之间的压电元件所受的压力发生变化，从而产生电压。ECU检测出该电压，并根据其值的大小与内部储存的数据对比，判断是否产生爆燃和爆燃的强弱。爆燃传感器如图5-21所示。

图5-21 爆燃传感器

1. 功能

爆燃控制系统用于正常操作状态下校正点火正时，以便受到过热、负载、燃油质量或发动机沉积物影响时免除爆燃或炸裂的危险。爆燃传感器用来检测发动机有无爆燃发生，检测方法有三种：一是检测气缸压力；二是检测发动机振动；三是检测燃烧噪声。目前常用检测发动机振动的方法来判断有无爆燃。爆燃传感器有磁致伸缩式和压电式两种。

2. 构造

爆燃传感器由一个壳体和一个压电晶体组成，压电晶体装在一个螺纹套上，螺纹套位于两块连接垫片之间，传感器的一端装有阻尼压铁和弹簧垫圈，用一个紧帽来固紧。

3. 工作原理

位于发动机体上的两个爆燃传感器(A16)对爆燃产生的振动非常敏感，振动会造成压电晶体表面的微弱扭曲，结果就形成一种微小的电压，控制电脑感测到这种电压后，就校正每个气缸的点火正时，每个循环曲轴角(最多为2°)延迟3°。当冷却液温度为91℃(194°F)时，爆燃控制系统可将曲轴角的点火正时延迟12°。

注意事项：爆燃传感器产生的电压很小，容易受到其他装置的干扰。如出现点火系统高压线、点火线圈工作不良的情况时，PCM会误判发动机出现爆燃传感器工作不良，并点亮发动机故障指示灯。

第二节 修复汽车电脑板及电路的基本工具

一、万用表

1. 概述

DT830型数字万用表是三位半液晶显示小型数字万用表。它可以测量交、直流电压和交、直流电流，电阻、电容、晶体管、β值、二极管导通电压和电路短接等，由一个旋转波段开关改变测量的功能和量程，共有30档。

该万用表最大显示值为±1999，可自动显示“0”和极性，过载时显示“1”或“-1”，电池电压过低时，显示“←”标志，短路检查用蜂鸣器。

2. 技术特性

(1) 测量范围

① 交、直流电压(交流频率为45~500Hz)：量程分别为200mV、2V、20V和1000V五档，直流精度为±(读数的0.8%)以下，交流精度为±(读数的1%)；输入阻抗，直流档为10MΩ，交流档为10MΩ、100PF。

② 交、直流电流：量程分别为200μA、2mA、200mA和10A四档，直流精度为±(读数的1.2%)，交流精度为±(读数的2.0%)，最大电压负荷为250mV(交流有效值)。

③ 电阻：量程分别为200Ω、2kΩ、200kΩ、20MΩ和20MΩ五档。精度为±(读数的2.0%)。

④ 二极管导通电压：量程为0~1.5V，测试电流为(1±0.5)mA。

⑤ 晶体管β值检测：测试条件为VCE=2.8V，I_B=10μA。

⑥ 短路检测：测试电路电阻<(20±10)Ω

(2) 采样时间：T_S=0.4s。

3. 面板及操作说明

（1）显示器

三位半数字液晶显示屏。

（2）电源开关

按下，则接通电源，不用时应随手关断。

（3）电容测量插座

当测量电容时，将电容端子插入插座中。

（4）功能量程开关

选择不同的测量功能和量程。

（5）10A电流插孔（不能测量大于10A电流）

当测量大于200mA、小于10A的交、直流电流时，红表笔应插入此10A电流插孔。

（6）电流插孔

当测量小于200mA的交、直流电流时，红表笔应插入此电流插孔。

（7）V/Ω插孔

当测量交、直流电压、电阻、二极管导通电压和短路检测时，红表笔应插入此V/Ω插孔。

（8）接地公共端“COM”插孔

黑表笔始终插入此接地插孔中。

（9）β值测试插座

将被测晶体管的集电极、基极和发射极分别插入“C”、“B”、“E”插孔内，注意区分晶体管是NPN型还是PNP型。

4. 使用方法

（1）准备

按下电源开关，观察液晶显示是否正常，有否电池缺电标志出现，若有则要先更换电池。

（2）使用

① 交、直流电流的测量：根据测量电流的大小选择适当的电流测量量程和红表笔的插入孔，测量直流时，红表笔接触电压的高一端，黑表笔接触电压低的一端，正向电流从红表笔流入万用表，再从黑表笔流出，当要测量的电流大小不清楚的时候，先用最大的量程来测量，然后再逐渐减小量程来精确测量。

② 交、直流电压的测量：红表笔插入“V/Ω”插孔中，根据电压的大小选择适当的电压测量量程，黑表笔接触电路“地”端，红表笔接触电路中待测点。特别要注意，数字万用表测量交流电压的频率很低（45~500Hz），中高频率信号的电压幅度应采用交流毫伏表来测量。

③ 电阻的测量：红表笔插入“V/Ω”插孔中，根据电阻的大小选择适当的电阻测量量程，红、黑两表笔分别接触电阻两端，观察读数即可。特别是测量在路电阻时（在电路板上的电阻），应先把电路的电源关断，以免引起读数抖动。禁止用电阻档测量电流或电压（特别是交流220V电压），否则容易损坏万用表。另外，利用电阻档还可以定性判断电容的好坏。先将电容两极短路（用一支表笔同时接触两极，使电容放电），然后将万用表的两支表笔分别接触电容的两个极，观察显示的电阻读数。若一开始时显示的电阻读数很小（相当于短

路），然后电容开始充电，显示的电阻读数逐渐增大，最后显示的电阻读数变为“1”（相当于开路），则说明该电容是好的。若按上述步骤操作，显示的电阻读数始终不变，则说明该电容已损坏（开路或短路）。特别注意的是，测量时要根据电容的大小选择合适的电阻量程，例如 47μF 的电容用 200k 档，而 4.7μF 的则要用 2M 档等。

④ 二极管导通电压检测：在这一档位，红表笔接万用表内部正电源，黑表笔接万用表内部负电源。通常好的硅二极管正向导通电压应为 500～800mV，好的锗二极管正向导通电压应为 200～300mV。假若显示“000”，则说明二极管击穿短路；假若显示“1”，则说明二极管正向不通或反向截止。此档也可以用来判断晶体管的好坏以及端子的识别。测量时，先将一支表笔接在某一认定的端子上，另外一支表笔则先后接到其余两个端子上，如果这样测得两次均导通或均不导通，然后对换两支表笔再测，两次均不导通或均导通，则可以确定该晶体管是好的，而且可以确定该认定的端子就是晶体管的基极。若是用红表笔接在基极，黑表笔分别接在另外两极均导通，则说明该晶体管是 NPN 型；反之，则为 PNP 型。最后比较两个 PN 结正向导通电压的大小，读数较大的是 be 结，读数较小的是 bc 结，由此集电极和发射极都识别出来了。

⑤ 晶体管值 β 测试：首先要确定待测晶体管是 NPN 型还是 PNP 型，然后将其端子正确地插入对应类型的测试插座中，功能量程开关转到 β 档，即可以直接从显示屏上读取 β 值，若显示“000”，则说明晶体管已坏。

⑥ 短路检测：将功能、量程开关转到“•)))”位置，两表笔分别测试点，若有短路，则蜂鸣器会响。

5. 注意事项

1）注意正确选择量程及红表笔插孔。对未知量进行测量时，应首先把量程调到最大，然后从大向小调，直到合适为止。若显示“1”，表示过载，应加大量程。

2）不测量时，应随手关断电源。

3）改变量程时，表笔应与被测点断开。

4）测量电流时，切忌过载。

5）不允许用电阻档和电流档测电压。

图 5-22 为数字万用表。

图 5-22　数字万用表

二、解码器

解码器主要功能如下。

1. 读取与清除故障码

有的解码器对故障码有比较详细的说明，比如是历史性故障码还是当前的故障码，故障码出现的次数。如果是历史性故障码就表示故障较早之前出现过。现在不出现了，但在控制单元 ECU 里面有一定的存储记忆。而当前故障码则表示是最近出现的故障，并且通过出现的次数来确定此故障码是否经常出现，当前故障码绝大部分和目前出现的系统故障有很大关系。

另外要注意的是对故障码的定义说明要留意清楚。是传感器或执行器自身故障(信号不正常等)，还是线路故障。线路故障要分清楚是短路还是断路。是短路或断路到电源，还是短路或断路到接地等。只有清楚明白故障码的定义说明，才能更好的利用故障码排除故障，维修起来也可以少走弯路，达到快捷的目的。

当我们根据故障码找到并排除故障后，要利用解码器来清除故障码，也就是从控制单元ECU内部记忆体中清除其故障码记忆，并在发动机运转一段时间后(有条件的话可以进行路试)，再通过解码器来测试是否还存在故障码。

2. 氧传感器和执行器的数据流分析

相当部分的解码器都具有一定的数据流提供。所谓数据流简单来说就是将电控系统的一些主要传感器和执行器的目前工作参数值(如目前转速、电池电压、空气流量、喷油时间、节气门开度、点火提前角、冷却液温度等)提供给维修者进行参考，维修实践当中是可以通过阅读数据流来分析发现故障的所在，特别是当电控系统无故障码进行参考，此时数据分析更显得重要了。其实每个传感器和执行器在一定条件下的工作参数值是有一定标准范围的，我们可以通过实际值与标准值的比较来判断某一传感器和执行器是否存在异常。例如，一台日产风度VQ20DE发动机出现怠速不平稳的故障，我们可以通过阅读解码器在发动机怠速时的数据流里的相关参数值来判断故障原因在，比如空气流量传感器电压是否在1.0~1.7V；冷却液温度是否达到70℃以上；节气门传感器电压是否在0.35~0.65V，其怠速接点是否处于ON的位置；喷油嘴喷油时间是否控制在2.4~3.2ms；点火提前角是否在15°左右；怠速电动机是否运作在2~10步幅等。当我们在以上数据流中如果发现任一参数值不合标准，那可能就会是故障所在的原因了。如果解码器还具有打印功能，还可以将以上各项数据值打印出来。

在这里值得提一提的是每种车系电控系统的各项传感器和执行器的标准参数值是不尽相同的，我们要查找相关正确的资料来进行分析比较，如没有资料我们可以用解码器在另外一台系统正常的同款车上读取数据流各项参数值，从而进行参考。另外对于一些间断性故障，参照以上数据流分析方法也是可行的。

3. 执行器动作测试功能

我们可以利用解码器对一些执行器，像喷油嘴、怠速电动机、继电器、电磁阀、冷却风扇等进行人工控制，用以检测该执行器是否处于良好的工作状况。当我们在发动机怠速运转的时候对怠速电动机进行动作测试，可以控制其开度的大小。随着怠速电动机处于不同的开度，发动机怠速转速应该产生相应的高低变化，通过以上的动作测试，我们就可以证实怠速电动机本身及其控制线路处于正常状况。同样，我们还可以在发动机运转时对燃油泵继电器进行控制，当断开燃油泵继电器时，发动机应会很快的熄火。

当然不同的解码器所能支持的动作测试功能是不一定相同的，有的支持较多的动作测试功能，有的就可能比较少，但不管是属于哪一种解码器，我们都应尽量利用其这种功能对工作情况有所怀疑的执行器进行动作测试，以便判断其是否属于正常工作状态。

4. 示波器功能

因为在解码器的数据流功能中，很多传感器和执行器的数据信号都是以数字的形式表示的，在发动机实际运转过程中，由于信号变化很快，我们很难从这些不断变化的数字中发现问题所在，所以我们可以利用解码器自带的示波器功能对电控发动机系统里的曲轴位置传感器信号、凸轮轴位置传感器信号、氧传感器信号进行监测。某些型号的空气流量计信号、喷油嘴信号、怠速电动机控制信号、点火控制信号等一系列信号，用图示波形的方式直观地提供我们作参考。当我们拿所测信号波形与标准信号波形相比较，如有异常之处则表示该信号的控制线路或电子元件本身出现了问题，需要进一步详细检查。但如果利用示波器来检查电子信号也对维修技术人员提出了较高的汽车维修理论知识要求，需要维修技术人员能较熟悉被测传感器或执行器的工作、控制原理，并对示波器具有一定的操作技巧，能正确地观察波形(波峰、波幅等)，否则很难利用好此项功能。

图 5-23 为解码器。

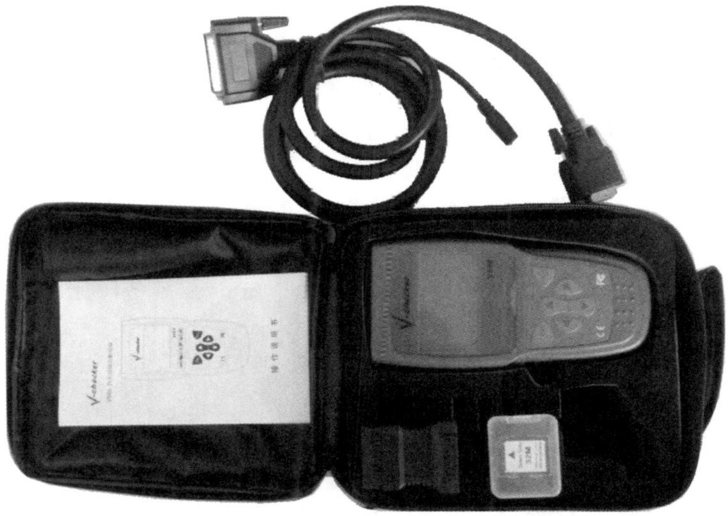

图 5-23 解码器

三、TOP 编程器

TOP2049 型编程器具有体积小巧，功耗低，可靠性高的特点，是专为开发单片机和写入各类存储器而设计的通用机型。TOP2049 采用 USB 通用串口与 PC 机连接通信，传输速率高，抗干扰性能好，可靠性能极高，而且无需外接电源，特别适合电池供电的笔记本电脑外出使用。

特点：

可支持 2.5~6.5V 的器件；

既可以使用 USB 接口电源，又可以外接 5V 电源；

通过 USB 通用串口与 PC 机连接，传送速率 12MHz/s；

即适合电池供电的笔记本电脑使用，也适合台式机使用；

完善的过电流保护，有效地保护编程器和器件不受损害；

USB 负载能力检测(0~10 级)；

全端子检查，可以检查出任意一个端子的接触状态；

48 针进口万能锁紧插座，可以选配各种通用适配器；

在 WINDOWS98SE/ME/2000/XP 下运行

塑料机壳，体积小，质量轻，功耗低；

可自动探测厂家和型号；

单片机定时，编程速度与计算机无关；

软件支持为 TopWin ver3.0 以上。

性能和规格：

1）软件：TopWin(for windows98se/2000/me/xp)

2）实测速度(PIII/800M,Windos98se,USB1.1)：

28F320　写+校对 104s。

29LF320　写+校对 112s。

P89c58　写+校对 5s。

3）体积：　155×110×26

4）质量：　275g

5）功率：<2.5W　(5V/500mA)

6）锁紧座：48 Pin 进口优质插座(可更换)

图 5-24 为 TOP2049 编程器。

图 5-24　TOP2049 编程器

四、汽车电脑板故障修复仪

故障修复仪是由商丘汽车电脑工作室研究开发的一种高科技的模拟实验电路，由实验电路、解码电路、编程电路三大部分组成。

1. 实验电路

能够模拟氧传感器的信号、进气压力传感器信号、温度传感器信号、冷却液温度传感器信号、霍尔传感器信号、曲轴位置传感器信号、凸轮轴位置传感器信号、点火线圈信号、喷油嘴信号等电脑板所需要的各种信号，对各种发动机电脑板进行测试分析，找出问题所在，配有万能插座和各种电脑进行连接测试。

2. 编程电路

能对一汽大众和上海大众所有的车辆和部分国产微型面包车及轿车进行解码和匹配，清除故障码、读取数据流。

1）修复仪内置解码器的使用说明。

2）将解码器 9 孔插头插入电脑 COM 接口。

3）将光盘放入光驱，安装 5051B 程序，安装完毕，桌面出现 VAS50151B 图标。

4）将红线和黑线接线柱接到车辆上，黑线搭铁，红线是信号线。

5）打开 VAS50151B，打开系统配置，选择 COM1，点击计算机端口，显示：已找到，就绪，即可使用。

6）选择控制模块，01-发动机，即可对发动机电脑板解码，读数据等操作。

该解码器适用于一汽大众、上海大众全部车辆和长安之星、奥拓、福莱尔、哈飞、松花江、吉利、夏利等所有使用联合电子 M1.5.4 电脑板的车辆。

编程器可以对摩托罗拉 CPU 和各种码片进行读写操作。

3. 编程器的使用

1）将光盘放入光驱，复制 UA32，UA37 文件到硬盘中。

2）注册 UA37 即可使用。

3）用修复仪刷程序的方法。

① 刷新摩托罗拉小板 CPU68HC11E9 的具体操作步骤。

将 UA 编程器接口和 CPU 连接，其连接方法如下：

编程器端子	CPU 端子
第 2 号端子	第 21 端子
第 3 号端子	第 20 端子
第 7 号端子	第 17 端子
第 5 号端子	第 1、2、3 端子

连接好以后，按照以下步骤进行刷新程序：

a. 打开 UA32 程序，找到修复仪内置程序 A06，找出型号为 711E9 的 8MHz 频率。

b. 点击菜单“测量连接”成功后写入程序。

c. 点击菜单“校验”成功后关闭修复仪电源，将连线拆掉。

图 5-25 为编程器刷新 CPU 实物图。

② 刷新摩托罗拉双插头 CPU(MC9S12DG256)的具体操作步骤。

将 UA 编程器接口和 CPU 连接，其连接方法如下：

编程器端子	CPU 端子
第 5 号端子	第 76、77 端子
第 7 号端子	第 75 端子
第 3 号端子	第 78 端子
第 2 号端子	第 29 端子

图 5-26 为编程器刷新 CPU 局部放大图(一)。

连接好以后，按照以下步骤进行刷新程序：

a. 打开 UA32 程序，找到修复仪内置程序“五菱之光双插头 eepromB 型”找出型号为 11K4 的 16MHz 频率。

b. 点击菜单“测试连接”成功后写入程序。

c. 点击菜单“校验”。

d. “校验”成功后关闭修复仪电源，将连线拆掉。

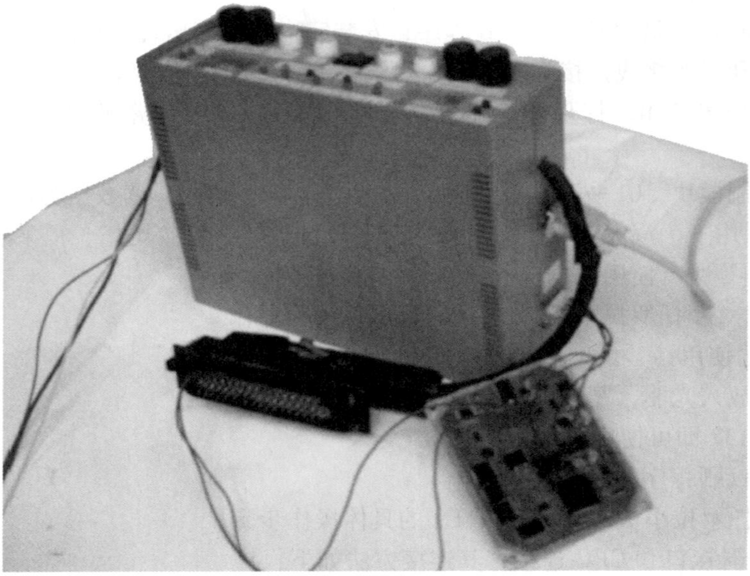

图 5-25 编程器刷新 CPU 实物图

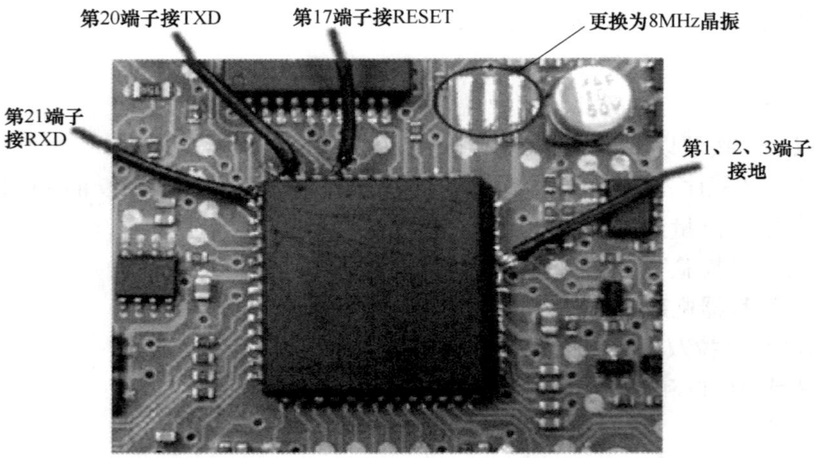

图 5-26 编程器刷新 CPU 局部放大图(一)

图 5-27 为编程器刷新 CPU 局部放大图(二)。

③ 刷新马瑞利单点 CPU(MC68HC11F)的具体操作步骤。

将 UA 编程器接口和 CPU 连接，其连接方法如下：

编程器端子	CPU 端子
第 5 号端子	第 1、2、3 端子
第 7 号端子	第 17 端子
第 3 号端子	第 28 端子
第 2 号端子	第 29 端子

连接好以后，按照以下步骤进行刷新程序：

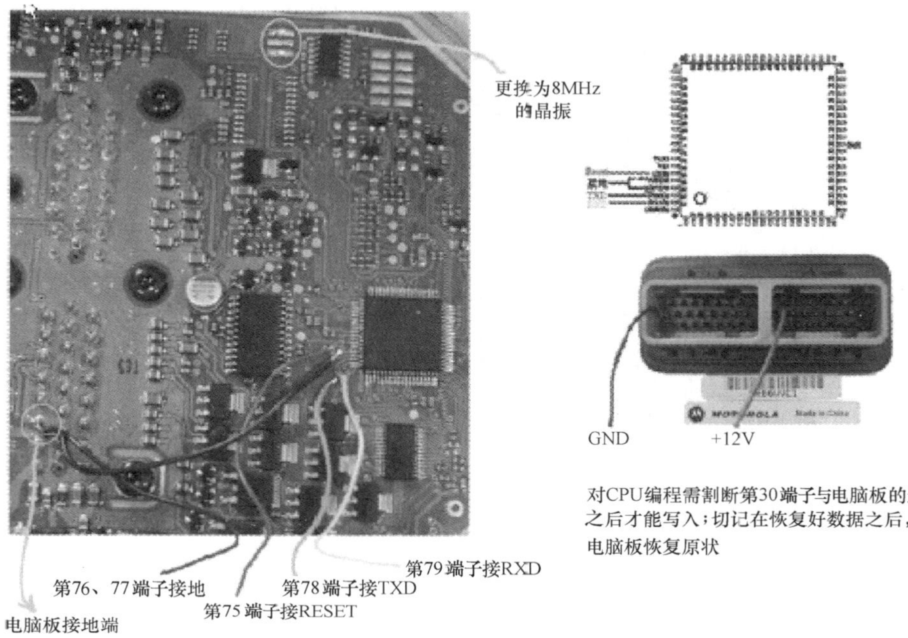

图 5-27 编程器刷新 CPU 局部放大图(二)

a. 打开 UA32 程序，找到修复仪内置程序“118 OK”，找出型号为 11F1 的 16MHz 频率。

b. 点击菜单“测试连接”成功后写入程序。

c. 点击菜单“校验”。

d. “校验”成功后关闭修复仪电源，将连线拆下。

图 5-28 为编程器刷新 CPU 局部放大图(三)。

④ 刷新德尔福红白插头 CPU185(16202476)的具体步骤。

将 UA 编程器接口和 CPU 连接，其连接方法如下：

编程器端子	CPU 端子
第 5 号端子	第 1、2、3 端子
第 7 号端子	第 17 端子
第 3 号端子	第 28 端子
第 2 号端子	第 29 端子

连接好以后，按照以下步骤进行刷新程序：

a. 打开 UA32 程序，找到修复仪内置程序“德尔福 1 代”，找出型号为 11F1 的 16MHz 频率。

b. 点击菜单“测试连接”成功后写入程序。

c. 点击菜单“校验”。

d. “校验”成功后关闭修复仪电源，将连线拆掉。

图 5-29 为编程器刷新 CPU 局部放大图(四)。

⑤ 刷新德尔福 MT20UCUP(MC912DT128PMPV)的具体步骤。

将 UA 编程器接口和 CPU 连接。图 5-30 为编程器刷新 CPU 局部放大图(五)。

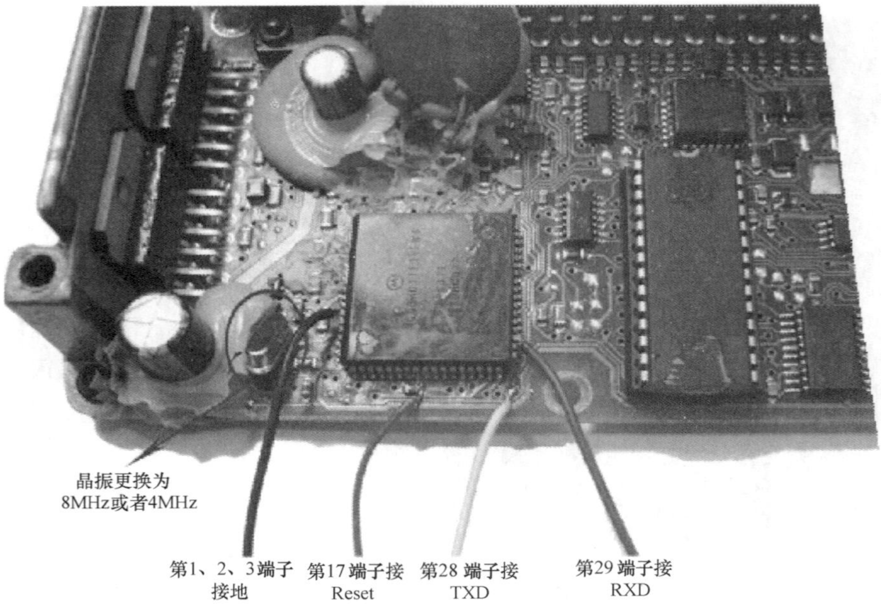

图 5-28 编程器刷新 CPU 局部放大图(三)

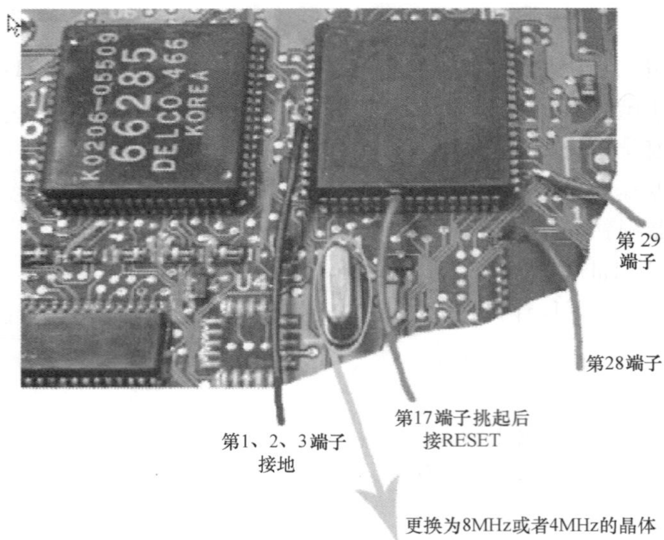

图 5-29 编程器刷新 CPU 局部放大图(四)

连接好以后，按照以下步骤进行刷新程序：

a. 打开 UA32 程序，找到修复仪内置程序“德尔福 2 代”，找出型号为 912DT128PMPV 的 8MHz 频率。

b. 点击菜单“测量连接”成功后写入程序。

c. 点击菜单“校检”。

d. “校检”成功后关闭修复仪电源，将连线拆掉。

⑥ 刷新德尔福 MT20 CPU(MC912DT128PVPV)的具体步骤。

图 5-30　编程器刷新 CPU 局部放大图(五)

图 5-31　编程器刷新 CPU 局部放大图(六)

将 UA 编程器接口和 CPU 连接。图 5-31 为编程器刷新 CPU 局部放大图(六)。连接好以后，按照以下所示步骤进行刷新程序：

a. 打开 UA32 程序，找到修复仪内置程序“德尔福 3 代”，找出型号为 912DT128PVPV 的 8MHz 频率。

b. 点击菜单“测量连接”成功后写入程序。

c. 点击菜单“校验”。

d. “校验”成功后关闭修复仪电源，将连线拆掉。

4. 故障修复仪的使用（以 M1. 5. 4 电脑板为例说明）

将 M1. 5. 4 电脑板插入修复插头，打开电源开关送入传感器信号。

1）在故障灯亮、油泵灯亮、喷油器灯亮，但点火线圈不亮的情况下更换点火集成块（30023）。

2）在故障灯亮、油泵灯亮，但喷油器灯不亮的情况下更换喷油集成块（30373）。

3）在故障灯亮但油泵灯不亮的情况下，更换点火驱动（4226）模块。

4）在故障灯不亮的情况下，用信号笔测量电源模块（30358）三个点，如果有一个红灯不亮，更换电源模块（30358）。

5）在故障灯不亮的情况下，而电源模块正常的情况下，用信号笔测存储器（27C512）脉冲是否正常（要求 8 位数据线、17 个地址线都有信号），如不正常，更换 CPU（B58468）。

图 5-32 为汽车电脑板故障修复仪。

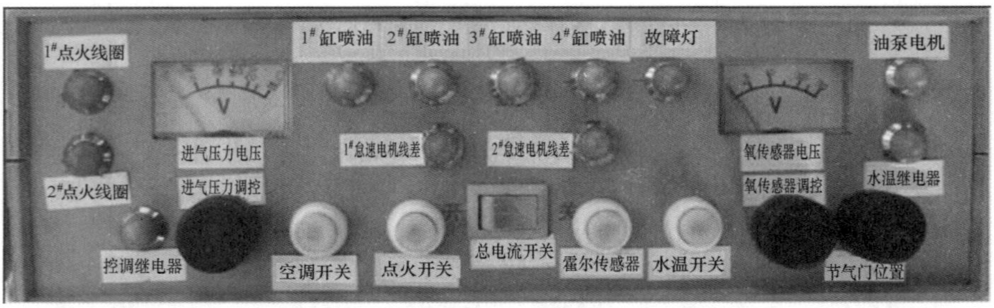

图 5-32 汽车电脑板故障修复仪

五、信号笔

信号笔可以帮助电脑用户深入地了解电路。例如，一个烧坏的电脑板要修复，利用信号笔就可以知道哪个芯片是坏的并予以更换。

信号笔又称为逻辑探针，是目前在数字电路测试中使用最为广泛的一种工具。它虽然不能处理像逻辑分析仪所能做的复杂工作，但对检测数字电路中各点电平十分有效，因而使用信号笔可以很快地将 90%以上的故障芯片找出来。

由于信号笔能够及时地将被测点的逻辑状态显示出来，同时可以存储脉冲信号，所以成为电脑检修过程中一种不可缺少的检修工具。图 5-33 为信号笔。

信号笔一般有两个用于指示逻辑状态的发光二极管，性能较好的还有第 3 个，用于提供以下 4 种逻辑状态指示。

1）绿色发光二极管亮时，表示逻辑低电位。

2）红色发光二极管亮时，表示逻辑高电位。

3）黄色发光二极管亮时，表示浮空或三态门的高阻抗状态。

4）如果红、绿、黄三色发光二极管同时闪烁，则表示有脉冲信号存在。

信号笔的电源取自于被测电路。测试时，将信号笔的电源夹子夹到被测电路的任一电源点，另一个夹子夹到被测电路的公共接地端。逻辑笔与被测电路的连接除了可以为信号笔提供接地外，还能改善电路灵敏度及提高被测电路的抗干扰能力。

虽然信号笔是可以用来寻找示波器不易发现的瞬间且频率较低的脉冲信号的理想工具，但其主要还是用于测试输出信号相对固定的高电位或低电位的逻辑门电路。

使用信号笔检修电路时，应从可能显示故障的电路中心部分开始检查逻辑电平的正确性。一般根据逻辑门电路的输入值，测试其输出电平的合理性。采用这种方法通常不需要太多的时间就可将总停在某一固定逻辑状态的故障芯片找出。

图 5-33 信号笔

提示：信号笔每次只能监测一条导线上的信号。

六、电烙铁

电烙铁是电子制作和电脑维修必不可少的主要工具，主要用途是焊接元件及导线，按结构可分为内热式电烙铁和外热式电烙铁，按功能可分为焊接用电烙铁和吸锡用电烙铁，根据用途不同又分为大功率电烙铁和小功率电烙铁。内热式的电烙铁体积较小，而且价格便宜。一般电子制作都用 20 ~30W 的内热式电烙铁。当然有一把 50W 的外热式电烙铁能够有备无患。内热式的电烙铁发热效率较高，而且更换烙铁头也较方便。

电烙铁的正确使用方法：电烙铁在使用前，要用万用表“R×1k”档检查一下插头之间的电阻值，阻值应在 2~3kΩ。再用万用表“R×1k”档检查一下插头与金属外壳之间电阻值，万用表指针应该不动，否则应该彻底检查该电烙铁。

在使用新的电烙铁前，可用锉刀锉一下烙铁头，接通电源后等待片刻，烙铁头的颜色便会变化，这表明烙铁发热了。然后，在烙铁头上镀上一层锡，使烙铁头不易被氧化。在使用中，应使烙铁头保持清洁，并保证烙铁头上始终有焊锡。

使用电烙铁时，其温度太低会熔化不了焊锡，或者使焊点未完全熔化而焊不牢；太高又会使电烙铁“烧死”。另外，要控制好焊接的时间，电烙铁停留的时间太短，焊锡不易完全熔化、接触，易形成“虚焊”；而焊接时间太长又容易损坏元器件或使印制电路板的铜箔翘起。一般 1~2s 内要焊好一个焊点，若没完成，应等一会儿再焊一次。焊接时电烙铁不能移动，要先选好接触焊点的位置，再用烙铁头的搪锡面去接触焊点。在选用 220V 交流电源的电烙铁时，要特别注意安全。

除此以外，还要注意认真做到以下七点：

1）电烙铁插头最好使用三线插头，要使外壳妥善接地。

2）使用前应认真检查电源插头和电源线有无损坏、烙铁头是否松动。

3）严禁在使用过程中任意敲击电烙铁；烙铁头上焊锡过多时，可用布擦掉。

4）焊接过程中，电烙铁不能到处乱放，不用时应将电烙铁放在烙铁架上。

5）电源线不可搭在烙铁头上，以防烫坏绝缘层而发生事故。

6）使用结束后，应及时切断电源，冷却后再将电烙铁收回工具箱。

7）焊接完成后，要用酒精把电路板上残余的助焊剂清洗干净，以防碳化后的助焊剂影响电路正常工作。

一般来讲，焊接的步骤主要有以下3步。

① 烙铁头上先熔化少量的焊锡和松香，将烙铁头和焊锡丝同时对准焊点。

② 在烙铁头上的助焊剂尚未挥发完时，将烙铁头和焊锡丝同时接触焊点，开始熔化焊锡。

③ 当焊锡浸润整个焊点后，再同时移开烙铁头和焊锡丝。

图 5-34 电烙铁

焊接过程的时间一般以2~3s为宜，焊接集成电路时，要严格控制焊料和助焊剂的用量。为了避免因电烙铁绝缘不良或内部发热器对外壳的感应电压损坏集成电路，实际应用中常采用拔下电烙铁的电源插头趁热焊接的方法。图5-34为电烙铁。

七、热风台

1. 主要功能

1）智能型设计，外形美观大方，操作灵活，方便。

2）热风加热，升温快，除锡干净彻底，属国内外首创。

3）热风温度从环境温度至500℃连续可调，出风口温度自动恒定。

4）热风风量在0~20L/min之间连续可调。

5）防静电，全自动恒定焊接温度。

6）配有不同内径的吸锡针和风嘴，适用不同元器件拆焊。

7）一机多用，热风加热，拆焊多种直插，贴片元件，热缩管处理，热能测试等多种需要热能的场合。

图5-35为热风台。

2. 性能指标

电源 AC220V±20V 50/60Hz

热风泵功率 45W

气泵形式为膜片式

热风风量 0~24L/min

热风加热器功率 250W

防静电，风嘴温度 100~420℃连续恒温调整

重量 6kg

图 5-35 热风台

外型尺寸 180×145×260mm^3

3. 使用说明

（1）安装通电：

打开包装，取出主机。拆下机身底部的红螺钉（一定要注意）。接通 220V 电源即可使用。打开电源开关（POWER），系统即可开始工作。

注意：第一次使用热风吸锡拆焊枪可能会冒白烟，属正常现象。

（2）热风头使用：

电源开关打开后，根据需要选择不同的风嘴和吸锡针（已配附件），然后把热风温度调节钮（HEATER）调至适当的温度，同时根据需要再调节热风风量调节钮（AIRCAPACITY）调到所需风量，待预热温度达到所调温度时即可使用。如果短时不用，可将热风风量钮（AIRCAPACITY）调节器至最小，热风温度调节钮（HEATER）调至中间位置，使加热器处在保温状态，再使用时，调节热风风量钮，热风温度钮即可。

注意：针对不同封装的集成线路，更换不同型号的专用风嘴。针对不同焊点大小，选择不同温度 风量及风嘴距板的距离。

（3）直插元件的拆卸：

按上所述，使热风部分正常工作，根据焊盘大小换上合适的风嘴和吸锡针（已配附件），加热即可。根据不同的线路基板材料和不同的焊盘，选择合适的温度和风量。本方法适合多种单，双面板及各种大小不同的焊点。

（4）贴片元件的拆装

① 贴片元件的拆卸。根据不同的线路基板材料选择合适的温度及风量，使风嘴对准贴片元件的端子，反复均匀加热，待达到一不定温度后，用镊子稍加力量使其自然脱离基板。

② 贴片元件的焊装。在已拆贴片元件的位置上涂上一层助焊剂，然后把焊盘整平，用热风把助焊剂吹匀，对准位置，放好贴片元件，用焊锡定位。在贴片元件应该焊接的地方，

全部堆上焊锡(堆锡法)，然后再按上述除去多余的焊锡，用电烙铁稍加整形即可。用本方法焊接贴片元件，焊点美观，焊接迅速牢固，可靠。

4. 使用注意事项

1）在热风焊枪内部，装有过热自动保护开关，枪嘴过热保护开关动作，机器停止工作。必须把风量钮(ATPCAPACITY)调至最大，延迟2min左右，加热器才能工作，机器恢复正常。

2）使用后，要注意冷却机身：关电后，发热管会自动短暂喷出冷风，在此冷却分阶段，不再拔去电源插头。

3）不使用时，请把手柄放在支架上，以防意外。

4）更详细的拆焊说明，请见说明书。

八、数码大师

数码大师能对汽车上使用的器件(芯片)进行读出、修改、保存，并且可以编程；通俗的说也就是能对汽车上各种电脑、仪表数据、密码进行读出、修改。图5-36为数码大师。

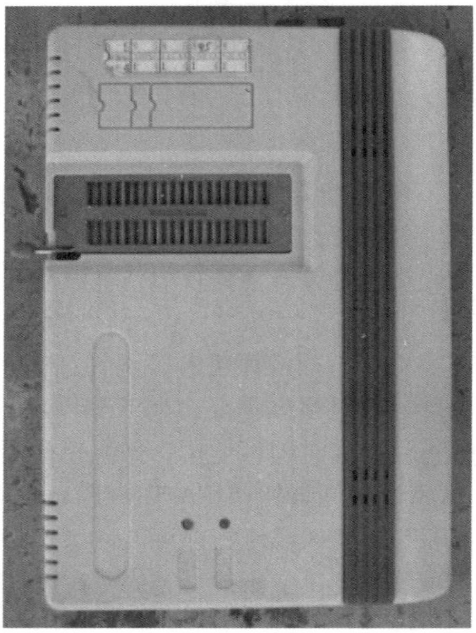

图5-36　数码大师

1. 安装数码大师对电脑的要求

1）电脑配置：586以上CPU，32M以上内存，至少50M以上的硬盘空间。

2）操作系统：Windows98或WindowsXP(二)、安装数码大师软件将数码大师安装光盘放入光驱(CDROM)，进入光盘的“安装数码大师”目录，然后双击运行“SETUP. EXE”文件，根据提示，一般情况下用户按默认装置即可完成数码大师的安装。

2. 安装数码大师硬件

1）先关闭电脑。如果您的电脑有USB口，请将公司配备的USB线与数码大师的USB接口相连；如果没有USB口请将串口电缆的9针插头插入电脑串口(COM1或COM2,一般电脑后有两个串口），电缆的另一端与数码大量相连。

2）按连接示意图将数码大师电源接好。

3）双击桌面上的“汽车数码大师”图标运行数码大师，进入主界面。

4）单击主界面上的“其他功能”“设置通信端口”，如 USB（请查看数码大师使用说明）。

3. 产品注册

1）把购买产品时厂家提供的“获取注册码表”填写完毕，然后传真给厂家，从厂家处得到一个 32 位的注册码。再单击主界面上的“其他功能”、“产品注册”，此时出现产品注册对话框。

2）将获得的注册码输入到对话框中（正确的注册码应为 32 位字符）按“注册”键注册（请查看数码大师使用说明书）。

3）如果汽车数码大师主界面上的“大众汽车解码器”无法运行，可进入到安装光盘里面的“大众汽车解码器”目录双击文件“Setup. EXE”，即可安装大众汽车解码器程序。

第三节 修复汽车电脑板及电路的基本思路

一、看故障指示灯

随着汽车电子设备的增多，为了方便用户的使用和维护，各汽车制造厂都普遍在车上设置了电子故障诊断装置，当车辆某些部分出现故障时，故障指示灯就会亮起，以提醒车主及时修理。因此，无轮是对车主还是对修理工而言，要判断车辆故障，首先要学会用故障指示灯。

1）发动机故障警告灯。如果打开点火开关时警告灯点亮，起动发动机后即熄灭，则表示发动机没有故障，否则就表示有故障。

2）机油压力警告灯。机油压力过低会使需要润滑的各部件得不到充分润滑造成严重磨损，因此，此警告灯亮时就要及时检查机油压力降低的原因。如果油量不足，需要补充机油，并检查系统有无泄漏；如果机油量足够，警告灯仍亮着，那就可能是机油滤清器或油路堵塞，或者是轴瓦配合间隙过大，应送汽修厂清理或修理。

3）燃油量警告灯。当油箱快没油时警告灯亮，此时必须添加燃油。勿把油箱内的燃油用尽，因为燃油用尽时，很容易在油路中形成气阻，这会造成发动机燃烧不充分。油箱内燃油太少汽油泵不能浸在油里，得不到充分的散热易造成损坏。

4）ABS 警告灯。当 ABS 警告灯在发动机起动后不熄灭，或是在行驶中突然闪亮，就表示 ABS 系统出了故障。这时 ABS 不工作，但常用的制动系统仍能发挥作用，要按不带 ABS 的汽车制动方式操作。

5）安全气囊警告灯。当点火开关打开时警告灯应点亮，数秒钟后却不关闭或行驶时灯开始闪亮，则表示安全气囊有故障。

一般情况下，汽打开点火开关，各故障指示灯均会亮起，此时表示电脑控制系统正进行自检，如果各系统正常，故障指示灯就熄灭；如果某个故障指示灯继续亮着，则表示此系统有故障。通常故障指示灯亮起，短时间内汽车仍能行驶，但需车主及时将车开到维修站进行检查。

二、检查+5V 电源

如果量+5V 供电的传感器有+5V 电压，则说明电脑板内部电源模块正常工作，问题在于外部线路。如果没有+5V 电压，则说明供电线路不正常，检查 12V 常电源，打开点火开关有电，关闭点火开关无电、搭铁线有无 12V，问题在于电脑板内部电源模块问题，采取适当的方法排除故障。

三、听油泵

燃油泵的作用是将储存在燃油箱内的燃油输送至喷油器的燃油管路内。

电动燃油泵的工作原理与电动水泵的工作原理相同，利用电动机驱动相应的油泵装置，从而向燃油系统不断输送燃油。要知道，燃油系统必须保持一定的压力，只有这样才能保证喷油器喷出的燃油雾化效果更好，更易燃烧。但当发动机熄火后，燃油系统的压力会丧失，一旦没有残余压力，在高温时管路内很容易产生气阻。这样在发动机重新起动时，由于燃油系统中混入空气，难以保证足够的燃油，发动机就会难以起动。为此，在燃油泵中设置了单向阀。这样当燃油泵停止运转时，单向阀关闭，以维持燃油管路内的残余压力，便于发动机的重新起动。此外，不知大家是否留意过，当你的车辆长时间停放后，如果车内比较安静时，在你打开点火开关不急于起动发动机时，会听到车辆后部传来“嗡嗡”声。这并不是故障，而是为了保证燃油系统有足够的压力起动发动机，让电动燃油泵提前运转 2 ~3s 建立油压。为了防止电动燃油泵的出油口侧压力过高，还设计了安全阀，这样一旦燃油泵输送的燃油压力过高，安全阀就会打开，使压力过高的燃油回流到燃油箱。

听油泵也是检修汽车发动机电脑板的一种方法，打开点火开关如果听到油泵吸合的声音则说明油泵和电脑板内部模块工作正常。如果打开点火开关没有听到油泵吸合，则说明，油泵继电器、油泵、熔丝烧坏或电脑板内部控制模块损坏。

四、看火花塞

火花塞的作用是把点火线圈产生的高压电(10kV 以上)引入发动机气缸，在火花塞电极的间隙之间产生火花点燃混合气。火花塞的工作环境极为恶劣，以一台普通四冲程汽油机的火花塞为例，在进气冲程时温度只有 60℃，压力 90kPa；而在点火燃烧时，温度会瞬间上升至 3 000℃，压力达到 4 000kPa；这种急冷急热的交替频率很高，不是一般材料所能应付得了的，还要保证绝缘性能，因此对火花塞的材料要求也就很苛刻了。

如果将高压帽从火花塞中拔出，插上一个火花塞打车时没有跳火，说明高压火不正常。问题在于缸线、点火线圈、线路、电脑板内部模块、火花塞的问题。

看火花塞的燃烧颜色也可判断出发动机或火花塞工作的好坏。

汽油机工作正常的火花塞，瓷芯表面应是白色。但由于燃料，添加剂的不同，瓷芯表面有的为微黄、微红或红褐色。若汽油机发生故障，瓷芯的表面颜色便会变成惨白色、微黑色及褐黑色，从这些不同的颜色中可以判断出汽油机的不同故障。

1）瓷芯呈惨白色。瓷芯惨白，中心极易发生烧熔或缺损，侧极尖端变细且表面粗糙，伸入气缸内的外壳表面有金属起皮剥落等现象，说明火花塞过热。在多缸汽油机仅出现个别火花塞上，可能是火花塞热值(热型)过低、错用、质劣等原因：如在某一缸经常出现瓷芯惨白者，应检查此缸的压缩比是否偏离，或检查火花塞周围水套是否堵塞。对于压缩比高的，应注意有无炽热点火现象；若几个缸同时出现瓷芯惨白，应考虑汽油机负荷过大、冷却系能力不足等原因，应换用热值较高一级的火花塞。

2）瓷芯呈微黑色。呈微黑色且有薄层炭粉覆盖，外壳圆环面甚至侧电极上均有积炭。这种现象若是长时间冷车、低速运转后出现的，经过一段正常使用后便会消失。如在正常使用情况下偏高，应该用低热值火花塞。换用后应注意汽油机在高速、高负荷时有无火花塞过热及中心极烧熔、拉缸等现象。

3）瓷芯呈褐黑色。火花塞颜色褐黑，外壳与侧极上附有较厚的硬质块状积炭，这是汽油机烧机油的表现，机油从活塞环或进气门导管进入。有时不是烧机油而是火花塞本身的原因，明显的有瓷体破裂或侧电极折断，也有不明显的原因，则应对其进行跳火检查。

4）火花塞的检查方法。将火花塞平放在气缸盖上，用中央高压找离火花塞接头螺栓5mm左右，然后拔动断电器触点看火花塞间隙的跳火情况。若火花强烈且蓝颜色，说明火花塞正常，若火花微弱或无火花，说明火花塞本身有故障，应更换。

五、用信号笔看喷油

信号笔又称为逻辑探针，是目前在数字电路测试中使用最为广泛的一种工具。它虽然不能处理像逻辑分析仪所能做的复杂工作，但对检测数字电路中各点电平十分有效，因而使用信号笔可以很快地将90%以上的故障芯片找出来。

由于信号笔能够及时地将被测点的逻辑状态显示出来，同时可以存储脉冲信号，所以成为电脑检修过程中一种不可缺少的检修工具。

用信号笔检查喷油脉冲，检测时信号笔脉冲灯闪烁，说明喷油正常，若无脉冲信号则说明问题在于油泵不吸合、喷油嘴损坏、无12V供电等问题。

六、用模拟信号在线测试电路

模拟信号是一种不仅时间上连续、而且在数值上也连续的物理量，具有无穷多的数值，其数学表达是比较复杂，比如正弦函数、指数函数等。

从自然界感知的大部分物理量都是模拟性质的，如速度、压力、温度、声音、质量以及位置等都是最常见的物理量。

用模拟信号检测电路也是一种好方法，例如：用曲轴模拟信号可以检查曲轴位置传感的工作状态。

七、用万用表检测电路

万用表具有用途多，量程广，使用方便等优点，是电子测量中最常用的工具。它可以用来测量电阻，交、直流电压和直流电流。有的万用表还可以测量晶体管的主要参数及电容器的电容量等。掌握万用表的使用方法是电子技术的一项基本技能。

可以检测各线路和传感器的工作时的正常数据，根据数据判断，找出问题所在，解决问题。

八、用解码器解码

汽车解码器除了提供检测汽车故障码、清除故障码，数据流、元件测试、保养灯归零、读电脑版本、基本设定、匹配调整，甚至还提供汽车故障诊断流程和电路资料，为汽车维修提供众多的方便。而部分解码器自带了示波器功能，从而更准确地提供发动机工作参数，如果熟悉标准波形数据，可与实际波形数据进行分析，从而使维修工作更加准确快捷。现在绝大多数解码器已经用网络升级、甚至还有汽车字典、客户档案管理等功能。

用解码器进行解码，根据故障码查询问题所在，清除故障码解决问题。

九、检测电脑板

1）检查线路板、电阻、电容、二极管、晶体管、集成块有无烧焦的现象，如果有烧焦的现象用万用表检查具体损坏的元器件，更换相应元器件。

2）用万用表测量电容、滤波电容正反向的电阻值，一般在300~400Ω，低于100Ω要仔细检查问题所在，更换相应器件。

3）插上修复仪检测，用信号笔检测CPU、随机存储器、只读存储器脉冲是否正常。发现不正常的脉冲，用万用表测量电阻值，找出损坏的元器件更换，具体参见图5-37、图5-38。

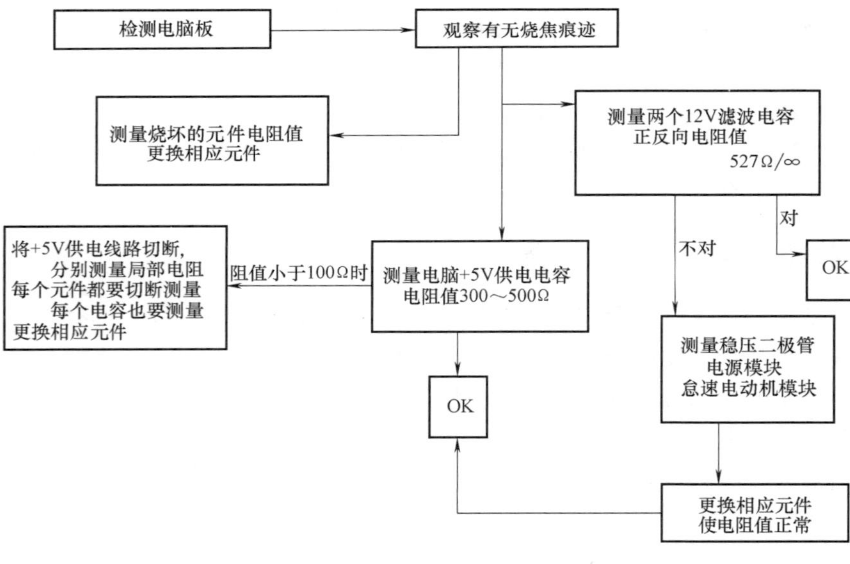

图5-37 用修复仪检测电脑板上的元件

4）对于没有接触过的电脑板，在没有资料的情况下，先找出它的常火线、钥匙控制火线和搭铁线。再找出它的+5V(有的是+3.3V)供电，一定要在准确无误的情况下插入修复仪试验，否则将烧坏电脑板，后悔莫及，至于端子哪个是什么线，没有经验的要通过传感器、执行器、线路，实地测量才能准确判定哪个是喷油模块、怠速模块、电源模块、传感器放大模块。要细心测量，准确无误，量线路电阻时要将蓄电池拆掉较为准确。

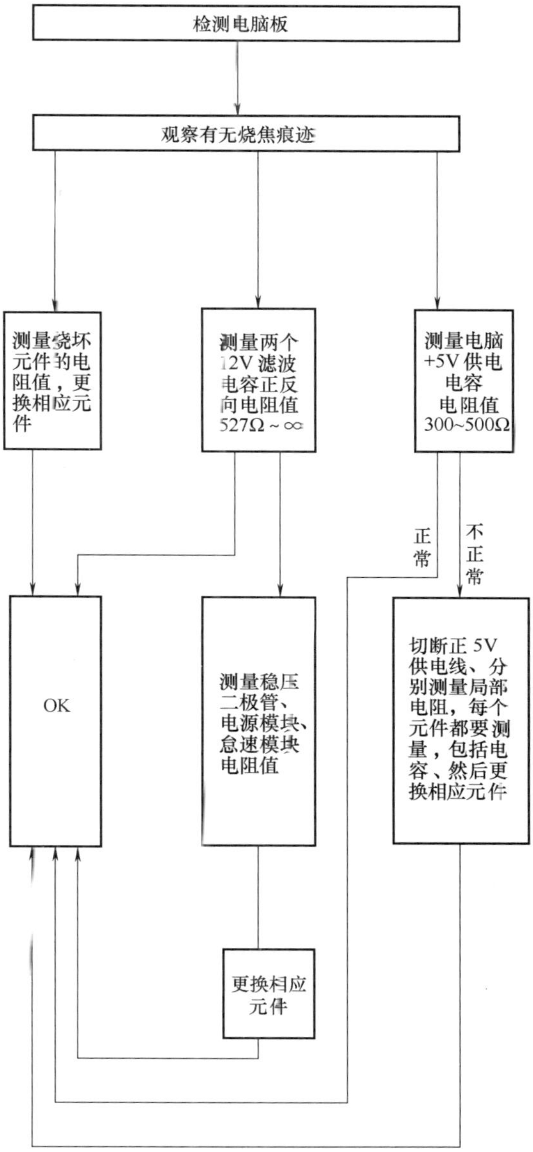

a）检测流程

图5-38 用修复仪检测、修复电脑板

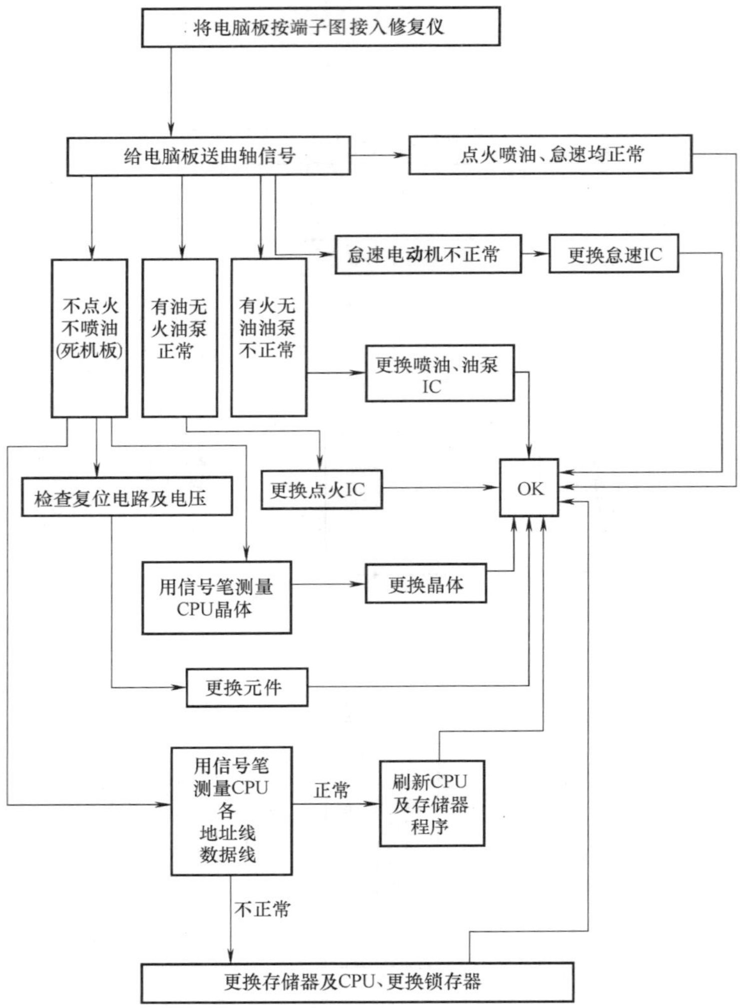

b) 修复流程

图 5-38 用修复仪检测、修复电脑板(续)

第四节 汽车电脑板的基本电路图

一、桑塔纳 3000 轿车电脑板控制电路图(图 5-39)

二、长安电装电脑板控制电路图(图 5-40)

三、马自达电脑板控制电路图(图 5-41)

通过上述三张图可以发现喷油器都是一端和继电器相接，电压是 11~14V，另一端是和

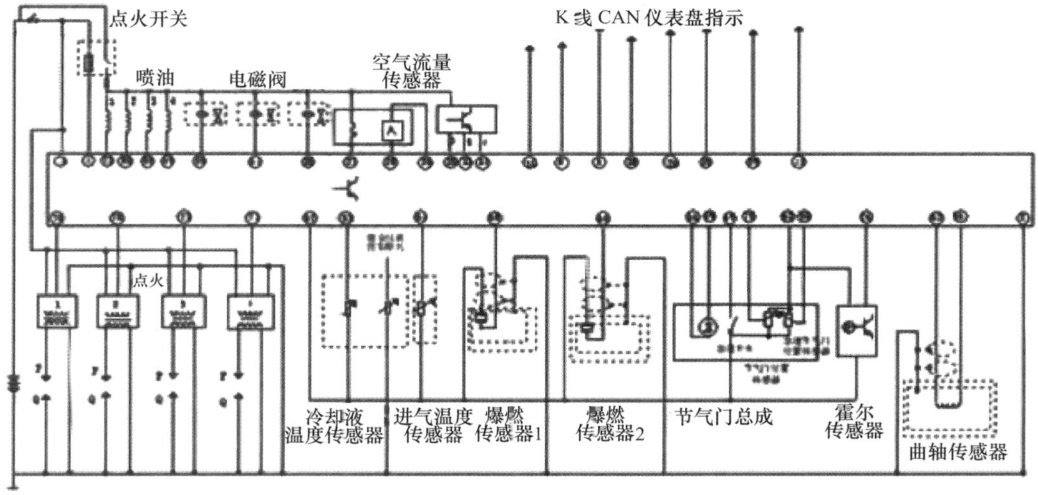

图 5-39 桑塔纳 3000 轿车电脑板控制电路图

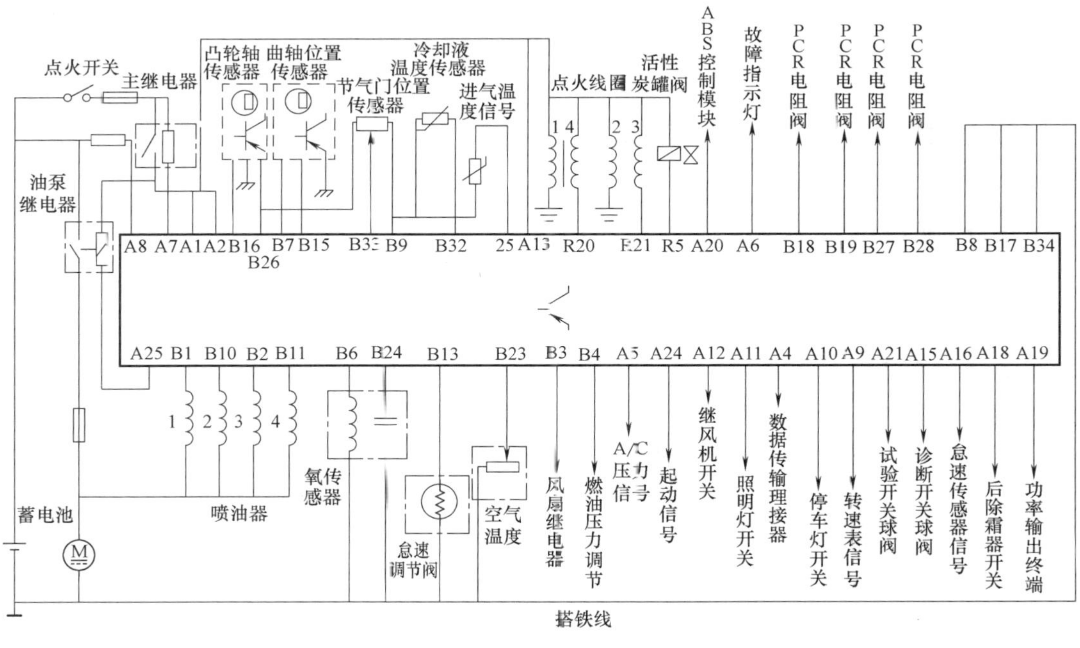

图 5-40 长安电装电脑板控制电路图

电脑板相接，电脑板控制搭铁信号线，此信号线可以用信号笔测量，信号笔绿灯闪烁时间是喷油脉冲宽度。点火线圈一端和供电钥匙相连的，供电电压是 11 ~14V，另一端受电脑板脉冲控制，其脉冲不能用信号笔测量，因为这个地方的反电动势电压高，容易烧坏信号笔。怠速电动机都是受脉冲控制，线路上面+5V 电压是从电脑板出来供给传感器使用，一般控制端都是搭铁信号。电脑板上一般都有常火线和受钥匙控制的火线。

要认真记忆这些线路图的基本特点，以便使用中得心应手。

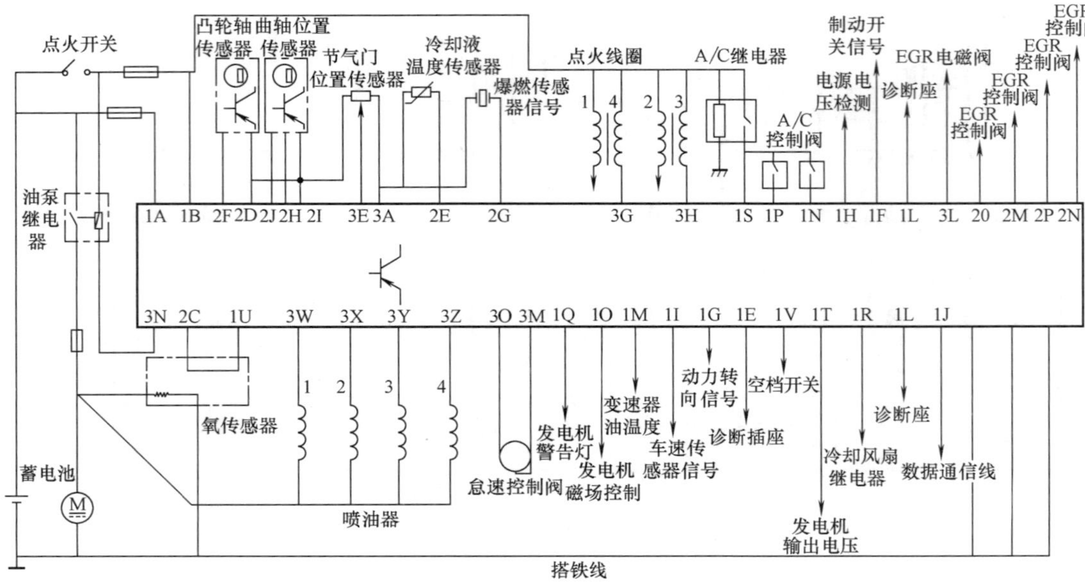

图5-41 马自达电脑板控制电路图

第五节 维修电脑板的方法及注意事项

一、电脑板维修设备的确认和使用方法

汽车电脑的学习方法，主要还是要掌握电脑板的维修设备和它们的使用方法。这就是常说的“手巧不如家伙妙”。对于使用什么设备本书已有述及，这里不再赘述。这里只说使用设备的重要性和使用方法。主要说一说万用表和信号笔的应用，这两个工具配合电脑修复仪使用，要做到熟练、熟练、再熟练；就能实现熟能生巧，巧能生变。再加上熟练掌握一般的维修工具，会给汽车电脑的学习带来极大的方便。

二、专一和统观的学习方法

目前汽车电脑的品牌非常多，如西门子、德尔福、摩托罗拉、博世、马瑞利、联合电子等，学习起来非常杂乱，让人无从下手。学习时可选一个品牌做为基础，把这一款电脑板学熟学透，熟悉电子元件、熟悉电路走向，并要熟悉外电路、各传感器、执行器的工作原理。在掌握这一款电脑板的基础上逐渐学习各种电脑板的构造和原理，融会贯通、全面掌握，学会参考各种资料，提高维修技巧。采用此种学习方法时间长久自然会显露效果。

三、要“丝毫不差”而不要“差不多”

学习汽车电脑板另一方法就是要有“错之毫厘、差之千里”的意念。不要“差不多”就可以了，而要“丝毫不差”才行。

四、熟记和理解相结合

人常说“熟能生巧”，这对于学习汽车电脑板来说，更为重要。要想达到“熟”的目的，最主要的是要练好基本功，不能有半点的投机取巧。学习基本电路，熟记和理解相结合，多思考、多问。必能达到“熟能生巧”的程度。

五、理论和实践不脱离

说到“理论和实践”现在的人没有不理解的，但是真正做到理论与实践相结合还真是很难。说到理论没有一定的文化素养是不行的，说到实践没有一定的务实精神是不行的。何况一种理论要对多种实践有效，而一种实践有可能牵涉多项理论。学习汽车电脑板更是如此。在学习时，只去埋头苦干，总是一把死活计。只去从理论总结，总是纸上谈兵。所以学习汽车电脑板，必然也是理论和实践相结合为最佳。

六、汽车电脑的检修

汽车电脑内部电路可以分为两部分，即包括输入、输出以及转换电路的常规电路和微处理器。常规电路大多采用通用的电子元件，如果损坏一般是可以修复的。在实际使用过程中，汽车电脑的故障大多发生在常规电路中。如果要维修汽车电脑，首先要确定是电脑故障，以免盲目修理，造成不必要的时间浪费和引起其他电路故障。

1. 确定电脑是否损坏

确定电脑损坏的通常方法是在相关传感器信号都能正常输入电脑的情况下，电脑却不能正确输出控制信号来驱动执行器。这句话虽然简单，但这需要做很多具体细致的基础检查工作。例如，发动机无法起动，经过检查确定起动时喷油器插头上无频谱电压，在检查相关电路正常而且起动信号可以正常输入发动机电脑，但是电脑没有输出驱动信号给喷油器，这样就可以断定发动机电脑内部故障。

2. 按照电路寻找损坏元件

根据电路图或实际电路的走向找到与喷油器连接的相应电脑端子，然后用数字万用表的通断档从确定的电脑端子开始，沿着电脑的印制电路查找，直至找到某个晶体管。这是因为电脑通常采用大功率晶体管放大执行信号以驱动执行器，所以此类故障的原因大多是一个起着开关作用的晶体管短路所致。

3. 测量晶体管

确定晶体管的 3 个极。与印制电路对应的端子为晶体管的集电极，旁边较细的印制线是基极。确认方法是，将发动机电脑多孔插头插上，起动发动机，使用万用表的电压档连接到要确认的印制线路，如显示 5V 则为基极。用万用表测试晶体管，如果发现集电极 c 与基极 b 的正反向电阻为无穷大，则说明晶体管已经断路；如果发现集电极 c 与发射极 e 之间的电阻为零，则说明晶体管已经被击穿。另外，还需要测量晶体管附近相连的其他晶体管和二极管。

4. 确定替换用的晶体管

确定晶体管的型号有以下几个方法：

1）型号。查看晶体管上的型号，通过晶体管对应表确定与之相配的国产晶体管。

2）电阻。晶体管的基极一般都串有电阻，基极的电阻值要与原晶体管的电阻值相近，不同颜色的电阻阻值不同。因为晶体管的基极是靠电流的大小控制的，电脑电压值固定，因此就需要利用电阻来控制电流。如果电流过大会烧毁晶体管，电流过小则不能将其触发。

3）测量。利用万用表的二极管测量档测量晶体管的属性。根据晶体管的特性，应该只有1个端子相对于另外2个端子单向导通，具备这个属性则可确定是晶体管，只有一对端子单向导通的是场效应管，相对另外两个端子导通的端子是晶体管的基极。

5. 将替换的晶体管焊接到电路板上

焊接时要注意焊锡要尽可能少，避免过热，焊接完成后要用万用表测量各端子应不相互连通。

6. 测试维修效果

将电脑板在裸露的情况下连接到车体线束中，起动发动机检查相应功能是否正常，同时用手触摸晶体管，有些热是正常的，如果烫手就有问题了。观察故障灯是否点亮，并进行一定里程的路试。

下面以发动机电脑控制的喷油器电路为例，简要说明检修发动机电脑的过程。

1）喷油器电源电路。喷油器电路分为电源电路和发动机电脑控制电路两部分。喷油器的电源大都是由燃油喷射继电器提供的，即点火开关打开后，燃油喷射继电器动作，蓄电池电压到达喷油器，此时，等待发动机电脑的控制信号，以配合发动机的工况。

2）发动机电脑控制电路。发动机电脑依据负载、转速以及各种修正信号进行运算，由输出电路输出喷油器脉冲信号，并由驱动电路放大电压信号，再接到NPN功率晶体管的基极b，使晶体管执行脉冲频率的开关动作，即完成喷油器电磁线圈的通电与断开的动作。

3）喷油器电路故障分析。执行喷油器开关动作的控制电路，是由晶体管控制喷油器线圈的搭铁回路，晶体管的集电极c连接喷油器，发射极e搭铁。如果c极和e极短路，就会出现打开点火开关后，喷油器始终喷油的故障；如果c极断路，就会使喷油器无法完成搭铁回路，导致喷油器不喷油。另外，与晶体管c极并联的保护二极管如果短路，也会出现喷油器一直喷油的现象。

4）喷油器电路检测方法。可以使用数字万用表、示波器或LED测试灯等工具，严禁带电插拔线束插头，或使用指针式万用表或大功率测试灯，以免引起瞬间大电流造成发动机电脑内部晶体管损坏。

将LED测试灯连接在喷油器插头两个插孔中，打开点火开关。如果LED灯一直点亮，表示晶体管c极和e极短路；如果LED灯不亮，起动发动机，如果LED灯仍不亮，表示晶体管c极和e极断路。

七、汽车电脑板的检修两原则

在无任何电脑板原理图的情况下，要对一块比较陌生的电路板进行维修，以往的所谓“经验”就很难施展，尽管借助电路在线维修测试仪能使修复电路板的概率大增，但如果方法不当，工作起来照样事倍功半。那么，怎样做才能提高维修效率呢？根据多年的维修经验，总结出以下两个原则，只要按步骤有条不紊的进行操作，必有助益。

1. 先看后量

使用工具：数字(或模拟)万用表、放大镜

当手拿一块待修的电路板时，良好的习惯首先是应对其进行目测，必要时还要借助放大

镜，看什么呢？主要看以下方面

1）是否有断线？是否有烧糊的痕迹？

2）分立元件如电阻、电容、电感、二极管、晶体管等是否存在断开现象？

3）电脑板上的印制板连接线是否存在断裂、粘连？

4）是否有人修过？动过哪些元器件？是否存在虚焊、漏焊、插反等操作方面的失误？

在确定被修板无上述状况后，首先用万用表测量电脑板电源和搭铁之间的阻值，通常电脑板的阻值都在70~80Ω以上，若阻值太小，才几个或十几个欧姆，说明电脑板上有元器件被击穿或部分击穿，就必须采取措施将被击穿的元器件找出来。具体办法是给被修板供电，用手去摸电脑板上各器件的温度，烫手的应是重点怀疑对象。

若阻值正常，就可以用万用表进行故障检测了。因为造成电脑板出现故障的因素有很多，测量电脑板上的电阻、电容、二极管、晶体管、场效应晶体管、拨段开关等分立元件，其目的就是首先要确保测量过的元器件是正常的。维修的原则是，能用万用表解决的问题，就不要把它复杂化。

2. 先外后内，枚举测试

使用工具：在线维修测试仪系列、记号笔

由于在线维修测试仪系列各型号都集合了两种故障诊断技术：一种是基于器件测试程序库的标准比较测试法(即ICFT)；另一种则是基于VI曲线的实时比较扫描测试法(即ASA-VI)。

在运用ICFT进行芯片测试时，可能会出现下列两个测试盲区：

1）测试程序库暂时尚未建立某芯片的测试程序，即库中无此芯片。

2）即使测试程序库已经建立了芯片的测试程序，但“在线测试”不通过。

八、汽车电脑板维修注意事项

汽车电脑板是个精密而又复杂的机件，并且对高压和高温都很敏感，为了避免人为地损坏它，应当注意以下事项：

1）不论发动机是否在运转，只要当点火开关接通时，决不可人为地断开工作中的12V电气装置。如：蓄电池电缆、怠速控制装置、喷油器、点火装置、电子控制单元、任何电子控制单元的导线、鼓风机的导线连接器及空调离合器导线等。

2）跨接起动其他车辆时，必须先断开点火开关，才能拆装、跨接蓄电池电缆线。

3）电喇叭不能装在靠近汽车电脑的地方，因为喇叭中的磁铁会损坏电脑中的部件。

4）在车身上使用电焊时，应先断开汽车电脑的电源，拆下汽车电脑板。

5）在拆装汽车电脑板时，修理人员要穿好防静电衣服和手套。

6）汽车电脑避免受潮，不能用高压水冲洗汽车电脑板外围。

7）在钣金、涂装、贴膜作业时一定要做好防水后再作业。

8）不能用指针式万用表测试汽车电脑和传感器。应该使用数字式万用表去测试汽车电脑。

9）不能用测试灯去测试与汽车电脑相连接的电气装置。拆装数字式仪表时一定要带上搭铁金属带。

10）蓄电池极性不能接反。

11）在确定点火系统和机械部位无故障后，才能检查燃油系统。

12）保证各接头、接线要牢固接触。

13）汽车电脑是高质量机件，本身故障较少，需要检查时要用专用设备和专业人员检修，一般不要盲目拆修。

14）如确需拆掉蓄电池的接地线，在拆线前一定要读取故障码。

15）在检查气缸压缩压力时，一定要从霍尔传感器上拔下插头。

16）在查找汽车电脑故障时，一定要先读取故障码。

17）不得使用含硅密封胶。氧传感器硅含量过高会中毒。

18）用万用表和信号笔检测电脑板时，不能同时接触两个触点。

19）打开电脑板后，电脑板下面一定要放绝缘垫。不要放可以导电的东西，以免造成电脑板短路。

20）电控汽车的电控单元(ECU)都具有记忆功能。当电控系统出现故障时，ECU会存储其对应的故障码。维修人员便可从故障自诊断系统中读取故障码，进而查找故障原因和故障部位。若在读取故障码之前贸然拆下蓄电池连接线(或拔掉电源熔丝)，由于中断了ECU的电源，存储其内的故障码便会自动消除。再想获得故障信息(故障码)，就必须重复(再现)故障发生时的工作状况和环境条件(如:特定范围的发动机转速及负荷、发动机的某种冷却液温度、某种进气温度以及有关传感器的某种工况等)，显然，这是非常麻烦和费时的。因此，在维修电控汽车之前，应按要求先读取并记录故障码，然后才能进行其他的维修作业，以免不慎丢失故障码。

21）当点火开关处于接通(ON)位置时，无论发动机是否正在运转，此时绝不可拆下蓄电池连接线或熔丝。因为突然断电将会使电路中的线圈产生自感电动势，而出现很高的瞬时电压(有时高达近万伏)，从而使ECU及相关传感器等微电子器件严重受损。必须引起注意的是，除蓄电池连接线外，其他凡是与蓄电池电压相同的电气装置的导线，当点火开关处于接通(ON)位置时，也都不能拆除。否则，也同样会使相关的线圈产生自感而烧坏ECU或传感器。这些电气装置包括：点火系统，怠速控制步进电动机，ECU的可编程只读存储器(PROM)，喷油器，空调及其他电磁离合器，还有ECU某些连接线等。

22）在对电控发动机燃料系统进行检查作业之前，应拆下蓄电池的连接线(或熔丝)，以免发生火灾。即在拆卸油路之前应先关闭点火开关(置“OFF”)，再拆下蓄电池连接线或熔丝。由于供油系统中残存一定的压力，故还得对燃油系统泄压。较简单的方法是在拆卸油路的接头处裹上布条或棉纱，并在其下面放一油盆，然后慢慢松动接头将燃油导入盆内，以防飞溅。当燃油检测装置(如油压表)接入管路后，若需用蓄电池电源对其测试，也必须先关闭点火开关，再接蓄电池连接线，然后打开点火开关。否则，将可能产生电火花而引起火灾。特别要指出的是，当燃油系统检查完毕后，在拆卸检测装置之前，同样必须先关闭点火开关，然后拆下蓄电池连接线，方可执行燃油系统的作业。发动机维修妥善后，需清除掉ECU中的原故障码。对大多数电喷发动机而言，拆下蓄电池连接线或拆下通往ECU的熔丝，保持断电30s即可清除掉ECU中的故障码。但是，个别发动机则不适用这种拆卸电源的办法，否则将会使其石英钟和音响等附属设备的内存(包括防盗码)一起被消除掉。因此，应按该车的维修手册所指示的方法去消除故障码，切不可随意拆除电源线。

第六节 电脑板(单片机)祁氏维修三步法

一、量电阻

打开单片机(俗称"电脑板"),看外观是否有烧焦痕迹。用万用表检测供电滤波电容的电阻值。在12V滤波电容侧正向500Ω左右、反向无穷大为正常。如电阻值为0~100Ω,说明12V电源稳压集成块烧坏。然后量正5V或3.3V供电滤波电容电阻值,正向200~400Ω为正常,反向400~700Ω为正常;当正反向电阻值小于100Ω时视为短路状态,电脑板内部有损坏硬件。此时须切记找到烧坏硬件。具体有两种方法:第一,切断法。将每个元件从供电线上撬开,测量其电阻值,如电阻值小于100Ω即为损坏,将其更换。再测量正5V(3.3V)供电滤波电容电阻值,如在正常范围内即为修复。第二,通电法。在损坏的单片机上直接用5V(3.3V)电源送电,注意观察损坏集成块发热情况,先发热者为损坏集成块,更换之后再量电阻值。

例如,用万用表测量12V侧供电滤波电容反向电阻值537Ω,如图5-42所示。

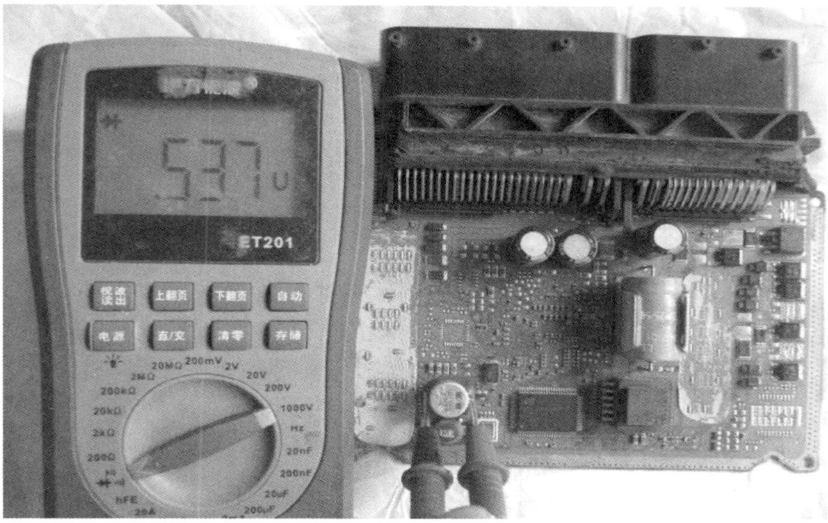

图5-42 用万用表测量12V侧供电滤波电容反向电阻值537Ω

例如,用万用表测量3.3V侧供电滤波电容反向电阻值182Ω,如图5-43所示。

例如,用万用表测量5V侧供电滤波电容正向电阻值1094Ω,如图5-44所示。

二、送电压

按照单片机端子图,用商丘汽车电脑公司所生产的电脑修复仪向电脑板送电压,用修复仪上的探针检测供电电压、复位电路、晶体振荡器、地址线、数据线等上面的脉冲信号情况,观察软件和硬件的运行情况。在修复仪上观察故障警告灯、油泵警告灯运行情况,也可以用解码器进入单片机系统。如果脉冲信号有一处不正常,单片机即处于死机状态。关键在于要严格掌握上述每一处的工作状态。理解单片机工作的四要素:一是供电电压;二是复位

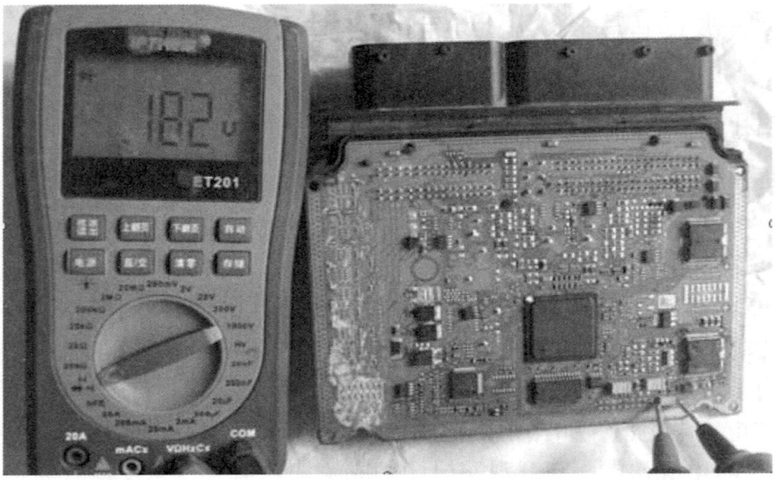

图 5-43 用万用表测量 3.3V 侧供电滤波电容反向电阻值 182Ω

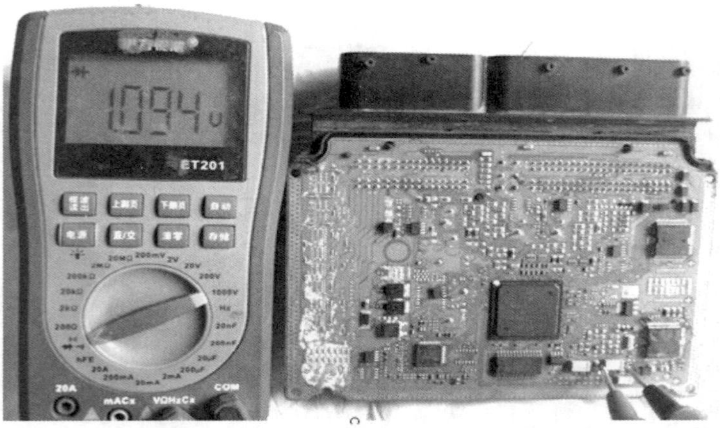

图 5-44 用万用表测量 5V 侧供电滤波电容正向电阻值 1 094Ω

电路；三是晶体振荡器；四是地址线和数据线。

例如，在柴油车电脑板故障修复仪上送电后用万用表测量 5V 电压，如图 5-45 所示。

例如，在柴油车电脑板故障修复仪上用探针量晶体振荡器信号，如图 5-46 所示。

例如，在柴油车电脑板故障修复仪上用探针量复位电路信号，如图 5-47 所示。

三、送信号

在柴油车电脑板故障修复仪上送曲轴传感器信号和凸轮轴传感器信号，检查喷油、油泵继电器、主继电器和各种电磁阀的动作响应，从中找出缺缸和控制继电器的模块。

例如，在柴油车电脑板故障修复仪上送信号观察继电器、喷油等工作情况，如图 5-48 所示。

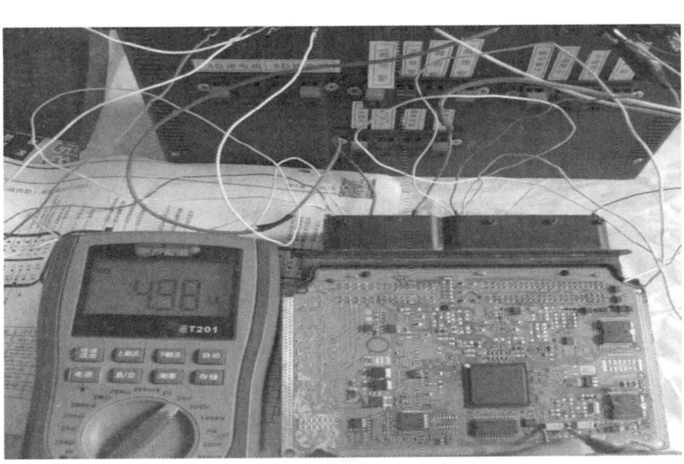

图 5-45 在柴油车电脑板故障修复仪上送电后用万用表测量 5V 电压

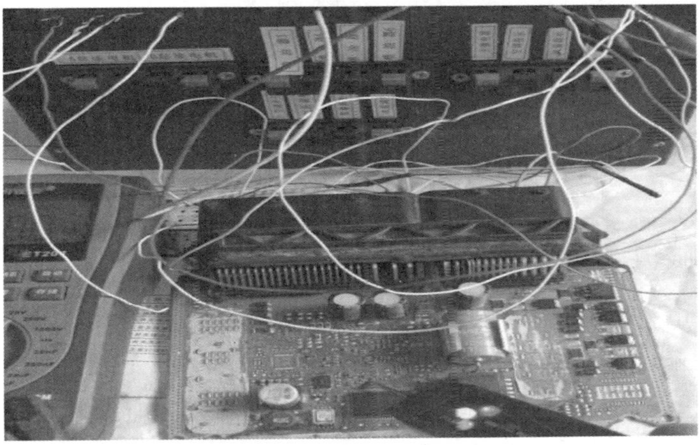

图 5-46 在柴油车电脑板故障修复仪上用探针量晶体振荡器信号

图 5-47 在柴油车电脑板故障修复仪上用探针量复位电路信号

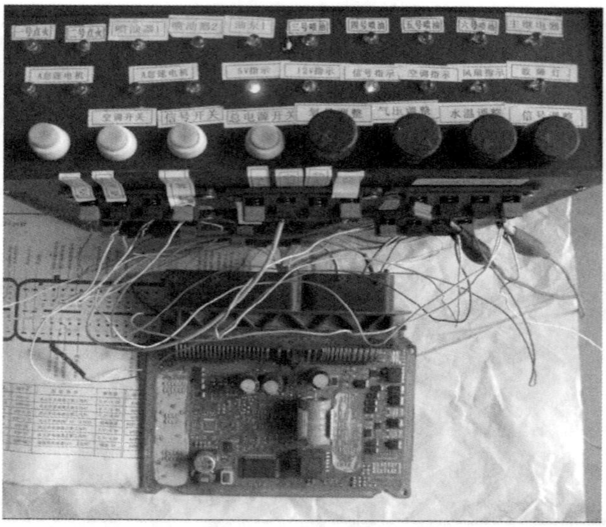

图 5-48 在柴油车电脑板故障修复仪上送信号观察继电器、喷油等工作情况

第七节 柴油发动机控制电路祁氏维修三步法

一、检测电脑板

先用商丘汽车电脑公司生产的柴油车电脑板故障修复仪检测电脑板的好坏；如果条件不具备，可以就车检查故障警告灯点亮的情况。用万用表检测传感器上的+5V 电压，如果传感器上缺失正 5V 电压，请按照电脑板端子图检查 12V 供电电压。如供电电压缺失，请接通电源。也可以用解码器进入系统确认电脑板(单片机)是否工作。若电脑板损坏，则按照上述方法进行修复，若未损坏则进行下一步操作。

例如，商丘汽车电脑公司研制生产的柴油车电脑板故障修复仪如图 5-49 所示。

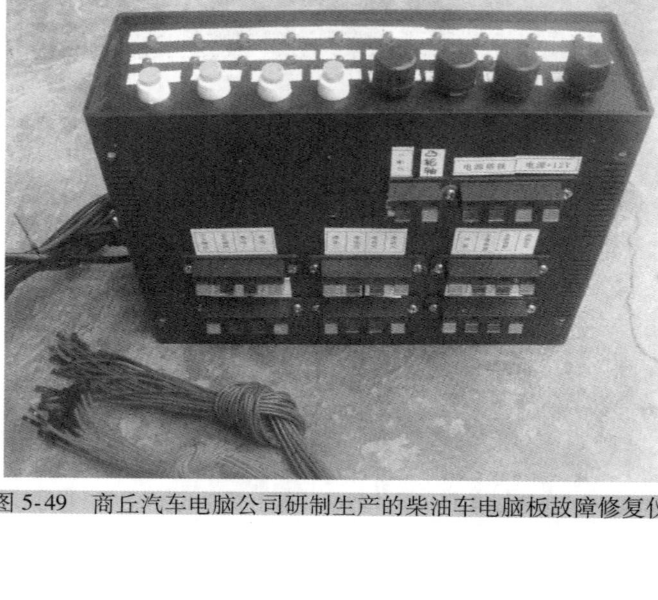

图 5-49 商丘汽车电脑公司研制生产的柴油车电脑板故障修复仪

二、送信号

用柴油车电脑板故障修复仪就车送信号，送曲轴位置传感器信号和凸轮轴位置传感器信号。观察点火、喷油、油泵继电器、主继电器和怠速电动机的动作响应，确认喷油器和点火线圈的工作状态。若用修复仪送信号发现有喷油器、点火线圈信号而起动车辆却没有，则说明曲轴位置传感器信号和凸轮轴位置传感器信号缺失或相位不同步或某一信号受到干扰。

例如，用柴油车电脑板故障修复仪送入曲轴/凸轮轴位置传感器信号，观察喷油情况如图 5-50 所示。

图 5-50 用柴油车电脑板故障修复仪送入曲轴/凸轮轴位置传感器信号，观察喷油情况

三、检测传感器

若起动车辆后发现车辆动力不足或者运转不正常，请用万用表及修复仪探针测量各个传感器，或者用解码器缩小故障范围之后，再用修复仪探针找出具体故障所在，从而解决车辆故障。

例如，用万用表测量冷却液温度传感器，如图 5-51 所示。

图 5-51 用万用表测量冷却液温度传感器

第八节 柴油发动机控制系统维修误区

一、依照故障码检测故障可靠性

通过解读故障码，大多能正确区别故障可能发生的原因和部位。有时也会出现判断失误，造成误导。实际上，故障码仅是一个是或否的界定结论，不可能指出故障的具体原因；若欲判定故障部位，还需根据发动机的故障征状，进一步分析和检查才能做到。

1）自诊断系统也有显示不出来的传感器故障。ECU 在对传感器信号进行检测时，只能接收其内设范围以外的(传感器)超常信号，从而判别传感器有无故障。一般在解读故障码后，只要对相应的传感器、导线插接器、导线进行检查，找到并排除断路、短路的故障点，即告成功。但是，若因某种原因使传感器的灵敏度下降(虽在 ECU 设定的范围之内,但反应迟钝、输出特性偏移等)，则自诊断系统就检测不出来了。尽管发动机确有故障表现，但自诊断系统却无故障码输出。这时就应该根据发动机的故障征状进行分析判断，继而对传感器本体进行有针对性的检测，以找到并排除传感器故障。例如，当发动机怠速不稳并伴有行驶中发动机运转失调，系统又无故障码输出时，首先值得考虑(怀疑)的便是空气流量传感器或者是进气歧管(真空)压力传感器出了故障。因为这两个传感器性能的好坏直接影响到基本燃油喷射量，尽管此时没有显示相应的故障码，也应该对它们进行检查。

2）自诊断系统可能显示错误的故障码。这是由于工况信号失误而引起的。总之，当故障码出现后，应与发动机的实际故障征状相对比分析，以得到合理的判断；不应把故障码奉为唯一的依据。

3）维修不当会引发错误的故障码。例如，在发动机运转过程中，若随意拔下传感器插头进行试验，则每拔掉一个传感器插头，ECU 就会记忆一个相应传感器的故障码。另外，若上一次对电喷汽车修理后，由于操作不当而未能完全消除旧的故障码，那么在本次读码时，那些残存的旧码仍然要重复显示，给维修工作带来混乱及困难。

二、应先排除机械故障还是电控系统故障

ECU 所控制的仅是发动机的电喷部分，而无法兼顾(监测)发动机的全部部件(尤其是纯机械部分)。因此在进行维修时，必须首先正确区别两类故障的发生部位和表现特征，方能准确、迅速地判定和排除故障。

1）在 ECU 自诊断系统正常的前提下，若发动机有故障征状而故障警示灯未亮(即无故障码出现)，这些故障往往与电喷控制系统无关。此时，应按传统发动机故障的判断步骤进行排查；切记不要盲目检查微机系统的执行器、传感器和电路，否则不仅徒劳无功，稍有不慎反会损坏与 ECU 相关的某些器件。例如，当火花塞的高压线有缺陷时，往往会出现怠速不稳、加速断火、排气“放炮”等故障现象，而 ECU 并不能检测到这类故障。

2）电喷发动机控制系统的工作可靠性很高，使用中出现故障的机率很小。故在一般的检修中不要随便拆检其器件或无意识地拆除其插接器或导线(尤其是 ECU 的有关部分)。只有在确认发动机本身及点火系统已排除机械类故障后，才可对其进行检查。检查时，要根据

本车型资料，按规定的程序和要求，一丝不苟地执行。

3）即便是电喷控制系统本身的故障，往往也是以一般的机械故障形式出现。如接线不良、喷油器或滤清器脏污堵塞、进气道有积炭等。因此，在对 ECU 自诊断系统所显示的故障进行检查时，也应首先从简单的机械故障查起。尤其是显示“进气系统故障”时，应特别注意加(机)油口和量(机)油孔是否密封可靠、空气流量计与进气系统相配零件是否松脱、进气歧管压力传感器的真空软管是否破裂或密封不严甚至脱落等。

三、维修经验与维修资料的问题

电控系统的自诊断装置只是存储和显示故障码。要开展维修工作还必须凭借该车型的有关资料去进行“解码”——明确其故障内容和部位等。由于我国进口和自产的车型繁多，有关 ECU 自诊断系统的操作程序和故障码的涵义等不尽相同。因此，逐步积累和掌握各种车型的故障自诊断资料及使用方法，就成为汽车维修人员的当务之急。

1）电喷发动机出现问题后，对于一般的故障可用经验方法对其检验与排除，例如与电喷控制系统无关的机械性故障等。

2）在读取电喷发动机的故障码之前，有必要对发动机进行基本检查，即对发动机基本怠速和基本点火正时进行检测与调整，使发动机处于所要求的行检状态。不同车型的基本检查步骤、条件和方法也不尽相同。如在检查进程中，对冷却液温度、附加电气设备的启闭状态、散热器冷却风扇是否运转等都有特定的要求。具体操作时应严格遵循相应的“维修资料”。

3）在利用自诊断系统检查故障时，必须有本车型的相关资料作指导。如故障码的读取方式、故障码的涵义以及各电控元件的基本结构参数和工作性能参数等，都应该有一个较详细的交待和解释。这是维修好车辆的基本条件。

4）在对电控汽车进行维修时，要时刻谨记电子和微电子器件的特性及禁忌，不可违章操作。例如，由于电控系统对工作(或检测)电压非常敏感，在对其电路进行检测时，稍不注意就可能损坏电子元件或传感器；又如，某些电喷发动机上装备的可编程只读存储器(PROM)，在其拆、装过程中要求维修人员必须自身搭铁(即接通大地,消除静电)，否则，维修人员身体上的静电就会影响微机电路。

第九节 汽车电脑板常见故障与分析

一、电路中电流过大

1. 造成电路中电流过大的原因

1）电源线短路(包括有意或无意的)。

2）发电机电压过高，一般超过 14.2V 为临界电压高，超过 15V，甚至达到 17V，为电压过高。

3）蓄电池极性接反。

4）蓄电池在就车充电时，开钥匙或开钥匙起动发动机。

5）发动机运转过程中，蓄电池接头松脱，造成发电机给电脑板直接供电。

2. 危害

如果产生大电流，首先冲击的是电脑板接口端子中的搭铁端子，使之烧断。还有可能烧坏电源模块，或烧坏 CPU，有时还可烧坏怠速模块。

3. 实例

案例一：

一台五菱荣光用摩托罗拉电脑板（图 5-52），往车上抬变速器时，无意中把一根火线（12V）搭铁，造成电脑板内部控制模块 6220 烧毁。6220 模块烧坏后+5V 供电电阻接近 0Ω，+5V 电压不启动，电脑板不工作，更换 6220 模块后正常。

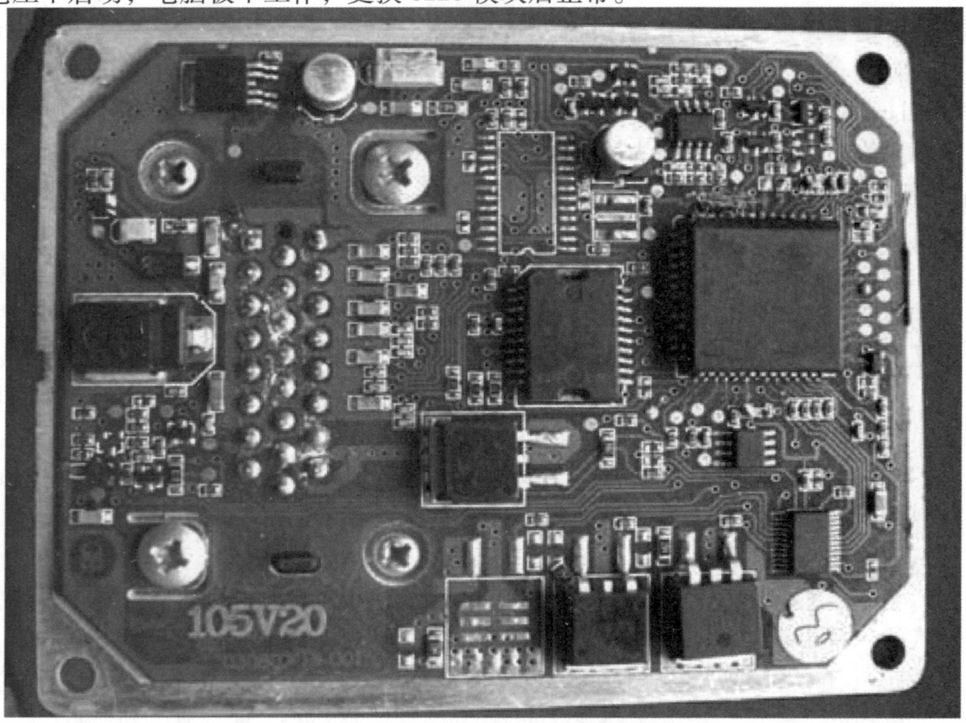

图 5-52　五菱荣光用摩托罗拉电脑板

案例二：

一台波罗车，由于修理工作业时不注意把一根电源线 12V 搭在了此车电脑板的壳体上，造成此车发动机不能起动。经查是 12V 火线搭铁短路后，将此车电脑板（马瑞利多点）1、2 号搭铁端子（搭铁）烧断。图 5-53 为波罗轿车用电脑板。

二、电脑板喷油模块、油泵继电器易损坏

1）易损坏喷油模块的电脑板有长安、五菱、比亚迪、M7 电脑板，使用的喷油模块 L05172，同时控制油泵继电器。图 5-54 为摩托罗拉单插头电脑板。图 5-55 为摩托罗拉电脑板喷油模块。图 5-56 为 M7 电脑板。图 5-57 为电脑板喷油模块。图 5-58 为马瑞利单点电脑板。图 5-59 为马瑞利单点电脑板喷油模块。L05172 和马瑞利多点电脑板喷油模块 9109 可互换使用。马瑞利 9109 喷油模块也容易损坏。

M7. 9. 7 喷油模块 30344（30365、30363）易损坏。图 5-60 为 M7. 9. 7 电脑板。图 5-61 为 M7. 9. 7 电脑板喷油模块。

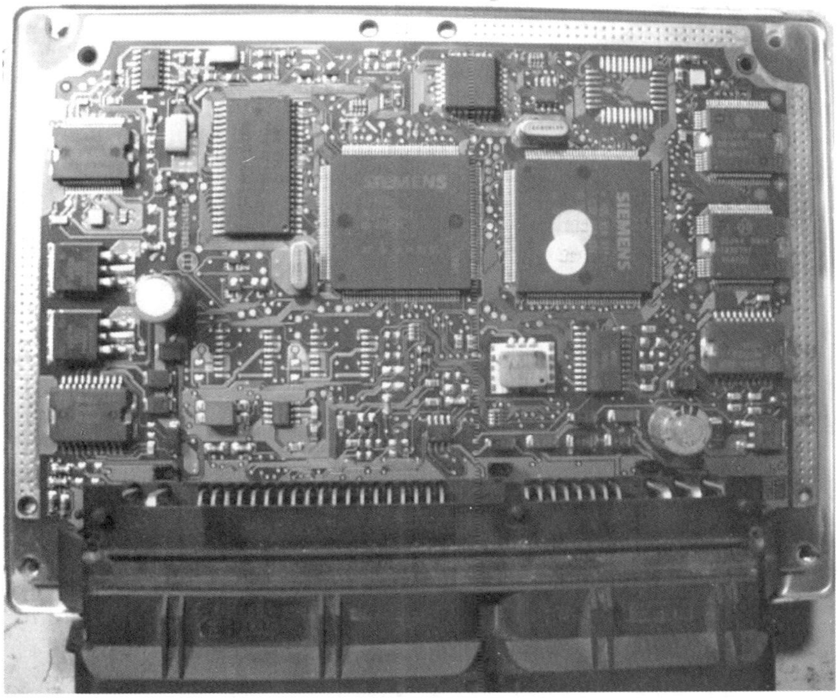

图 5-53 波罗轿车月电脑板

图 5-54 摩托罗拉单插头电脑板

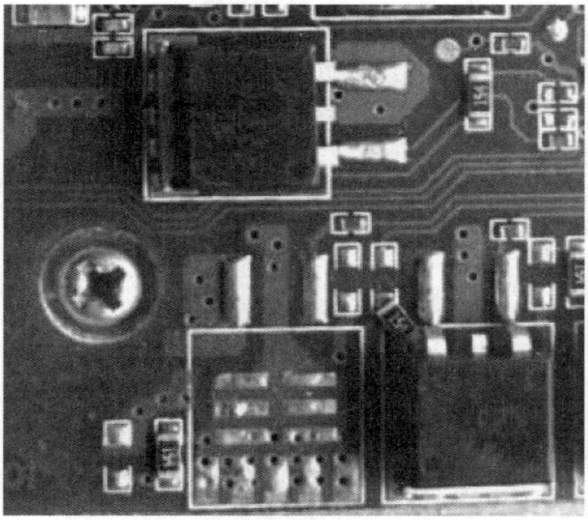

图 5-55 摩托罗拉电脑板喷油模块

图 5-56 M7 电脑板

图 5-57　M7 电脑板喷油模块

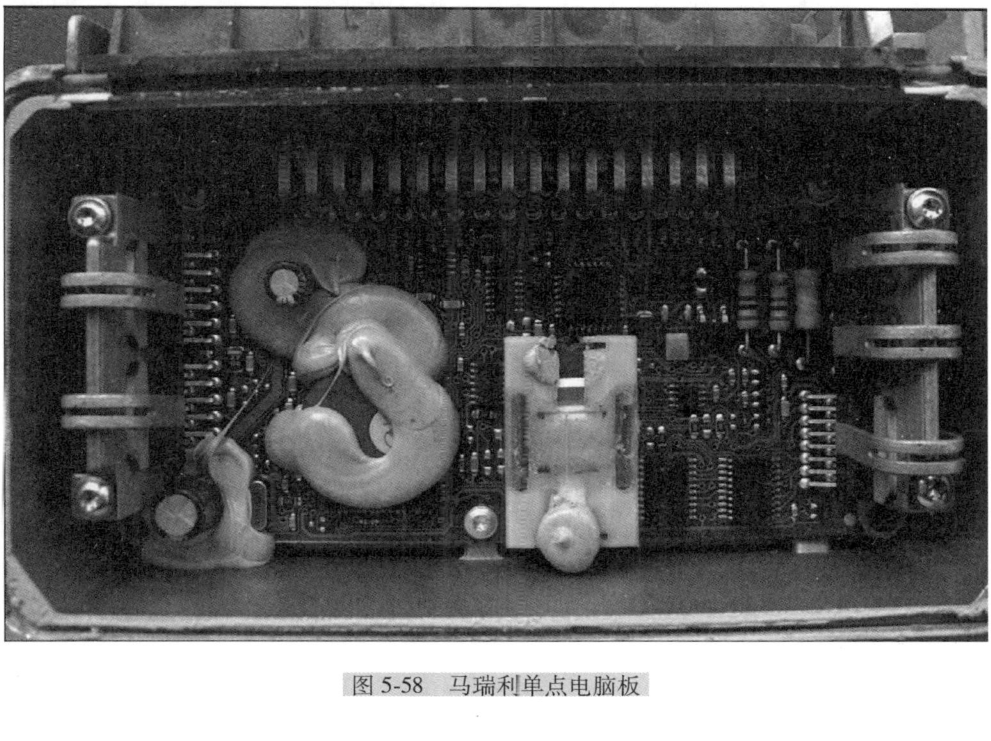

图 5-58　马瑞利单点电脑板

图5-59 马瑞利单点电脑板喷油模块

图5-60 M7.9.7电脑板

图5-61 M7.9.7电脑板喷油模块

包括应用 M3. 8. 2、M3. 8. 3 电脑板的车型，如：一汽大众、捷达王轿车、奥迪 200、时代超人、桑塔纳 2000 电脑板所用的喷油模块 30382，都易损坏。柴油捷达用 30344 模块（控制继电器）也易损坏。图 5-62 为 M3. 8. 3 电脑板。图 5-63 为 M3. 8. 3 电脑板喷油模块。图 5-64为 M3. 8. 2 电脑板。图 5-65 为 M3. 8. 2 电脑板喷油模块。图 5-66 为捷达用电脑板。图 5-67 为捷达用电脑板喷油模块。

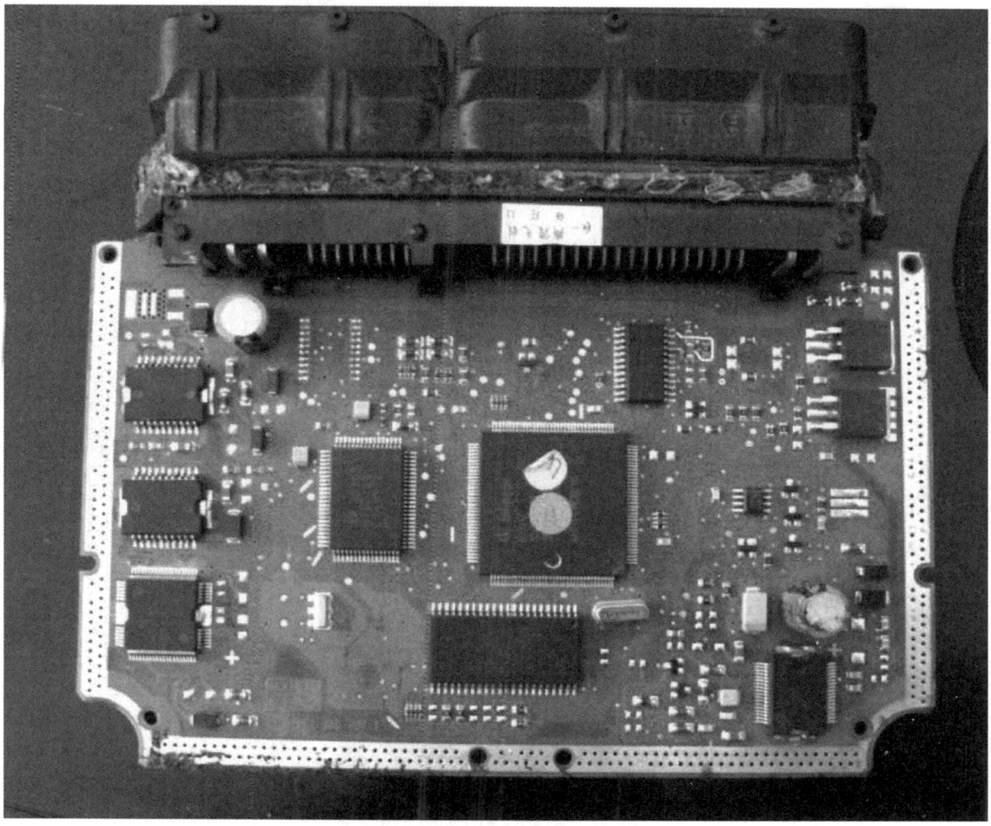

图 5-62　M3. 8. 3 电脑板

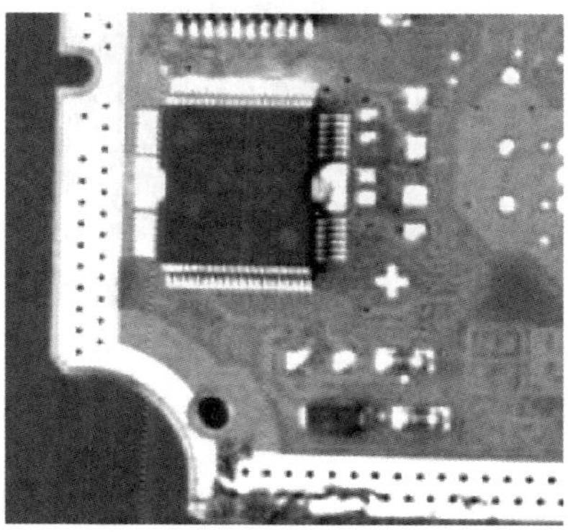

图 5-63　M3. 8. 3 电脑板喷油模块

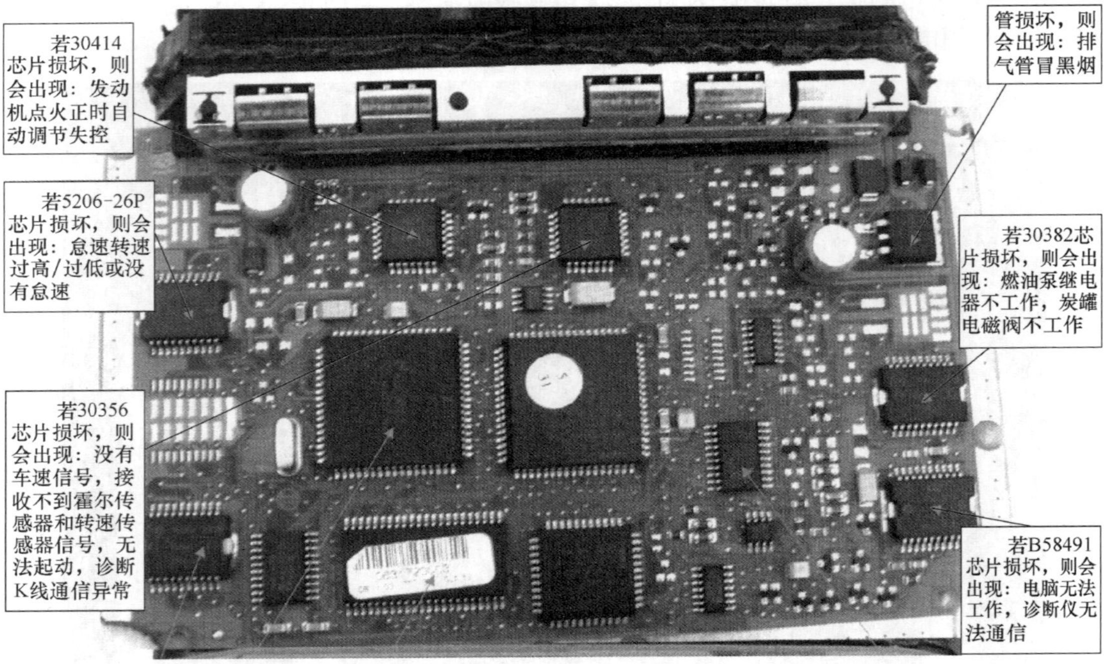

图5-64　M3.8.2电脑板

图5-65　M3.8.2电脑板喷油模块

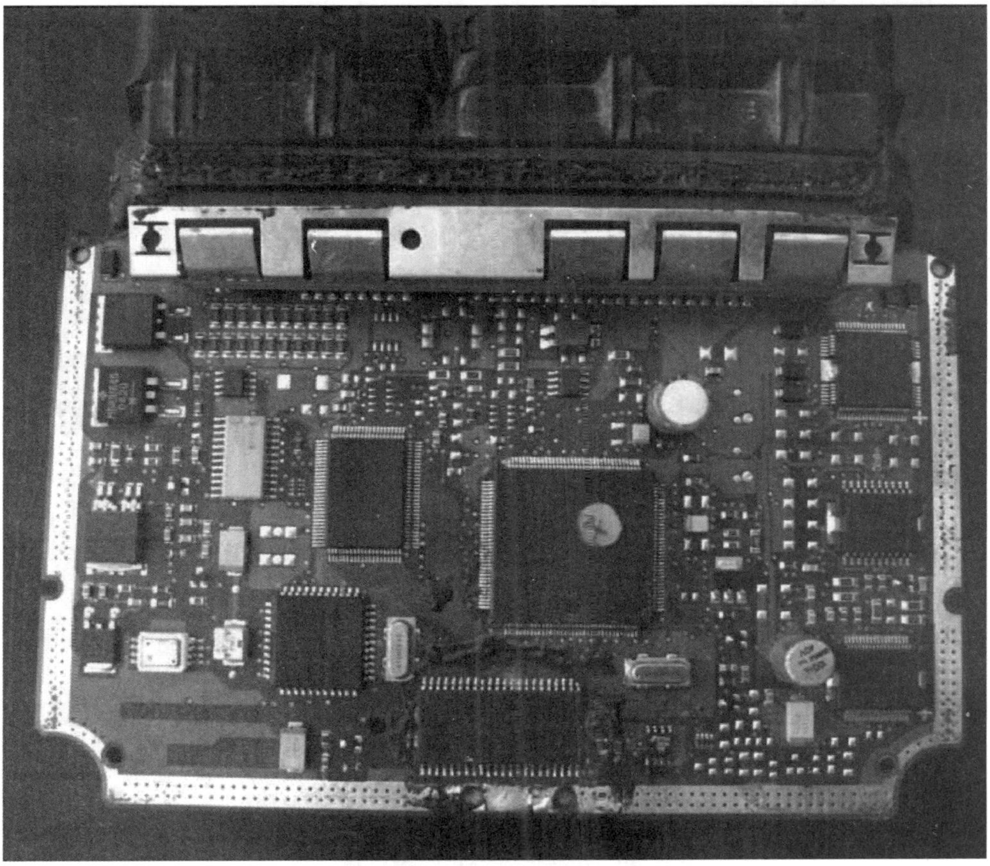

图 5-66 捷达用电脑板

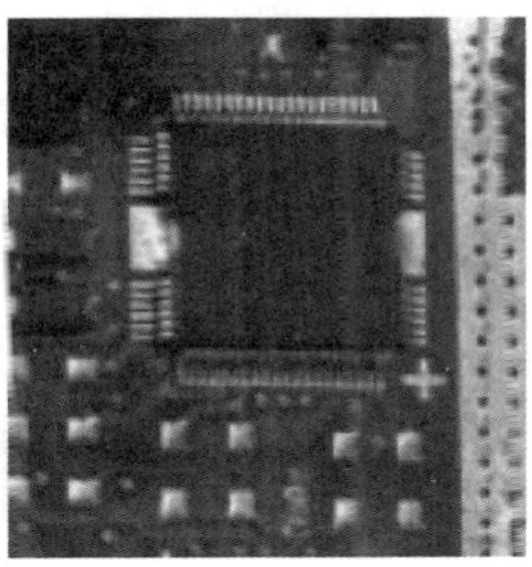

图 5-67 捷达用电脑板喷油模块

2）不易损坏的喷油模块有 M1. 5. 4 电脑板喷油模块 30373 和西门子电脑板喷油模块 A2700008350。图 5-68 为 M1. 5. 4 电脑板。图 5-69 为 M1. 5. 4 电脑板喷油模块。图 5-70 为西门子电脑板。图 5-71 为西门子电脑板喷油模块。

图 5-68 M1.5.4 电脑板

图 5-69 M1.5.4 电脑板喷油模块

3）喷油模块包括控制喷油的大功率晶体管，其损坏的原因有很多，极为常见的车上翻新烤漆后易出现损坏。这是因烤漆后，各个汽车零部件内部，特别是电器元件内部（其中包括电脑板）聚集了高温。其内部热量很高，并且这些热量从元件内部深处散发出来的速度比较缓慢，而电脑板元器件，尤其是喷油模块和控制喷油点火的大功率晶体管，在热量被散发出来之前，如果着车极易损坏。所以如果车辆烤漆后，不要立即着车起动，应充分经过冷却后方可着车起动。易损坏的喷油模块也跟它的质量有极为重要的关系。

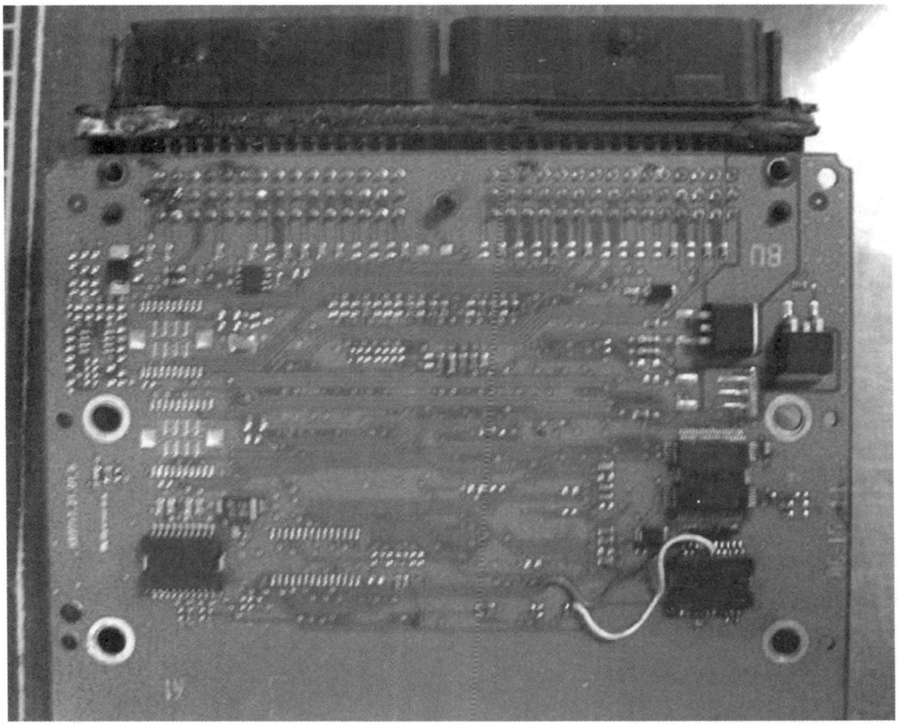

图 5-70　西门子电脑板

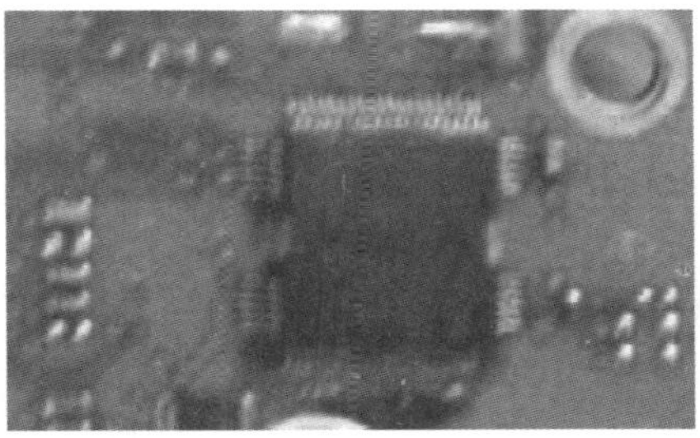

图 5-71　西门子电脑板喷油模块

三、无高压或缺缸

1. 易损坏的控制高压火的模块电脑板

1） M1.5.4 电脑板的点火模块 30023（图 5-72）。

2） M7.9.7 电脑板的点火模块 30028（图 5-73）。

3） 马瑞利多点电脑板的点火模块 VB025（图 5-74）。

4） M7.5 电脑板的点火模块 30397（同 30637）（图 5-75）。

5） 三菱电脑板的点火模块 JE31E××××的点火模块 X1（图 5-76）。

6） 猎豹、东南得利卡车型电脑板点火驱动模块 X1（图 5-77）。

7） 马自达 323 车（三菱电脑板）点火模块 R12（图 5-78）。

图 5-72 M1.5.4 电脑板点火模块

图 5-73 M7.9.7 电脑板点火模块(上下的两个是)

图 5-74 马瑞利多点电脑板点火模块

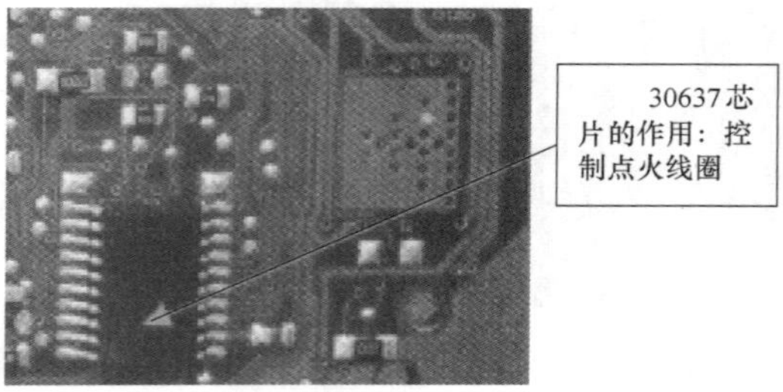

图 5-75 M7.5 电脑板点火模块

图 5-76 三菱电脑板点火模块

图 5-77 猎豹、东南得利卡车型电脑板点火模块

图 5-78 马自达 323 车电脑板

2. 点火模块易损坏的原因

点火模块损坏主要是点火线圈短路损坏。

点火线圈损坏的原因，除有的是质量问题外，大多数是人为的。可用吊火的方法检查发动机缸内是否有高压火产生，而造成点火线圈损坏。

四、程序损坏

内部程序易损坏的电脑板有五菱、西门子电脑板内部 29F400(图 5-79)，这种电脑板程序损坏是抬加速踏板时发动机转速不减反升，刷新 29F400 后可排除故障。

M1.5.4 电脑板内部 24C02 易损坏(图 5-80)。

摩托罗拉电脑板包括单插头 11E9(图 5-81)、双插头 11K4(图 5-82)、三插头 CPU SC4354402MFC165142756U01 易损坏。

图 5-79　西门子用 29F400

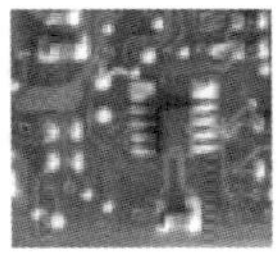

图 5-80　M1.5.4 用 24C02

图 5-81　摩托罗拉单插头 11E9

马瑞利单点 11F1 易损坏(图 5-83)。

图 5-82　摩托罗拉双插头 11K4

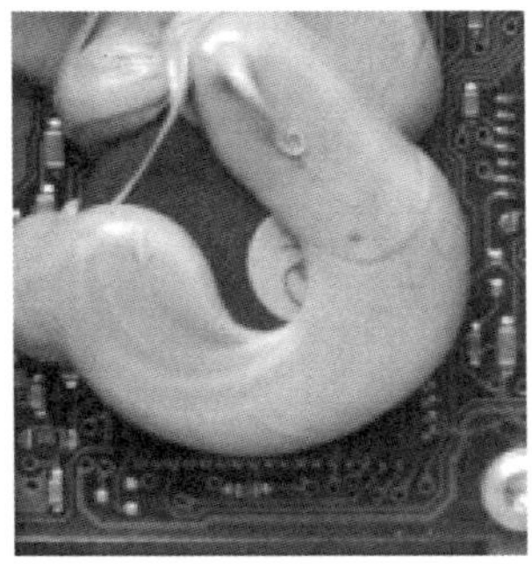

图 5-83　马瑞利单点 11F1

以上属于 ECU 内部软件损坏，有条件最好更换新的 CPU，刷新程序继续使用。

五、电源模块损坏

1. 易损坏的电源模块电脑板

1）M1.5.4 电脑板的电源模块 30358(30322)，可代用，(图 5-84)。

2）M7.5、M7.9.7 电脑板的电源模块 30343(30639)(图 5-85)。

图 5-84　M1.5.4 电脑板电源模块

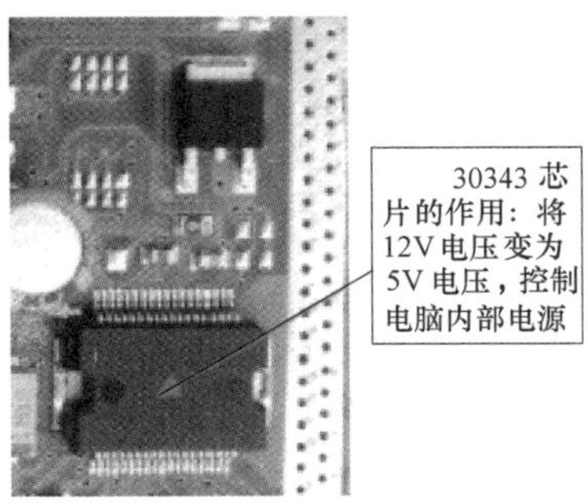

图 5-85　M7.9.7 电脑板电源模块

3）M3. 8. 2 电脑板的电源模块 B58491（图 5-86）。

2. 损坏的原因

由于电喷车发动机所用传感器的电源为+5V，如进气压力传感器、霍尔式位置传感器等，检测时如果还用 12V 试灯检测这些传感器，势必造成电源模块的损坏。

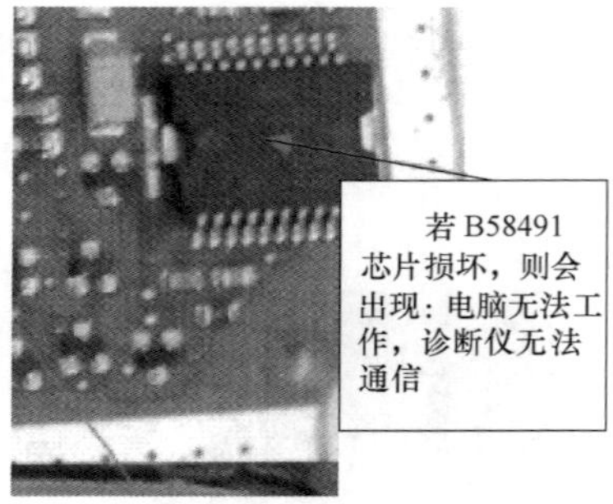

图 5-86　M3. 8. 2 电脑板电源模块

3. 正确测量电源模块的方法

1）用数字万用表电阻档检测+12V、+5V 和搭铁线的阻值，一般在 300～500Ω 正常，低于 300Ω 或更低说明电路中有短路的地方。

2）用数字万用表或信号笔测量电源模块是否有 12V，是否有供电脑板内部集成电子元件+5V 和外部传感器的+5V 电压产生。

如果在电源模块的电源输出有 5V 电压，证明电源模块没有损坏，如果没有，则要更换电源模块。

第六章

皮卡 EDC-16 博世电脑板维修

皮卡 EDC-16 博世电脑板系统广泛用于长城、东风朝阳、江铃、依维柯等车型的发动机上。

第一节　皮卡 EDC-16 博世电脑板简介

皮卡 EDC-16 博世电脑板与博世其他电脑板相似，端子内容不同，传感器大同小异。电脑板内部各个电子元器件作用在第二章已经详细叙述这里不再重复。

长城发动机用 ECU 如图 6-1 所示。

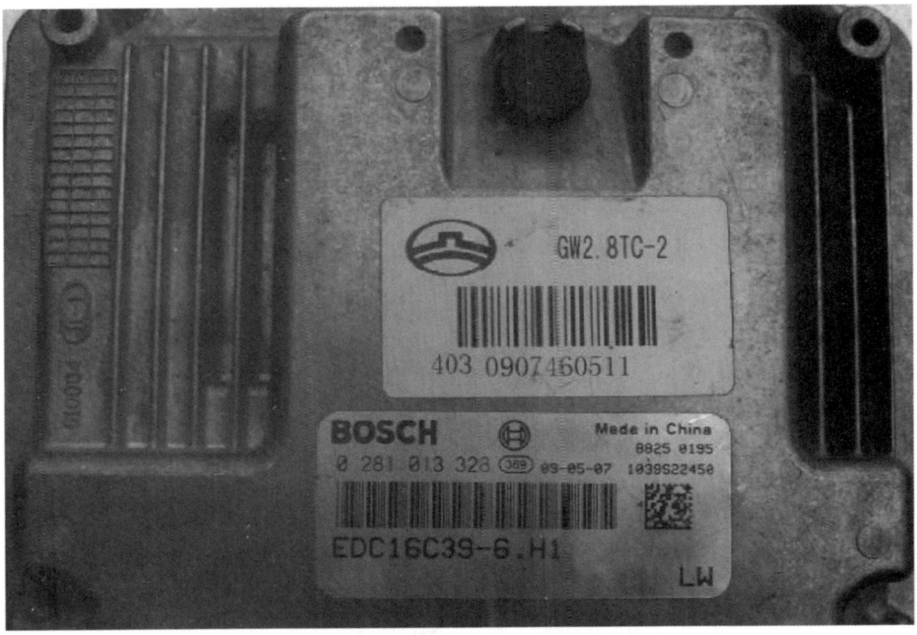

图 6-1　长城发动机用 ECU

江铃发动机用 ECU 如图 6-2 所示。

共轨 4 缸发动机电脑板正面原件如图 6-3 所示。

图 6-2 江铃发动机用 ECU

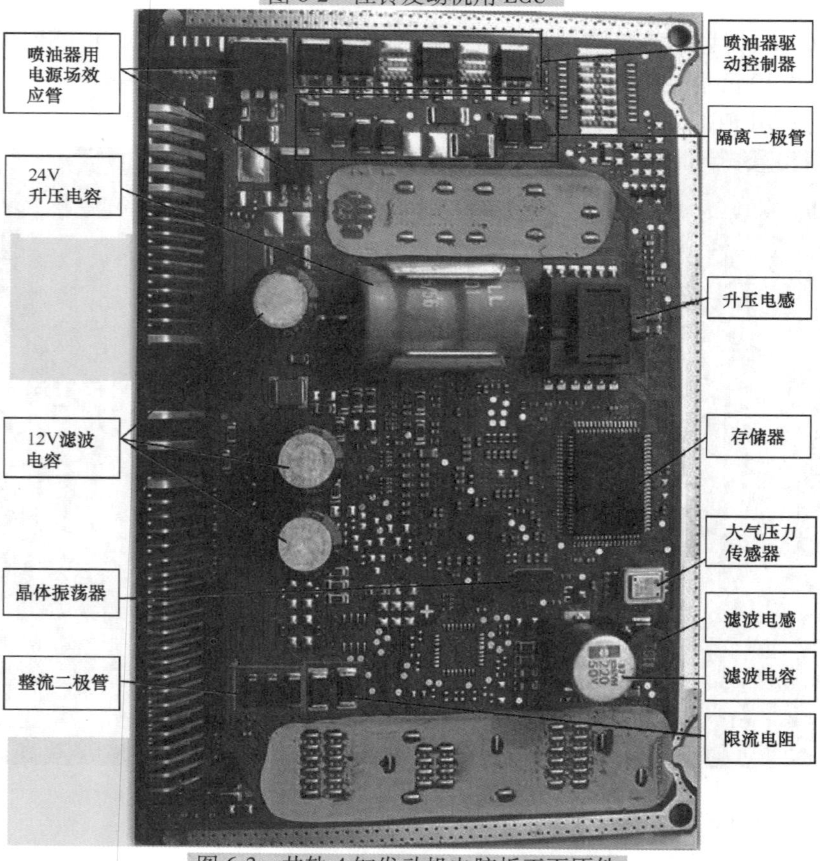

图 6-3 共轨 4 缸发动机电脑板正面原件

共轨 4 缸发动机电脑板反面原件如图 6-4 所示。

长城共轨发动机电脑板端子图如图 6-5 所示。

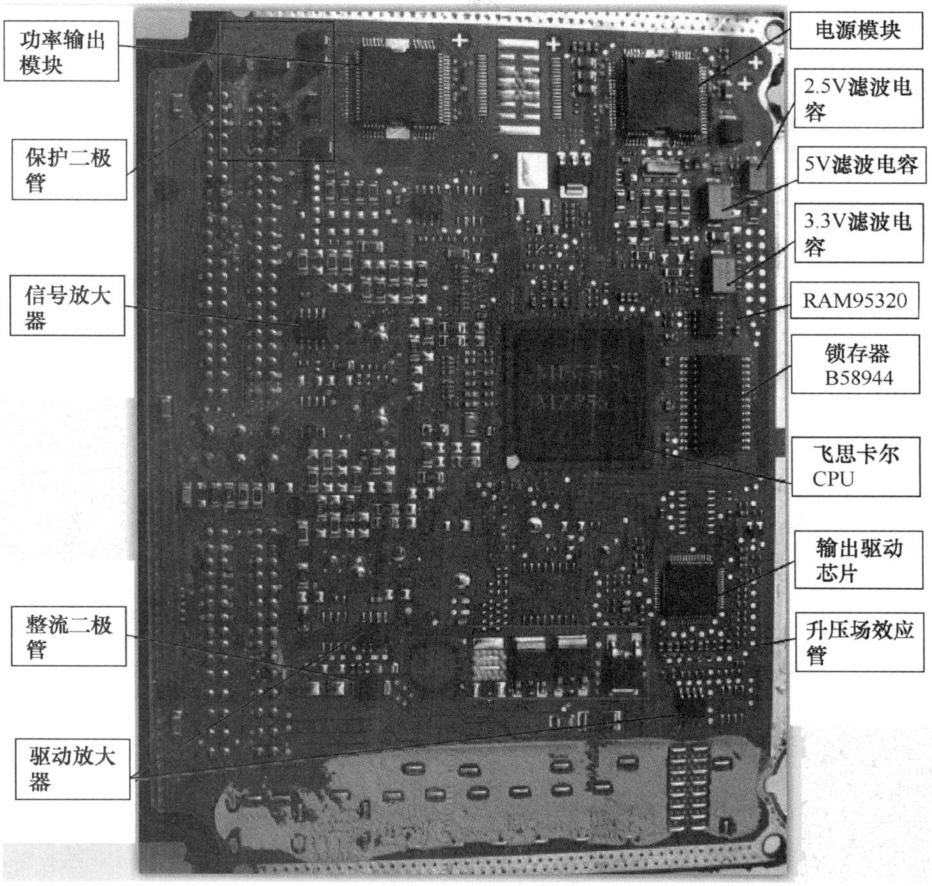

图 6-4 共轨 4 缸发动机电脑板反面原件

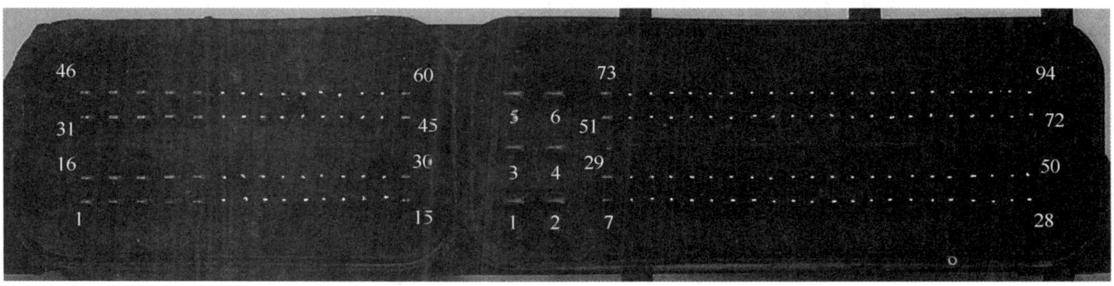

图 6-5 长城共轨发动机电脑板端子图

共轨 4 缸发动机电脑板端子图如图 6-6 所示。电脑板常用端子技术参数参考值见表 6-1。

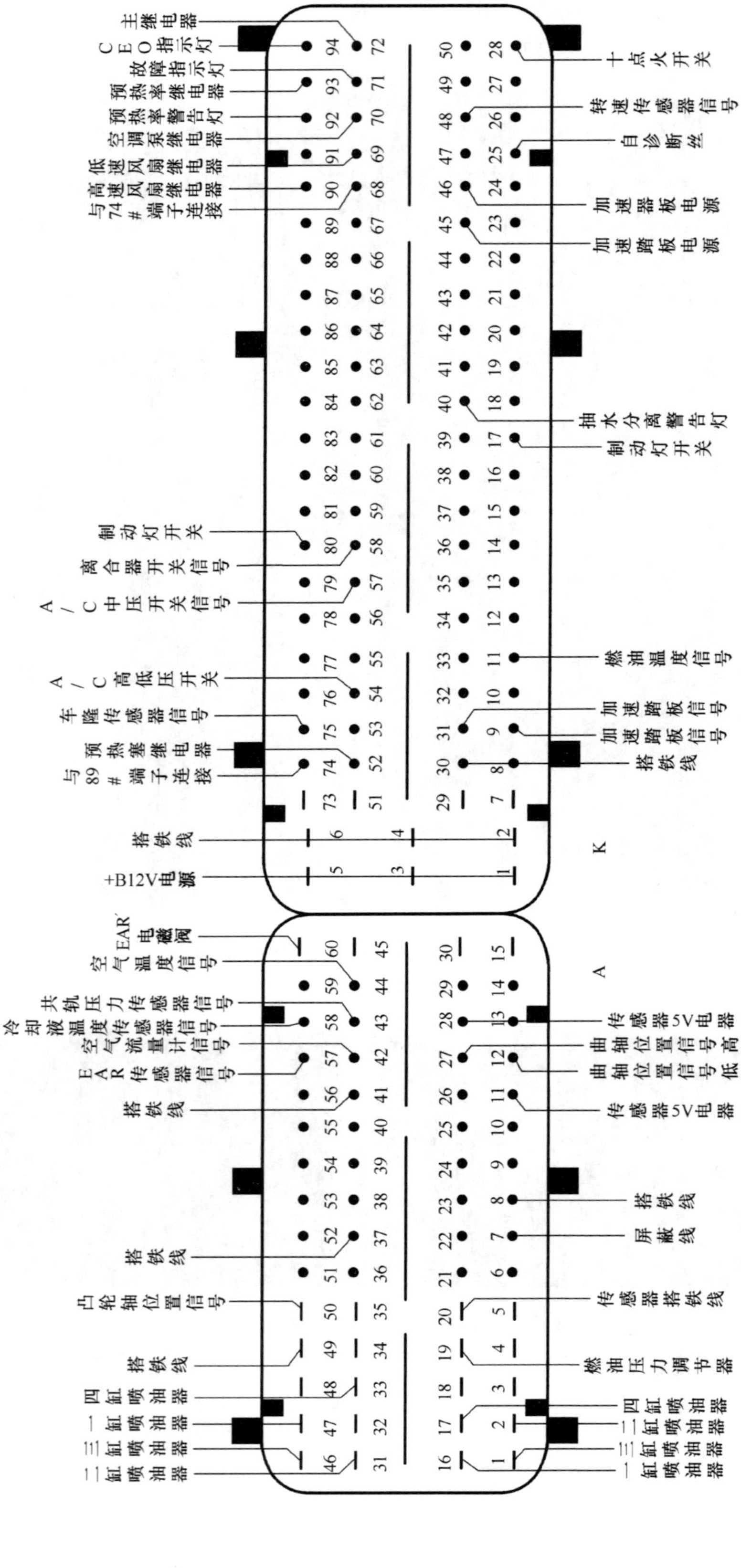

图6-6 共轨4缸发动机电脑板端子图

表 6-1　电脑板常用端子技术参数参考值

端子号	测试条件	参考值
所有传感器电源	点火开关接通	接近 5V
94 端子—1、3、3、5、28	点火开关接通	蓄电池电压
所有搭铁线，屏蔽线	点火开关接通	0~0.12V
60 端子—1、2、16、17、31、33、47、46	正常工作时	频率方波
60 端子—60	点火开关接通 12V，工作时	低频方波
94 端子—25	点火开关接通 10V，工作时	数据输出
94 端子—48	发动机运转时	频率方波
96 端子—71	运转正常灯熄灭，有故障	灯亮起
60 端子—42	点火开关接通工常工作时	0.5~4.0V
94 端子—44	点火开关接通工常工作时	0.7~2.8V
94 端子—9、31	点火开关接通正常工作时	0.5~4.8V
60 端子—12、27	点火开关接通 0.6V，工作时	频率脉冲
60 端子—58	点火开关接通正常工作时	4.8~0.9V
60 端子 57	点火开关接通正常工作时	0.5~4.8V
94 端子—52	点火开关接通 12V，工作时	接近 0V
60 端子—43	点火开关接通正常工作时	0.5~3.8V
60 端子—50	点火开关接通 5V，工作时	频率方波
94 端子—70	点火开关接通 12V，工作时	接近 0V
94 端子—69、90	点火开关接通 12V，工作时	接近 0V
94 端子—11	点火开关接通三常工作时	4.8~0.9V
94 端子—72	点火开关关闭 12V，工作时	0~0.12V
94 端子—75	车辆正常行驶时	频率方波

第二节　皮卡 EDC-16 博世电脑板硬件维修

一、电脑板维修拆卸步骤

皮卡 EDC-16 博世电脑板外壳及电脑板的拆卸方法同第二章潍柴电脑板外壳及电脑板的拆卸方法，这里不再介绍。

二、维修电脑板三步法

1. 量电阻值

取出电脑板后首先检测电脑板的电阻值，分别测量 5V 滤波电容两端的电阻值；再测量 3.3V 滤波电容两端的电阻值；测量 2.5V 滤波电容两端的电阻值，看看硬件有没有损坏的地方。

如果检测量得5V滤波电容两端的电阻值在0 ~200Ω范围，表明有短路的地方，如果检测量得5V滤波电容两端的电阻值在500 ~1100Ω范围，可以判断CPU外围元器件是正常的。5V滤波电容的检测方法如图6-7和图6-8所示。

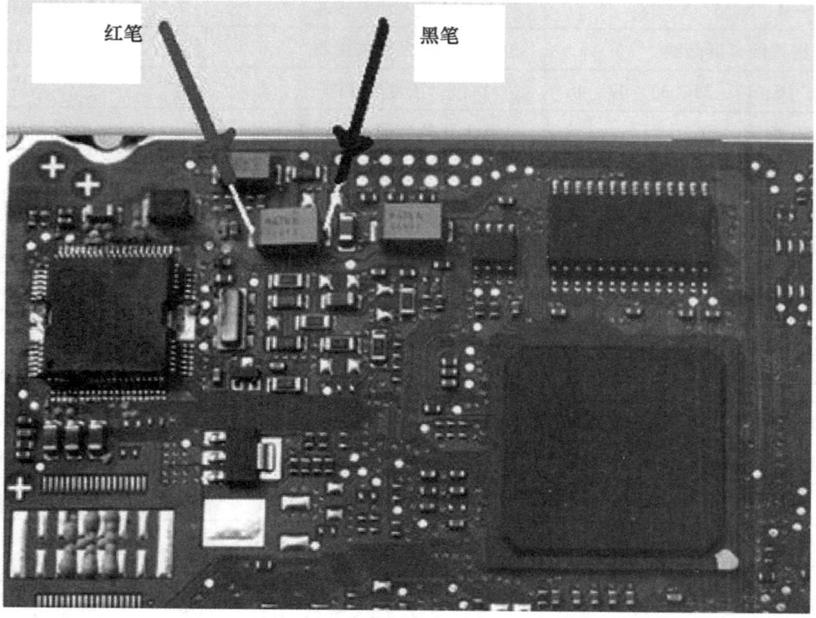

图6-7 测量5V滤波电容两端的正向电阻值

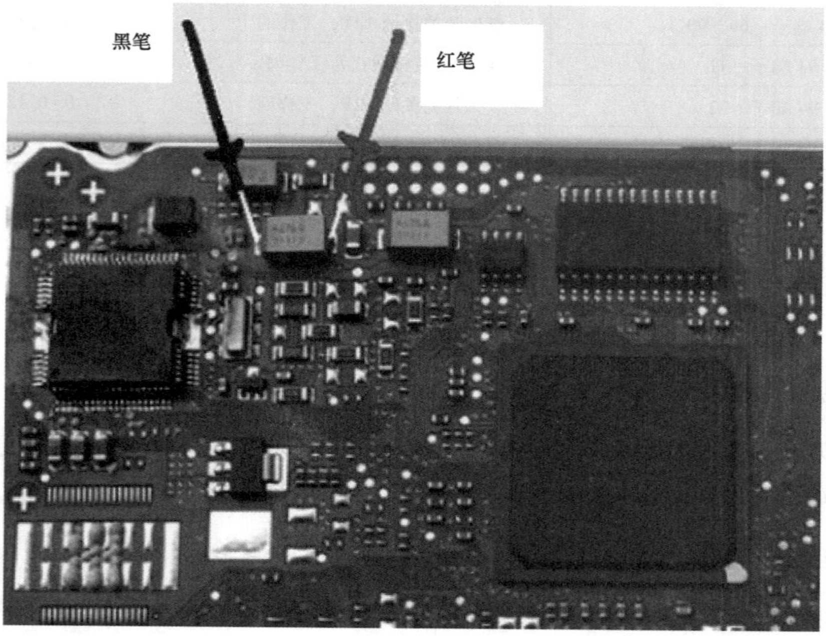

图6-8 测量5V滤波电容两端的反向电阻值

3. 3V滤波电容的检测方法如图6-9和图6-10所示。

2. 5V滤波电容的检测方法如图6-11和图6-12所示。

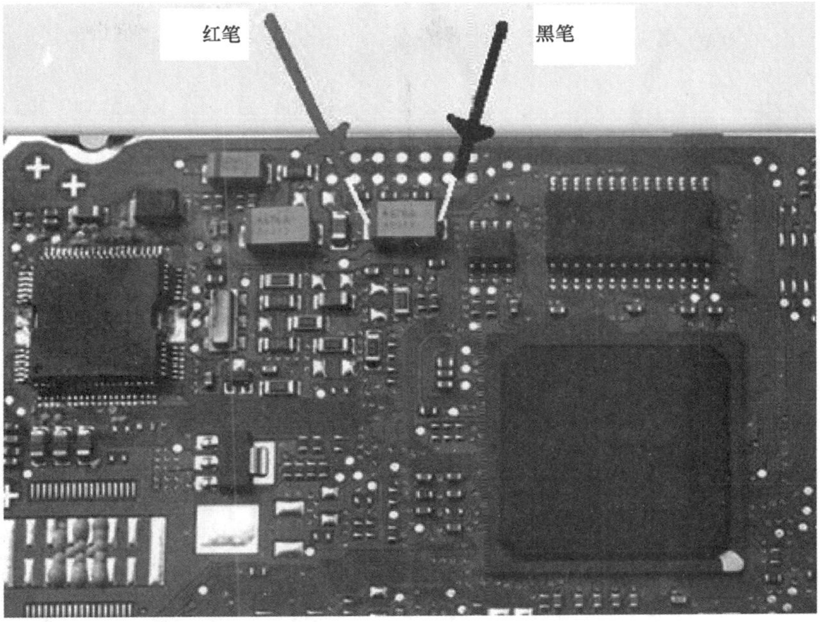

图 6-9　测量 3. 3V 滤波电容两端的正向电阻值

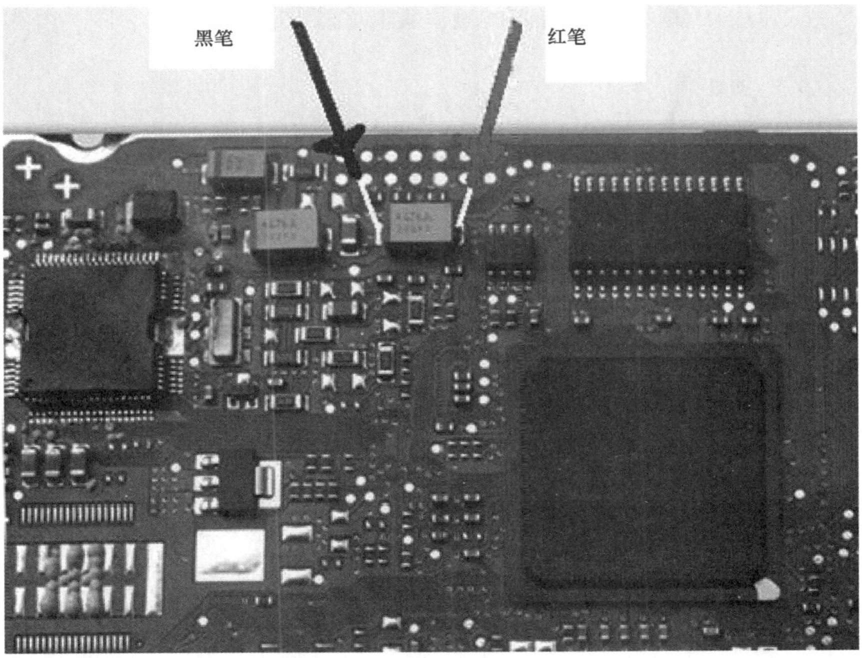

图 6-10　测量 3. 3V 滤波电容两端的反向电阻值

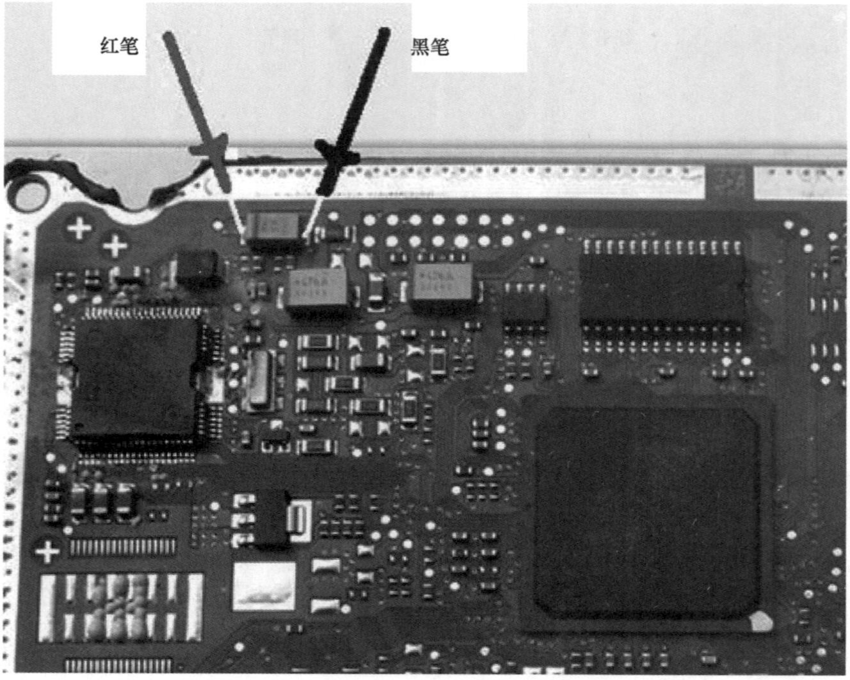

图 6-11 测量 2.5V 滤波电容两端的正向电阻值

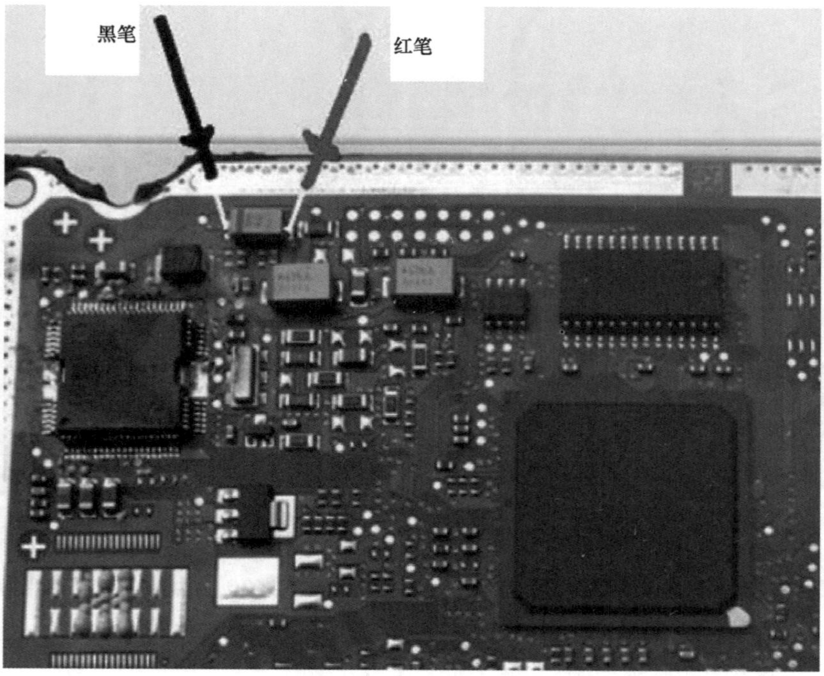

图 6-12 测量 2.5V 滤波电容两端的反向电阻值

12V 滤波电容的检测方法如图 6-13 和图 6-14 所示。

24V 升压电容的检测方法如图 6-15 和图 6-16 所示。

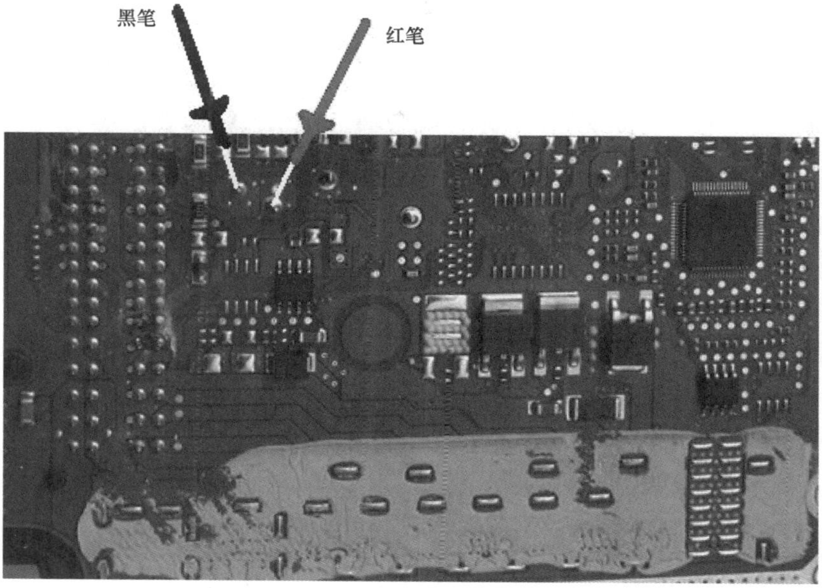

图 6-13 测量 12V 滤波电容两端的正向电阻值

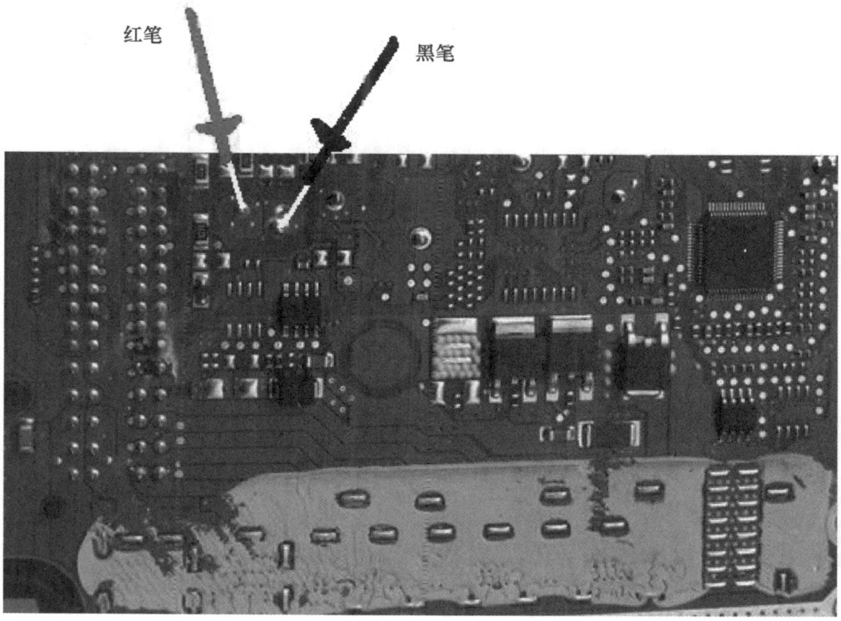

图 6-14 测量 12V 滤波电容两端的反向电阻值

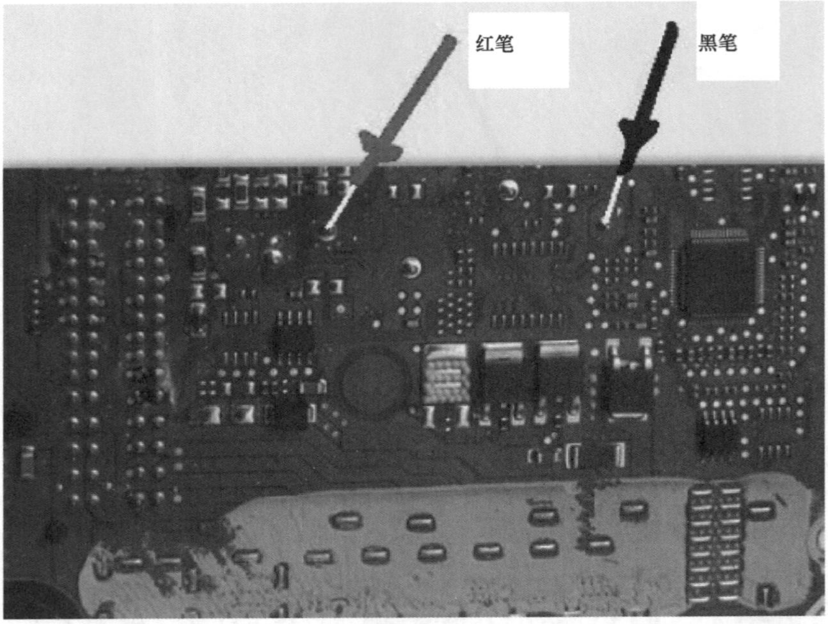

图 6-15 测量 24V 升压电容两端的正向电阻值

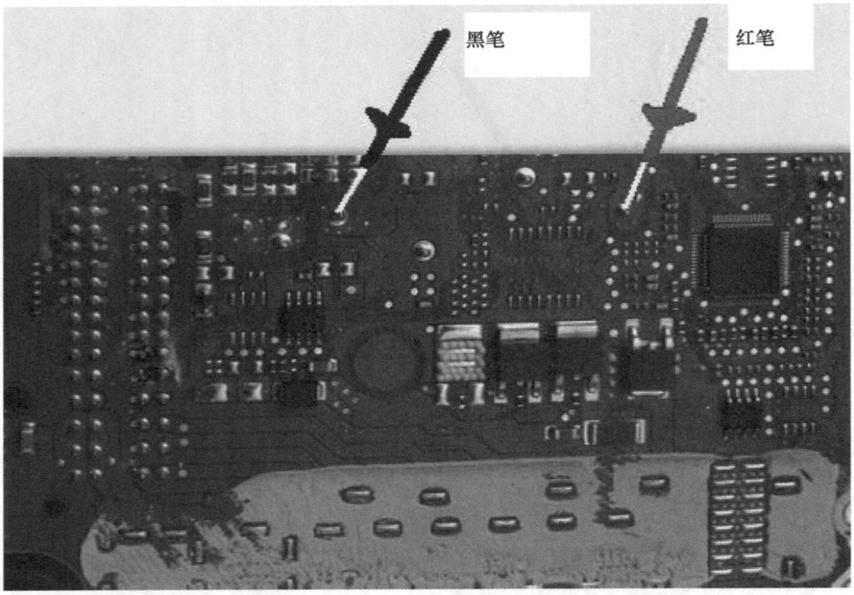

图 6-16 测量 24V 升压电容两端的反向电阻值

2. 送电压

测量 5V、3.3V、2.5V、12V 滤波电容的电压，再测量复位电路、晶体振荡器、地址总线、数据总线，如图 6-17 所示。

3. 送信号

送曲轴位置传感器信号和凸轮轴位置传感器信号，然后检查喷油信号和继电器电磁阀信号。

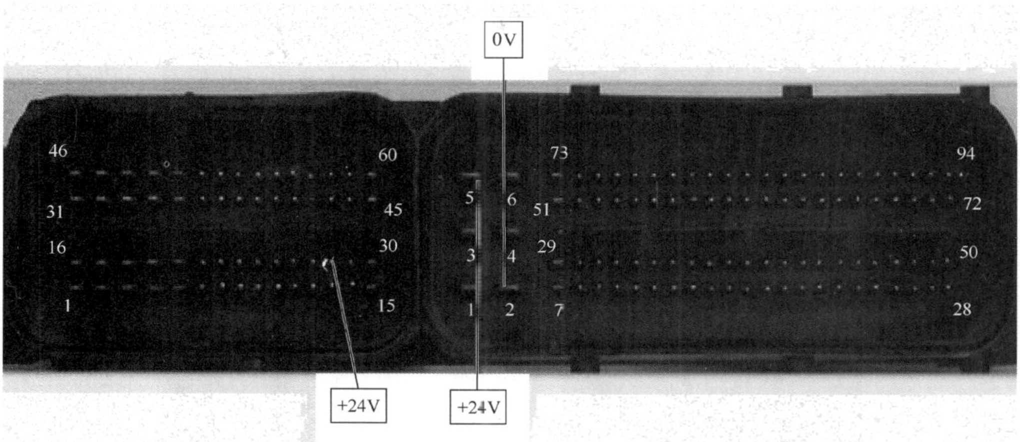

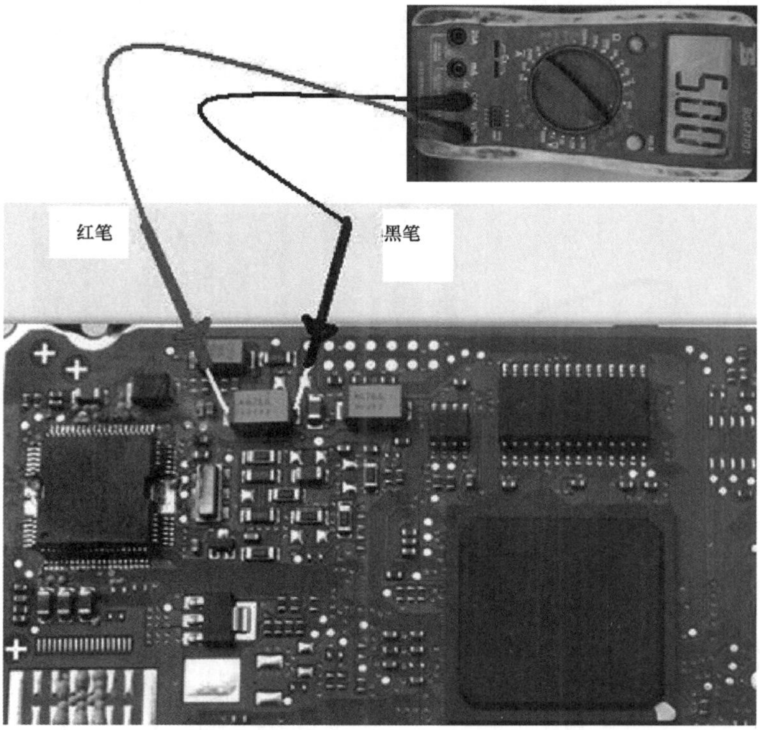

a) 测量5V滤波电容的电压

图 6-17 送电压后的测量步骤

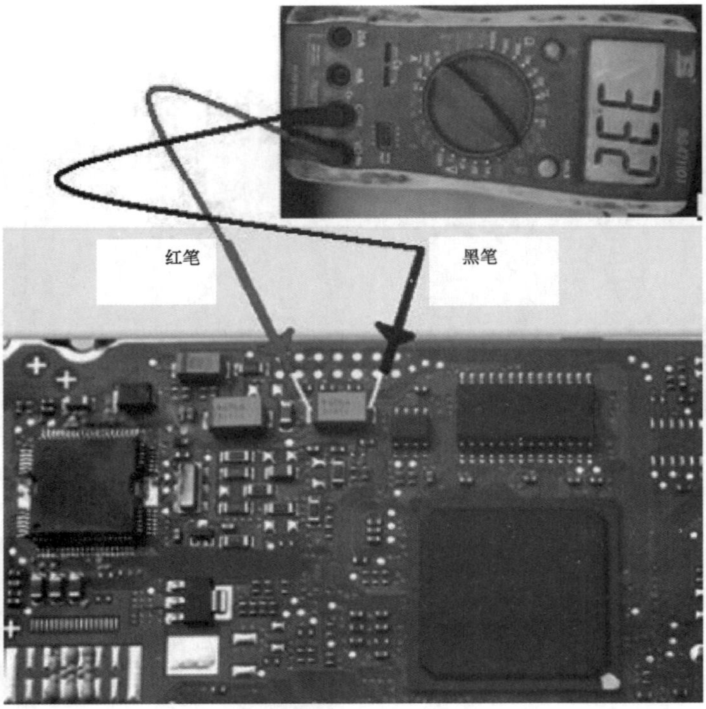

b) 测量3.3V滤波电容的电压

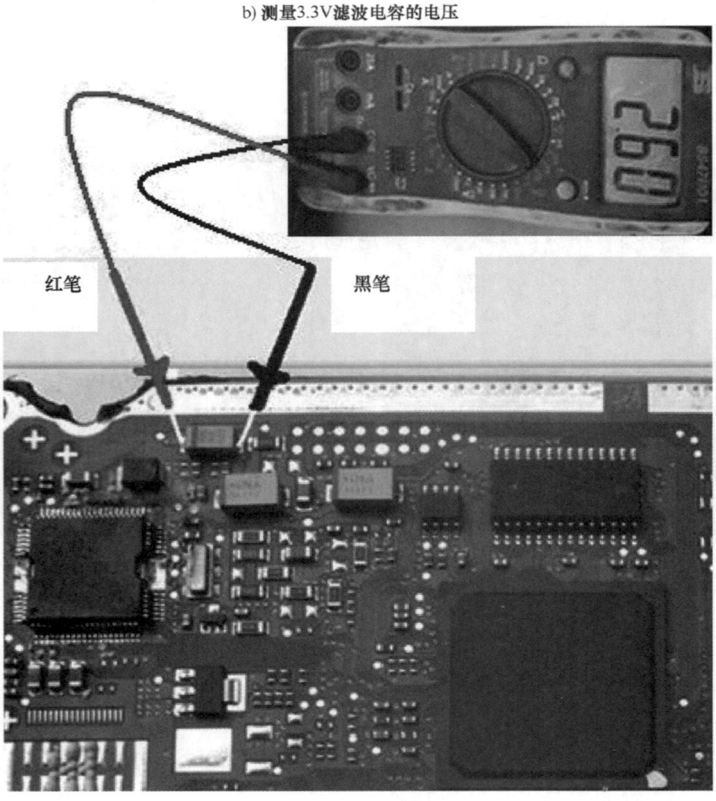

c）测量2.5V滤波电容的电压

图6-17 送电压后的测量步骤(续1)

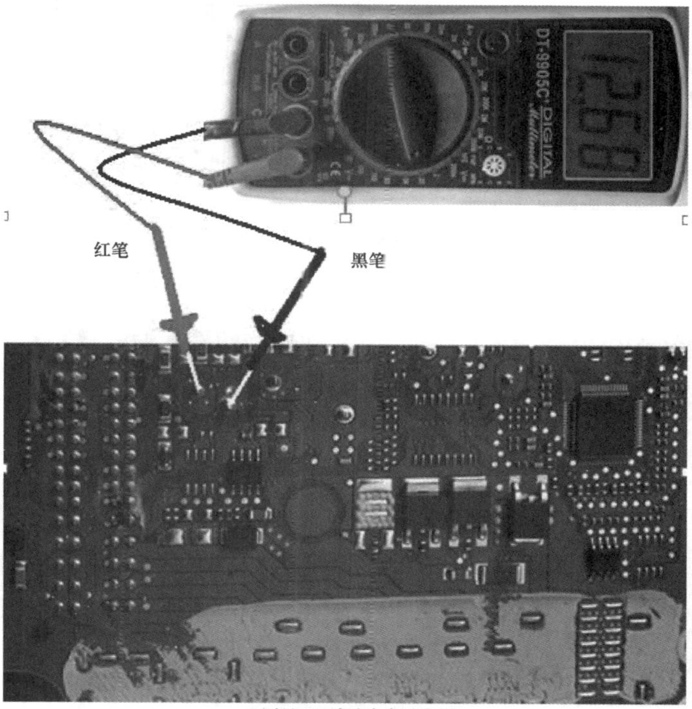

d) 测量12V滤波电容的电压

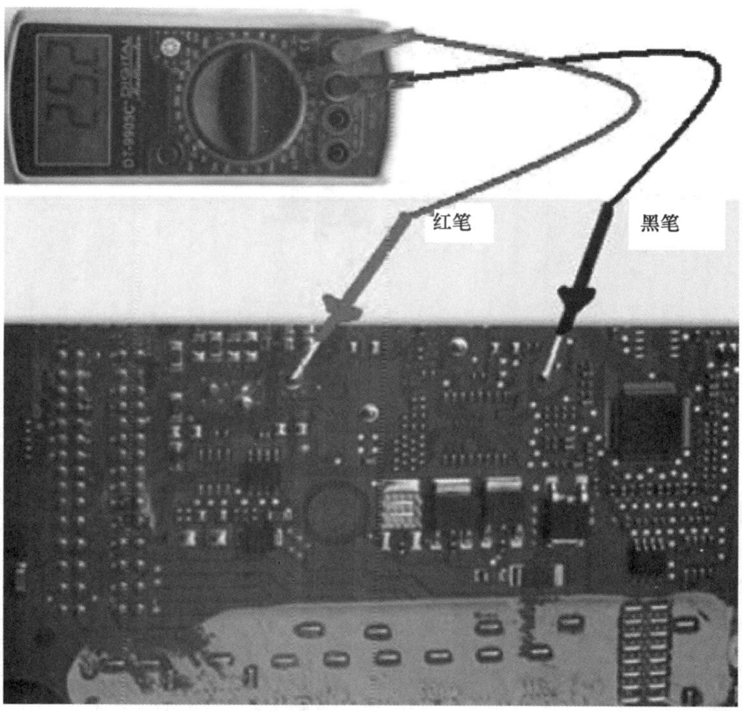

e)测量24V升压电容电压（一）

图 6-17 送电压后的测量步骤(续 2)

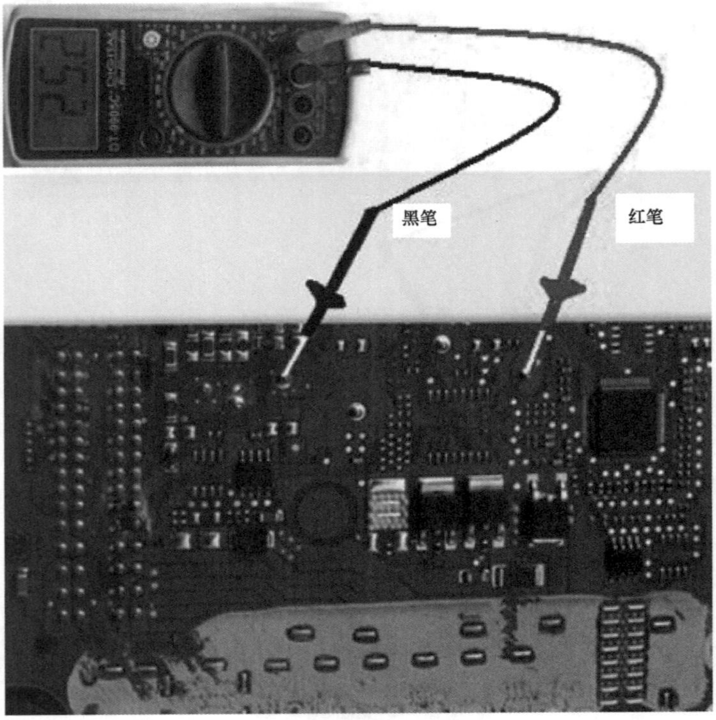

e) 测量24V升压电容电压(二)

f) 测量复位电路

图 6-17 送电压后的测量步骤(续 3)

g) 测量晶体振荡器

h) 测量数据总线

图 6-17　送电压后的测量步骤(续 4)

i) 测量地址总线

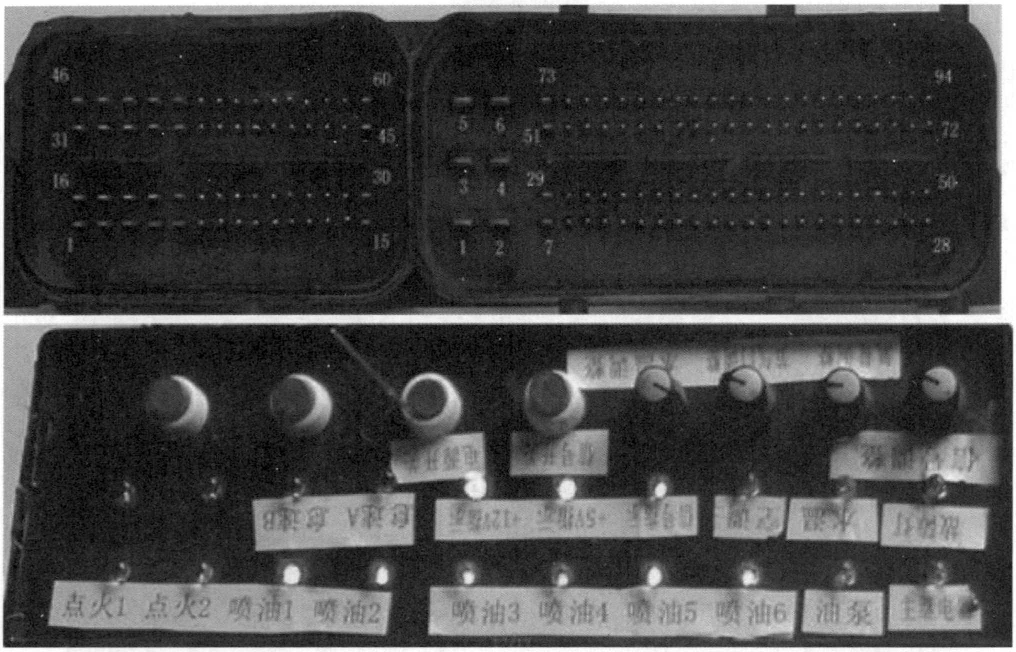

j) 端子图

图 6-17　送电压后的测量步骤(续 5)

第三节　博世 EDC-16 电脑板软件维修

EDC-16 的程序刷写，要给电脑板提供工作电压，也就是连接电脑修复仪，然后再用 ECM 编程器的连接线焊接到电脑板的编程接线点上。

ECM 编程器如图 6-18 所示。

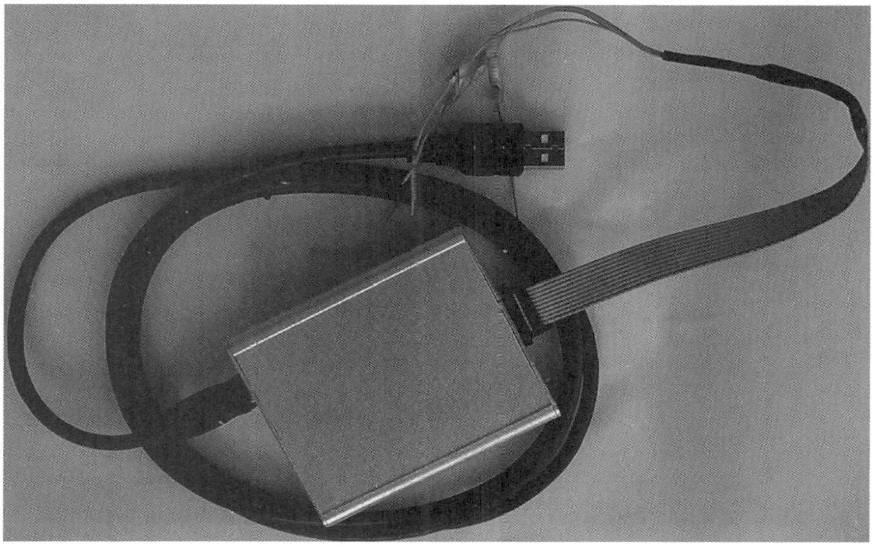

图 6-18　ECM 编程器

皮卡等博士 EDC-16 电脑板读写接线图如图 6-19 所示。

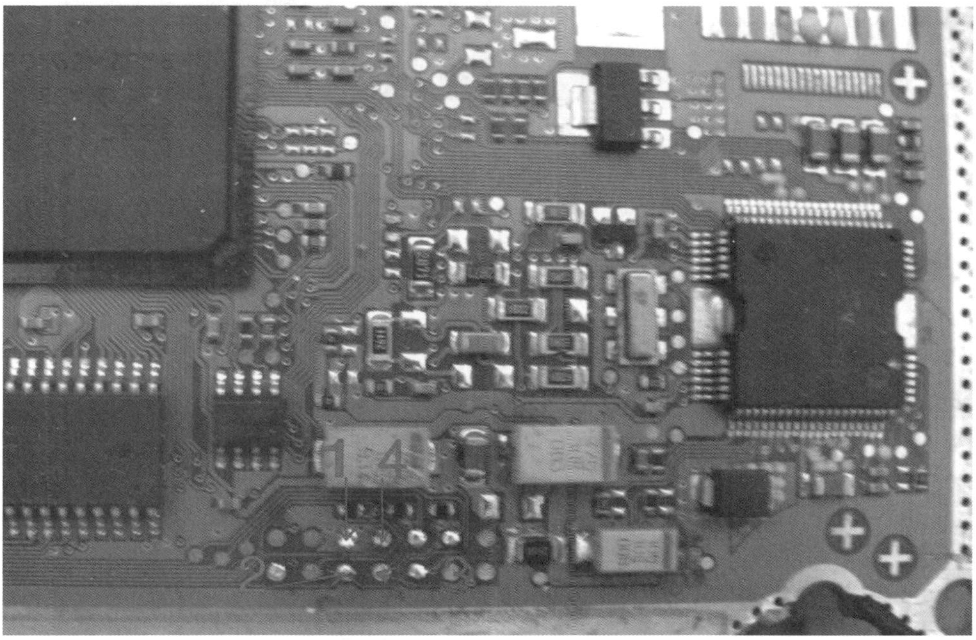

图 6-19　皮卡等博士 EDC-16 电脑板读写接线图

连接完成之后，用 USB 线连接电脑的 USB 数据接线口，打开电脑上的程序。打开 ECM 编程器，在桌面显示的 LOADER 后的页面，如图 6-20 所示。

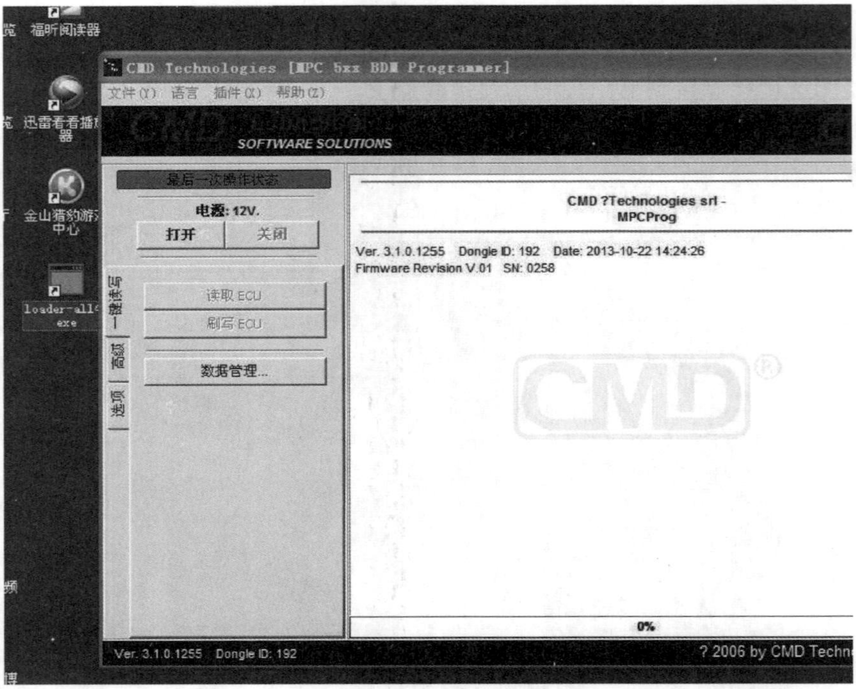

图 6-20 打开 LOADER 后的页面

单击保存后即可读出数据，如图 6-21 所示。

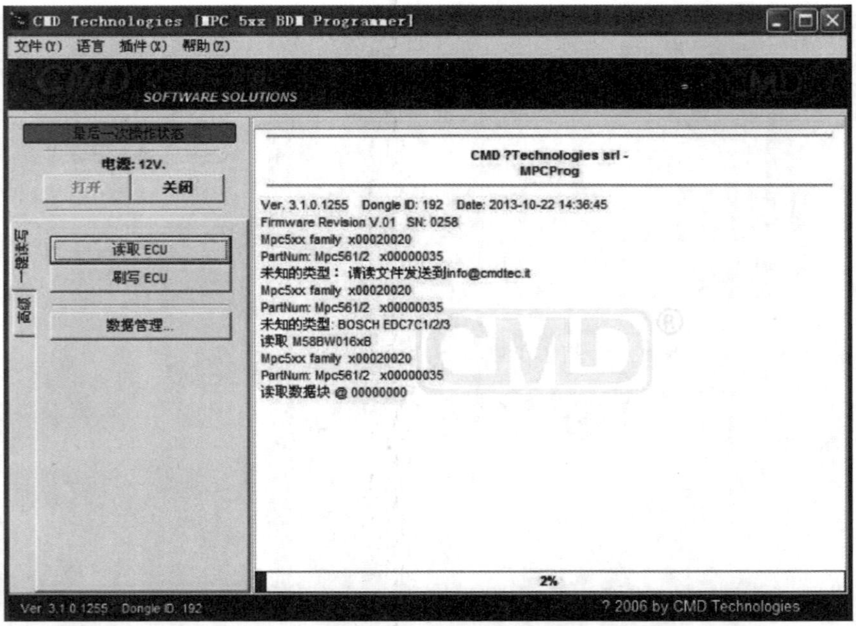

图 6-21 单击保存后即可读出数据

单击读取后，将新软件保存到我的文档，请自己输入姓名，如图 6-22 所示。

图 6-22　单击读取后，将新软件保存到我的文档，请自己输入姓名

单击确定后，即可刷写，如图 6-23 所示。

图 6-23　单击确定后，即可刷写

单击确定后，再点击刷写 ECU，如图 6-24 所示。

图 6-24 单击确定后，再点击刷定 ECU

读取成功，如图 6-25 所示。

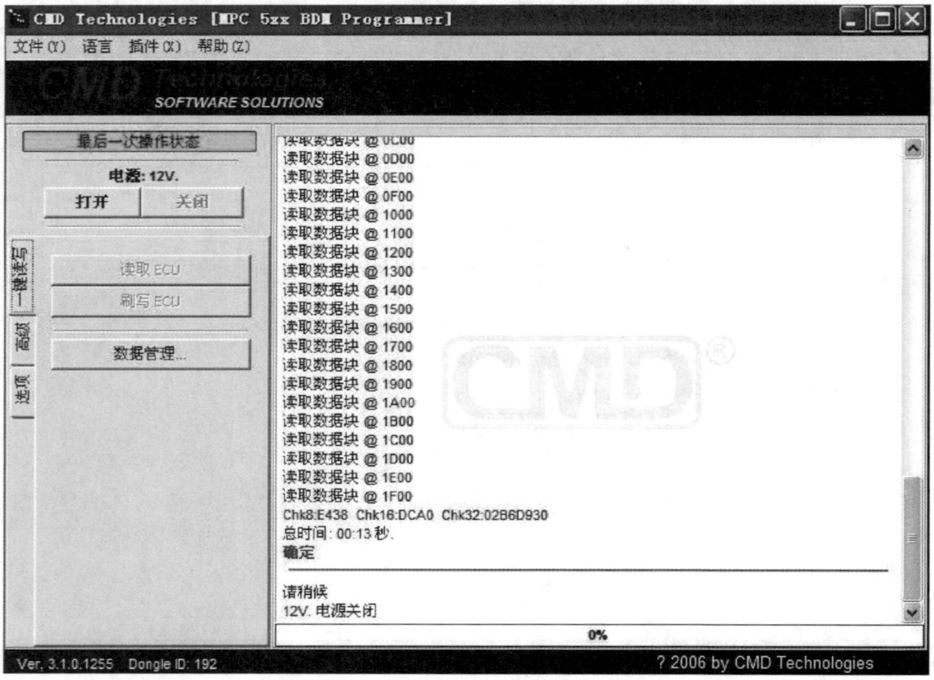

图 6-25 读取成功

连接好设备，打开电源以后的警告界面如图 6-26 所示。保存各种参数如图 6-27 所示。

图 6-26 连接好设备，打开电源以后的警告界面

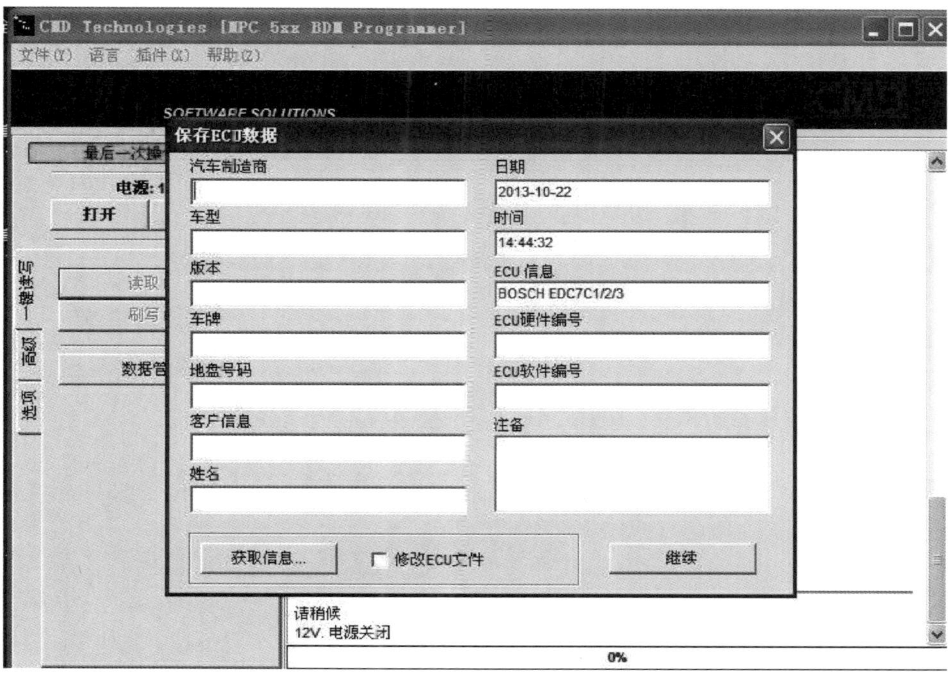

图 6-27 保存各种参数

点击准备好的数据，在不同目录下的不司名字。

关于这种电脑板的程序的刷写，BCM 编程器就可以完成，这个编程器的使用相对于其他编程器的使用相对简单一些，购买这个编程器之后，附送的软件中附带有更详细的使用方法，读者可自己参阅。

第七章

潍柴 EDC-7 博世电脑板维修

第一节　潍柴 EDC-7 博世电脑板简介

在共轨式蓄压器喷射系统中，喷油量由驾驶人确定，喷射起点、喷射持续时间和喷射压力由 ECU（电子控制单元）计算出来。然后，ECU 触发电磁阀，使每一个气缸的喷油器（喷油单元）相应地进行喷射。ECU（电子控制单元）也叫电脑板，主要由 CPU、存储器、电源电路和外围集成电路组成。下面介绍潍柴博世电脑板的元器件组成。

用此电脑板的发动机厂商有潍柴、玉柴、锡柴和大柴、朝柴。

博世（BOSCH）ECU 在车上的安装位置如图 7-1 所示。

博世（BOSCH）ECU 外观标识图如图 7-2 所示。

博世（BOSCH）ECU 内部原件图如图 7-3 所示。

博世（BOSCH）ECU 上面有充放电电容及电感、二极管和场效应晶体管。

电容器的基本作用是既充电又放电。充电和放电功能也是电容器的主要用途之一。电容器在供给能量高于需求时，即吸收并储存能量，而当供给能量低于需求或没有能量供给时，它储存的能量即可放出。

在整流电路中，二极管仅导通下半周的电流，在导通期间把电能储存于电容器上，在负半周时，二极管不导电，此时负载所需的电能靠电容器供给。

电感器一般由骨架、绕组、屏蔽罩、封装材料、磁芯或铁心等组成。

二极管又称晶体二极管，简称二极管（diode），在半导体二极管内部有一个 PN 结，两个引线端子，这种电子器件按照外加电压的方向，具备导电性。一般来讲，晶体二极管是一个由 p 型半导体和 n 型半导体烧结形成的 p-n 结界面。在其界面的两侧形成空间电荷层，构成自建电场。当外加电压等于零时，由于 p-n 结两边载流子的浓度差引起扩散电流和由自建电场引起的漂移电流相等而处于电平衡状态，这也是常态下的二极管特性。

场效应晶体管特点：

1）场效应晶体管是电压控制器件，它通过 VGS 来控制 ID。

2）场效应晶体管的输入端电流极小，因此它的输入电阻很大。

图 7-1 博世(BOSCH) ECU 在车上的安装位置

图 7-2 博世(BOSCH) ECU 外观标识图

图 7-3 博世(BOSCH) ECU 内部原件图

3）它是利用多数载流子导电，因此它的温度稳定性较好。

4）它组成的放大电路的电压放大系数要小于晶体管组成的放大电路的电压放大系数。

5）场效应管的抗辐射能力强。

6）由于不存在杂乱运动的电子扩散引起的散粒噪声，所以噪声低。

ECU 的电源板主要是将 24V 电压升高到 48V，脉冲峰值电压 96V，供给喷油器使用。

博世(BOSCH) ECU 内部正面原件图如图 7-4 所示。

博世(BOSCH) ECU 内部充放电二极管主要作用是隔离本级和上级电路，场效应管主要作用是放大电流，稳压二极管主要是稳定 24V 工作电压。

博世(BOSCH) ECU 内部一级电源电路主要是产生升压脉冲信号和+7. 5V 直流电压送往二级电源电路。端子经过电源晶体管将 24V 电压送到 30572 模块，产生 7. 5V 直流电压控制整块电脑板的运行。30572 模块受 4 个电阻串联控制启动电压，如果该模块不启动应检查这 4 个电阻的电压降。30572 模块如图 7-5 所示。

博世(BOSCH) ECU 内部二级电源电路 30592 产生+5V、+3. 3V、+2. 5V 电压。电源模块 30592 有 5 个 5V 输出，分别给压力传感器，加速踏板传感器，曲轴位置传感器，凸轮轴位置传感器提供 5V 电压。产生 3. 3V 电压给只读存储器提供电压。产生 2. 5V 给 CPU 核心供电。30592 模块带有内置 CANBUS 放大器。30592 模块如图 7-6 所示。

图 7-4 博世(BOSCH) ECU 内部正面原件图

图 7-5 博世(BOSCH) ECU 内部一级电源集成电路 30572 模块

图 7-6 博世(BOSCH) ECU 内部二级电源集成电路 30592 模块

博世(BOSCH) ECU 内部 CPU 模块是 MPC562MZP56，只读存储器模块是 M58BW016，读写存储器模块是 95640，锁存器 B58944 是该电脑板的核心，也是电脑板的灵魂。博世 ECU 内部反面原件图如图 7-7 所示。

博世(BOSCH) ECU 内部控制器模块是 30520，它接收 CPU 地址线 A 和数据线 Q，去控制喷油信号，产生电压脉冲，当它不工作时，测量 CPU 的地址线和数据线，有输入信号，没有输出信号，更换 30520 模块就可以了。30520 模块如图 7-8 所示，主要用来控制喷油脉冲和处理信号。

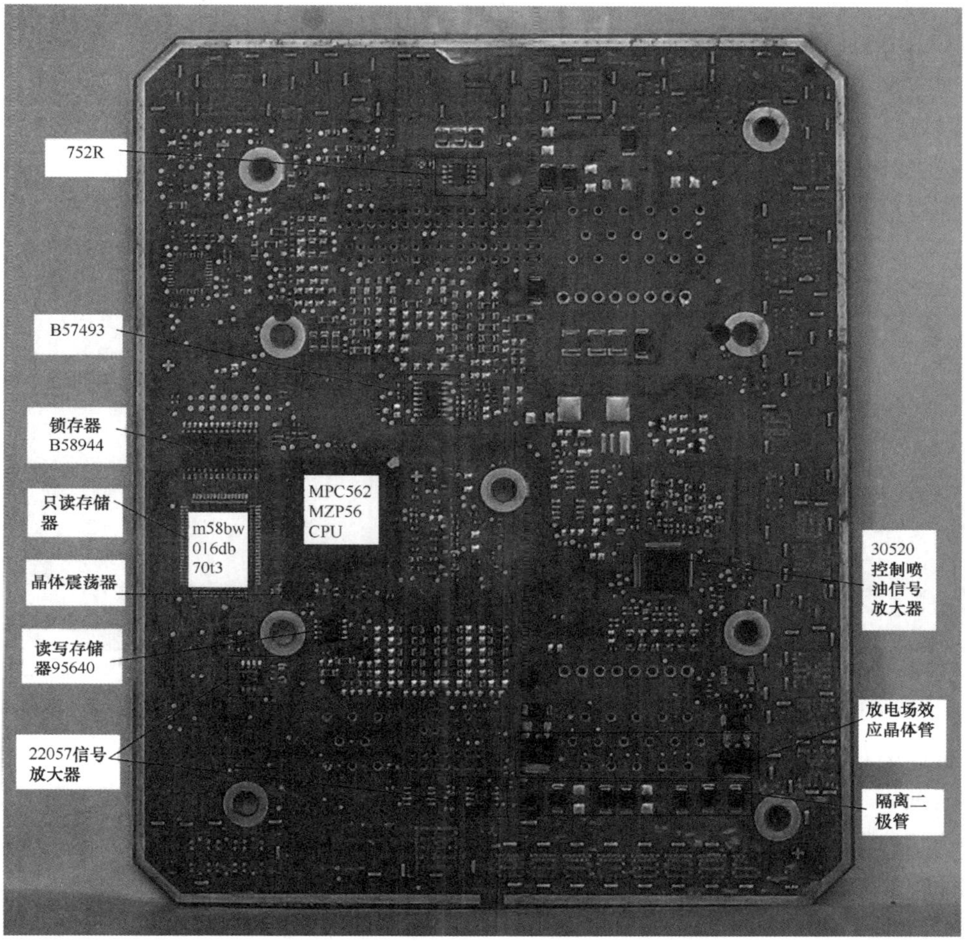

图 7-7 博世(BOSCH) ECU 内部反面原件图

图 7-8 博世(BOSCH) ECU 内部控制器 30520 模块

博世(BOSCH) ECU 锁存器 B58944，它是将存储器送来的数据线转变成地址线去访问存储器的一种缓存器件，一般不会损坏。B58944 如图 7-9 所示。

博世(BOSCH) ECU 内部使用了飞思卡尔 CPU MPC562MZP56，如图 7-10 所示。

飞思卡尔(Freescale Semiconductor) CPU 的主要参数如下：

总线宽度：32 位　　指令集结构：PowerPC

系列：MPC5xx　　可编程输入/输出端口：56

程序存储类型：EEPROM/FLASH　　程序存储量：其他

EEPROM：其他　　数据 RAM 大小：8KB

图 7-9　博世(BOSCH) ECU 内部锁存器 B58944

图 7-10　博世(BOSCH) ECU 内部的飞思卡尔 CPU MPC562MZP56(一)

时钟频率 max：40MHz　　接口类型：SCI/SPI/UART

计时器数：22　　片内 ADC：2(32×10 位)

片内 DAC：其他　　电压：2.6~5V

工作温度：-40~85℃　　封装：BGA-388

博世(BOSCH) ECU 内部的飞思卡尔 CPU MPC562MZP56 在网上可以查到各端子的定义，它的焊接要用到 BGA 封装台，要求有一定的反焊接能力才能拆装，一般它不会损坏，只有按照规范的维修检测三步法才可以确定它是否损坏。CPU MPC562MZP56 外形如图 7-11 所示。

图 7-11　博世(BOSCH) ECU 内部的飞思卡尔 CPU MPC562MZP56(二)

ECU 内部飞思卡尔 CPU 使用动态存储器 RAM95640，如图 7-12 所示。晶体振荡器主要是产生时钟频率。RAM95640 可以用来存放动态数据，一些匹配数据和一些故障码在此存储。

博世(BOSCH) ECU 内部锁存器和存储器 m58bw016db70t3 如图 7-13 所示。

锁存器是将数据线转变成地址线。存储器用来存放整个系统的数据。

博世(BOSCH) ECU 内部存储器 m58bw016db70t3 逻辑图如图 7-14 所示。

图 7-12　飞思卡尔 CPU 用的晶体振荡器和动态存储器 RAM95640

图 7-13　博世(BOSCH) ECU 内部锁存器和存储器 m58bw016db70t3

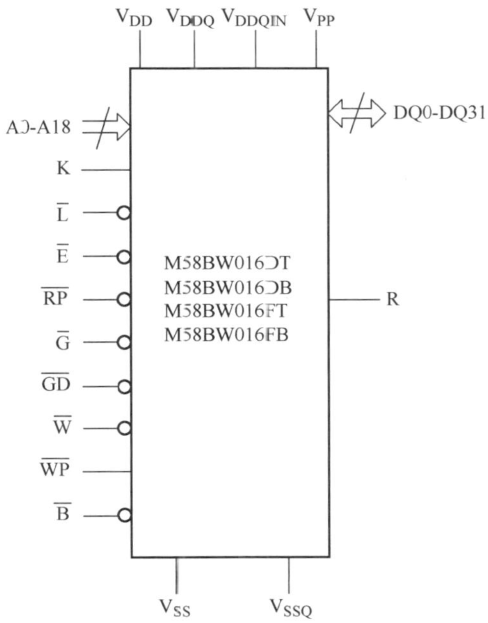

图 7-14　博世(BOSCH) ECU 内部存储器 m58bw016db70t3 逻辑图

博世(BOSCH) ECU 内部存储器 m58bw016db70t3 端子分布图如图 7-15 所示。

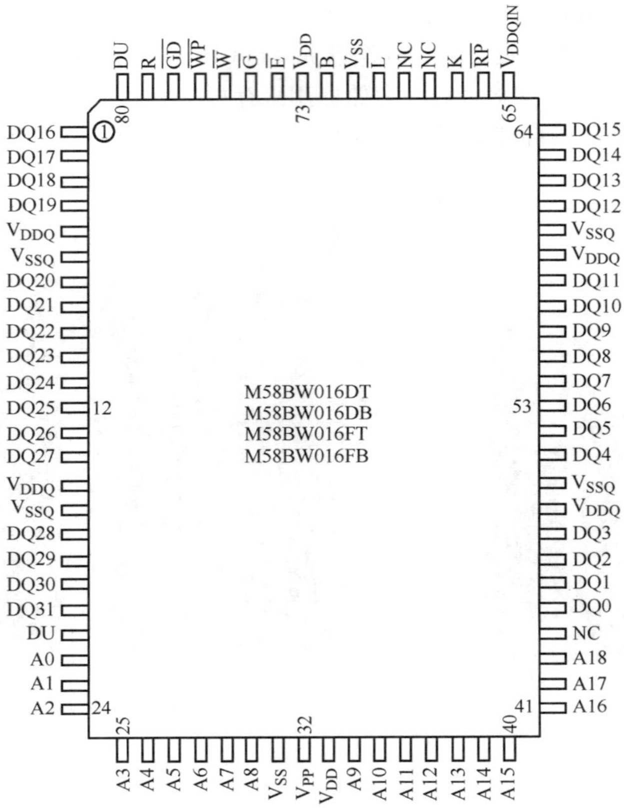

图 7-15 博世(BOSCH) ECU 内部存储器 m58bw016db70t3 端子分布

博世(BOSCH) ECU 内部存储器 m58bw016db70t3 端子作用见表 7-1。

表 7-1 内部存储器 m58bw016db70t3 端子作用

端子代号	作用	端子类型
A0-A18	输入地址	输入
DQ0-DQ7	数据输入/输出，命令输入	输入/输出
DQ8-DQ15	数据输入/输出，爆发键位登记	输入/输出
DQ16-DQ31	数据输入/输出	输入/输出
$\overline{B}$	爆发地址优先	输入
$\overline{E}$	芯片启动	输入
$\overline{G}$	输出启动	输入
$\overline{K}$	爆发时钟	输入
$\overline{L}$	闩锁启动	输入
$\overline{R}$	有效数据准备(开启排水管输出)	输出
$\overline{R}\,\overline{P}$	重置/降低电力	输入

（续）

端 子 代 号	作 用	端 子 类 型
$\overline{W}$	写入启动	输入
$\overline{GD}$	输出关闭	输入
$\overline{WP}$	写入保护	输入
V_{DD}	提供电压	
V_{DDQ}	为输出缓冲提供电力	
V_{DDQIN}	只为输入缓冲提供电力	
V_{PP}	为快速程序和快速删除操作提供可选电压	
V_{SS}	地电位	
V_{SSQ}	输入/输出地电位	
NC	内部未连接	
DU	不用作为部连接	

博世（BOSCH）ECU 内部存储器各参数标识图如图 7-16 所示。

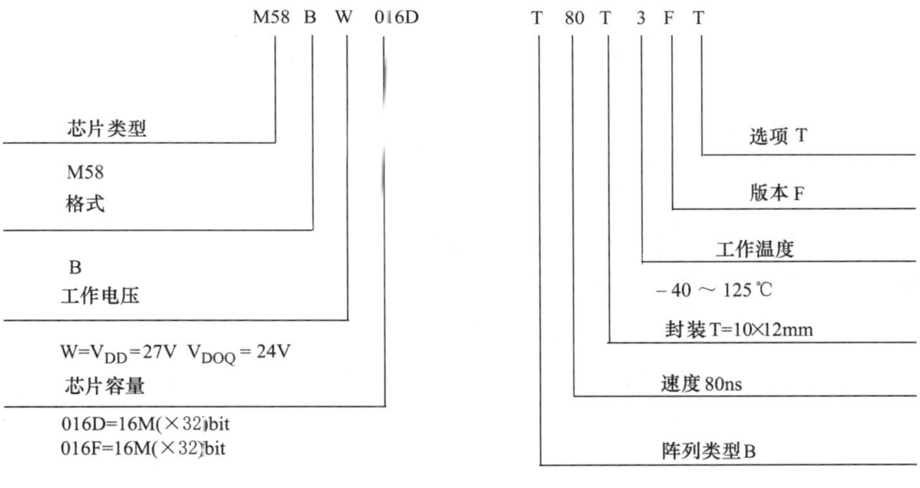

图 7-16 博世（BOSCH）ECU 内部存储器各参数标识图

博世（BOSCH）ECU 车辆侧连接器端子编号示意图如图 7-17 所示。

博世（BOSCH）ECU 发动机侧连接器端子编号示意图如图 7-18 所示。

图 7-17 博世(BOSCH) ECU 车辆侧连接器端子编号示意图

图 7-18 博世(BOSCH) ECU 发动机侧连接器端子编号示意图

A 组端子功能一览表见表 7-2。B 组端子功能一览表见表 7-3。C 组端子功能一览表见表 7-4。

表 7-2 A 组端子功能一览表

端子	缩写	功能说明	端子	缩写	功能说明
2	V-V-BAT	ECU 电源 +	48	I-S-LIS	低怠速开关
3	V-V-BAT	ECU 电源 +	49	I-S-BRKRED	冗余制动开关
4	O-V-RH01	电源正极输出（高端驱动）	51	O-S-STRTL	起动继电器低端
5	G-G-BAT	ECU 电源 -	55	O-S-IMPH	进气预热继电器
6	G-G-BAT	ECU 电源 -	56	O-S-WFLP	油中有水报警灯
8	V-V-BAT	ECU 电源 +	59	G-G-IMPH	进气预热继电器，地
9	V-V-BAT	ECU 电源 +	61	I-S-T50	T50 启动开关
10	G-G-BAT	ECU 电源 -	62	I-A-TL	转矩限制信号(多态开关)
11	G-G-BAT	ECU 电源 -	64	I-S-CRCNEG	巡航控制按钮“设置/减速”
22	O-S-DIA	诊断灯	65	G-R-TL	转矩限制，地
29	G-R-DIG	数字地	66	L-S-CONV	离合器开关信号(液力变矩器)
30	G-G-DIA	诊断灯，地	70	G-H-VSS	车速传感器，地
31	I-S-CRCPOS	巡航控制按钮“设置/加速”	71	I-F-VSS	车速传感器信号
32	I-S-ENGSA	发动机起动开关信号	72	I-S-DIAREQ	诊断请求开关
33	O-F-ENGN	发动机转速输出信号	74	I-S-CRCOFF	巡航控制按钮“关闭”
34	B-D-CANL	CAN-L	76	G-R-APP2	加速踏板位置传感器 2，地
35	B-D-CANH	CAN-H	77	V-V-5VAPP1	加速踏板位置传感器 1，电源
37	O-S-STRTH	启动继电器高端	78	G-R-APP1	加速踏板位置传感器 1，地
38	O-S-CSLP	冷起动灯	79	I-A-APP1	加速踏板位置传感器 1 信号
39	O-S-WLP	警告灯	80	I-A-APP2	加速踏板位置传感器 2 信号
40	I-S-T15	T15	81	I-A-FFDPS	燃油滤清压差传感器
41	I-S-BRKMN	主制动开关	83	G-R-FFDPS	燃油滤清压传感器，地
42	I-S-ACSW	空调请求开关	84	V-V-5VAPP2	加速踏板位置传感器 2，电源
43	I-S-WFLS	油水分离水位传感器	85	I-S-GNSW	空荡开关
46	I-S-CHCHES	巡航控制按钮“恢复”	89	B-D-ISOK	K 线
47	I-S-STP	发动机停止开关			

注：没有使用的端子点此表尚未列出。

表 7-3　B 组端子功能一览表

端子	缩 写	功 能 说 明	端子	缩 写	功 能 说 明
3	Q-V-RH02	电源正极输出 2(高端驱动)	24	G-R-OPS	机油压力传感器，地
6	O-T-EBRFL	排气制动电磁阀	25	G-R-BPS	进气增压压力、温度传感器，地
9	I-F-CAS	凸轮轴位置传感器信号	26	G-R-CTS	冷却液温度传感器，地
10	G-R-CAS	凸轮轴位置传感器，地	27	I-A-OPS	机油压力传感器信号
11	Q-S-ACRLY	空调压缩机继电器	28	I-A-OTS	机油压力传感器信号
12	G-R-RAILPS	共轨压力传感器，地	29	I-S-EBR	排气制动开关
13	V-V-5VRAILPS	共轨压力传感器电源	32	V-V-5VOPS	机油压力传感器电源
14	I-A-RAILPS	共轨压力传感器信号	33	V-V-5VBPS	进气增压压力传感器电源
15	I-A-CTS	冷却液温度传感器	34	I-A-BPS	进气增压压力传感器信号
19	G-R-CRS	曲轴位置传感器，地	36	I-A-BTS	进气温度传感器信号
23	I-F-CRS	曲轴位置传感器信号			

注：没有使用的端子点此表尚未列出。

表 7　C 组端子功能一览表

端子	缩 写	功 能 说 明	端子	缩 写	功 能 说 明
1	O-P-SVH21	喷油器 1 电容高端 2	10	O-T-MEU	流量计量单元电源 PWM
2	O-P-SVH22	喷油器 2 电容高端 2	11	O-P-SVH13	喷油器 3 电容高端 1
3	O-P-SVH23	喷油器 3 电容高端 2	12	O-P-SV12	喷油器 2 电容低端 1
4	O-P-SVH11	喷油器 1 电容高端 1	13	O-P-SV11	喷油器 1 电容低端 1
5	O-P-SVH12	喷油器 1 电容高端 1	14	O-P-SV23	喷油器 3 电容低端 2
6	O-P-SV13	喷油器 3 电容高端 1	15	O-P-SV22	喷油器 2 电容低端 2
9	O-V-MEU	流量计量单元电源(BAT+)	16	O-P-SV21	喷油器 1 电容低端 2

注：没有使用的端子点此表尚未列出。

第二节　潍柴 EDC-7 博世电脑板硬件维修

潍柴 EDC-7 博世电脑板整体外观标识图如图 7-19 所示。

一、电脑板维修拆卸步骤

1）首先在正面端子处注射环氧树脂解胶剂，如图 7-20 所示。

2）在反面用注射器往电脑板结合处注射解胶剂，如图 7-21 所示。

3）环氧树脂解胶剂是一种带有腐蚀性的溶剂，它可以腐蚀万能胶，不腐蚀线路板，但是也不要腐蚀过长时间，一般 30~60min 即可。它对人体皮肤也有腐蚀作用，对眼睛也有伤害，在使用时一定要注意安全，如图 7-22 所示。

图 7-19 博世 BOSCH ECU 整体外观标识图

图 7-20 用注射器往电脑板正面端子处注射解胶剂

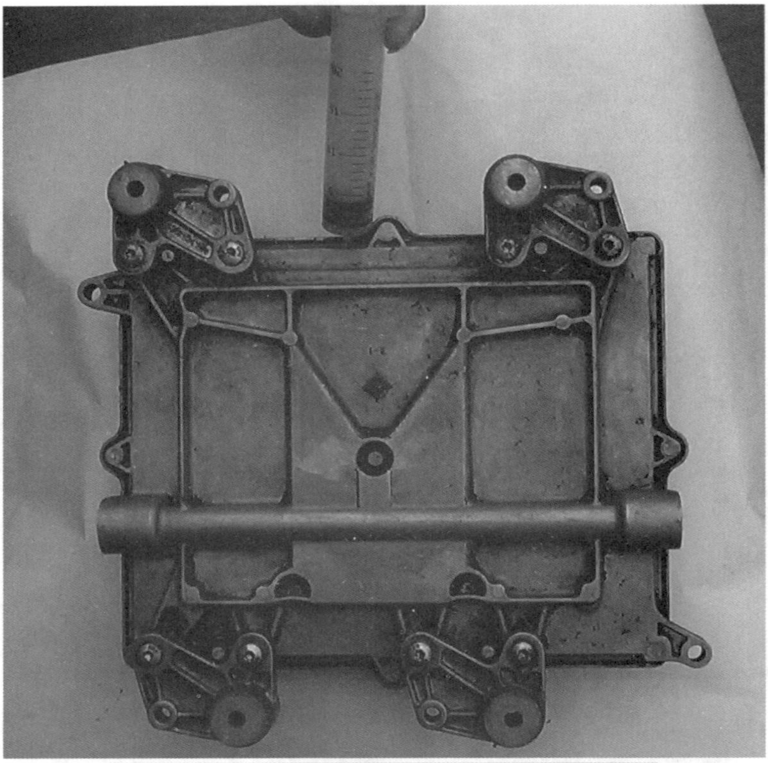

图 7-21 用注射器往电脑板反面结合处注射解胶剂

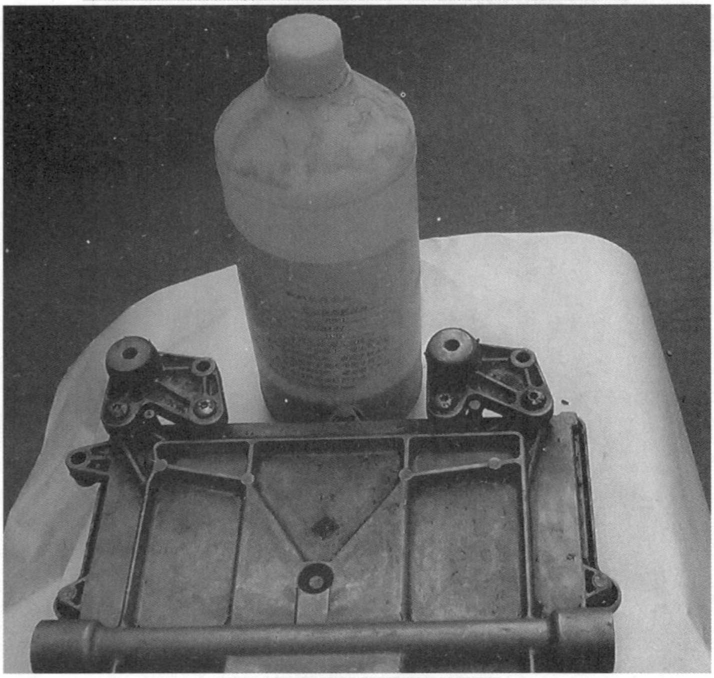

图 7-22 环氧树脂解胶剂

4）注射环氧树脂解胶剂进行腐蚀 20min 后，用螺钉旋具沿着边沿撬开电脑板外壳，如图 7-23 所示。

图 7-23 用螺钉旋具撬开电脑板外壳

5）在电脑板的内部粘结处也注射环氧树脂解胶剂，进行腐蚀 15～20min 为宜，不要时间过长，以免腐蚀到线路板，如图 7-24 所示。

图 7-24 往电脑板内部粘结处注射环氧树脂解胶剂

6）用螺钉旋具撬开电脑板本体，待取出电脑板本体后，立即用清洗剂清洗电脑板本体，以免线路板上残留腐蚀剂，如图 7-25 所示。

图 7-25 用螺钉旋具撬开电脑板本体

二、维修电脑板三步法

1. 量电阻值

取出电脑板后首先检测电脑板的电阻值，分别测量 5V 滤波电容两端的电阻值；再测量 3. 3V 滤波电容两端的电阻值；测量 2. 1V 滤波电容两端的电阻值，看看硬件有没有损坏的地方，如图 7-26 所示。

如果测量 5V 滤波电容两端的电阻值为 100Ω 左右，而正常值应为 300Ω 左右，则可以看出 CPU 有短路的地方。

测量 3. 3V 滤波电容两端的电阻值为 547Ω，属于正常范围，可以判断 CPU 的外围元器件是正常的，如图 7-27 所示。

更换过 CPU 以后检测量 5V 滤波电容两端的电阻值为 562Ω，属于正常范围，可以判断 CPU 是正常的，如图 7-28 所示。

更换过 CPU 以后检测 3. 3V 滤波电容两端的电阻值为 568Ω，属于正常范围，可以判断 CPU 的外围元器件是正常的。电阻值比原来稍微大一点，都属于正常范围，如图 7-29 所示。

检测量 2. 6V 滤波电容两端的电阻值为 214Ω，属于正常范围，可以判断 CPU 和外围元器件是正常的，如图 7-30 所示。

检测量 5V 滤波电容两端的正向电阻值为 391Ω，属于正常范围，可以判断 CPU 是正常的，如图 7-31 所示。

检测量 3. 3V 滤波电容两端的正向电阻值为 319Ω，属于正常范围，如图 7-32 所示。

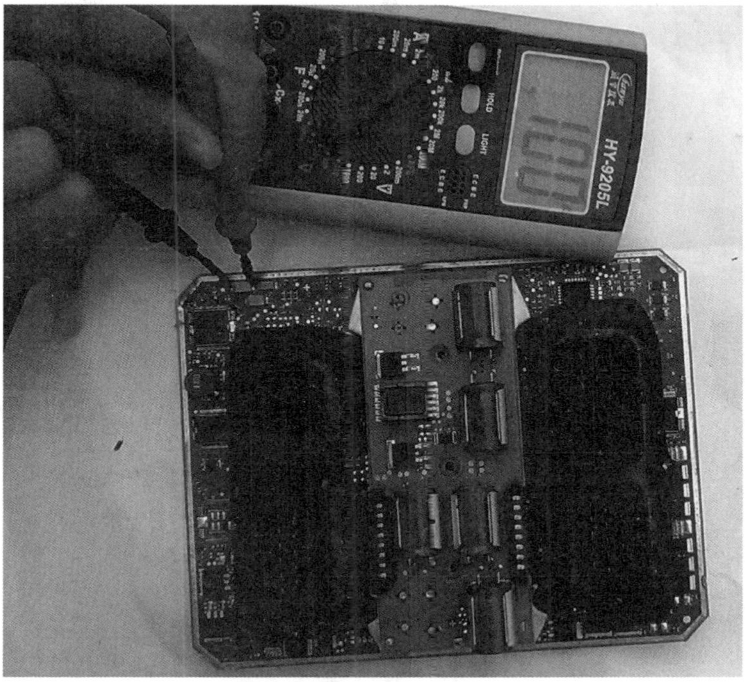

图 7-26 测量 5V 滤波电容电阻值

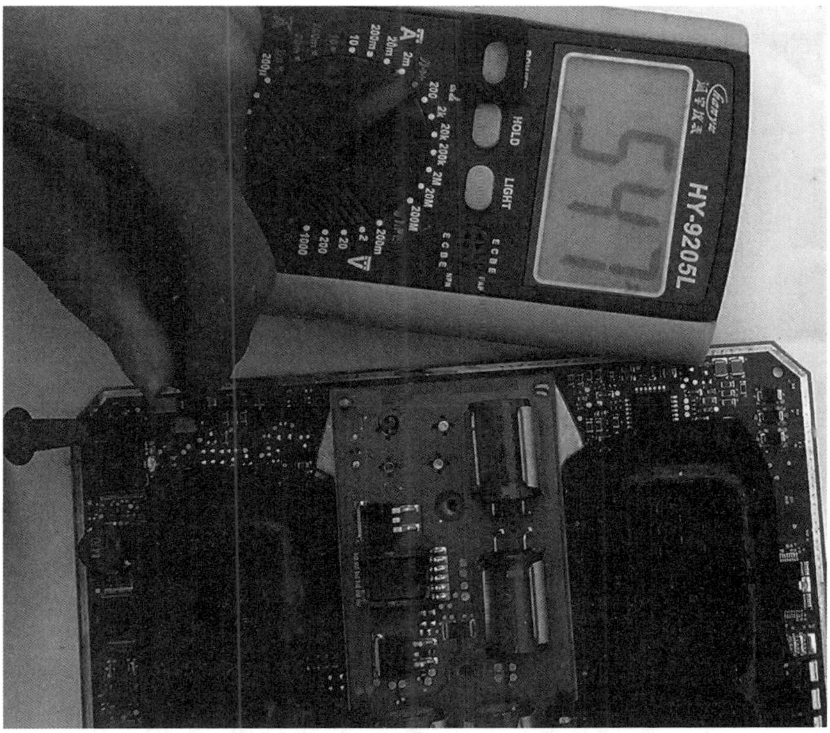

图 7-27 测量 3.3V 滤波电容电阻值

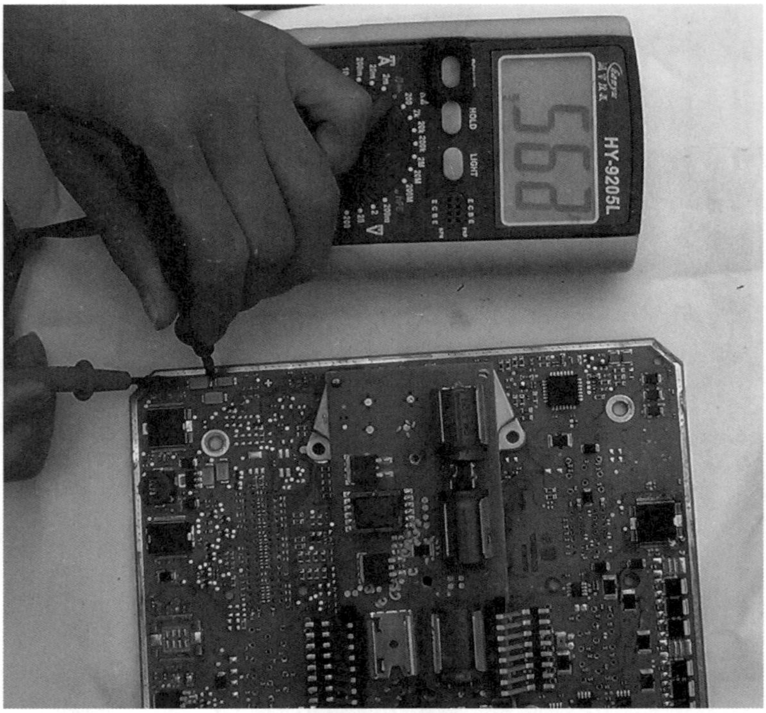

图 7-28 更换过 CPU 以后测量 5V 滤波电容两端电阻值

图 7-29 更换过 CPU 以后检测量 3.3V 滤波电容两端电阻值

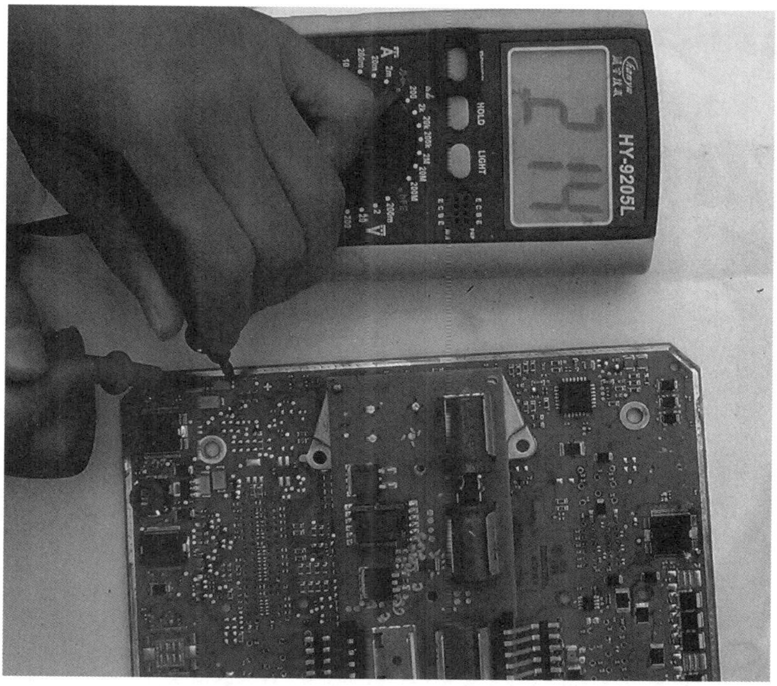

图 7-30　检测量 2.6V 滤波电容两端的电阻值

图 7-31　检测量 5V 滤波电容两端的电阻值

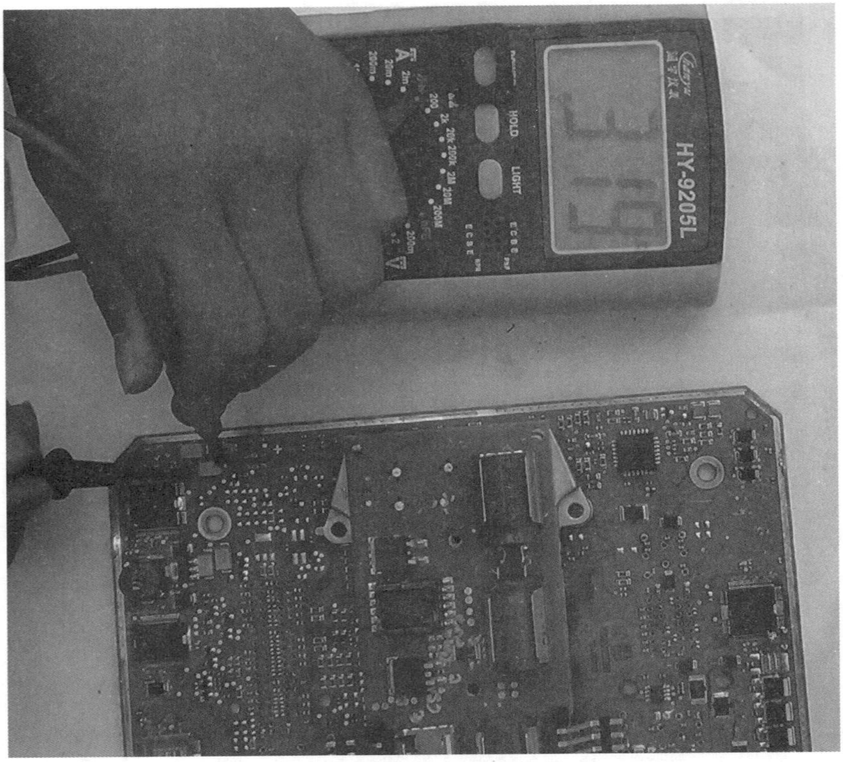

图 7-32 检测量 3. 3V 滤波电容两端的电阻值

检测量 2. 6V 滤波电容两端的电阻值为 217Ω，属于正常范围，如图 7-33 所示。

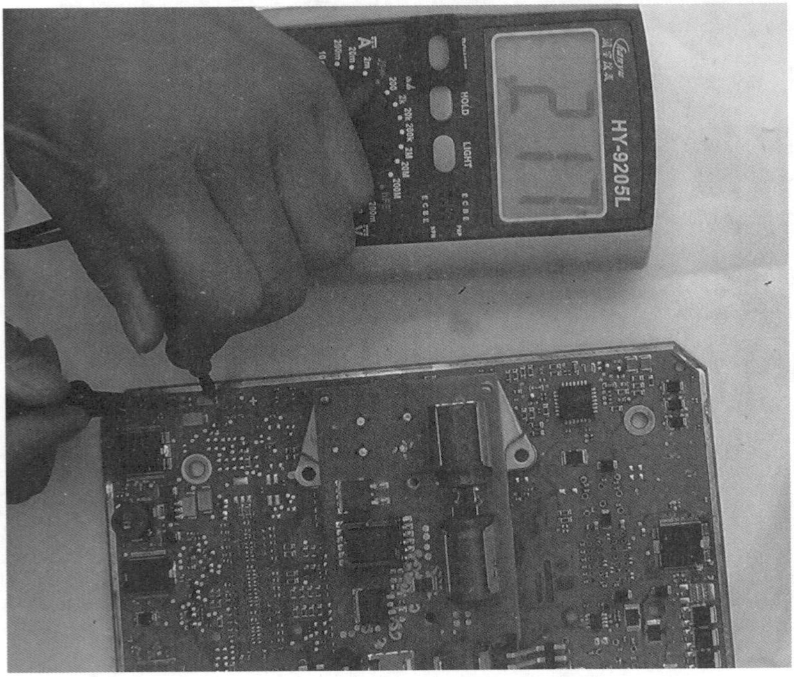

图 7-33 检测量 2. 6V 滤波电容两端的电阻值

检测量 6. 5V 滤波电容两端的反向电阻值为 1 031Ω，属于正常范围，可以判断电源模块都属于正常范围，如图 7-34 所示。

图 7-34 检测量 6. 5V 滤波电容两端的反向电阻值

检测量 6. 5V 滤波电容两端的正向电阻值为 514Ω，属于正常范围，可以判断电源模块都属于正常范围，可以送电进行实验，如图 7-35 所示。

图 7-35 检测量 6. 5V 滤波电容两端的正向电阻值

2. 送电实验

对电脑板送电，测量电压、测量脉冲信号。

测量5V电压，如图7-36所示。

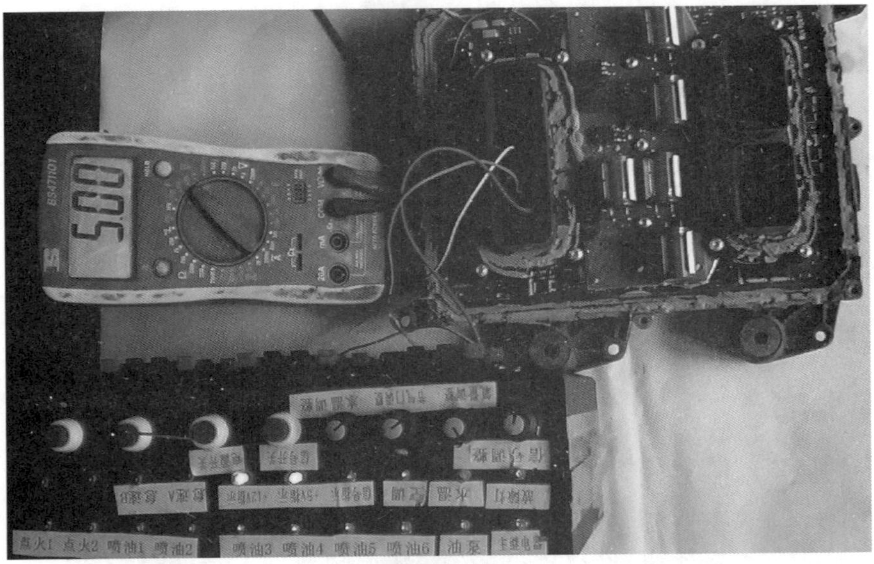

图7-36 测量5V电压

测量3.3V电压，如图7-37所示。

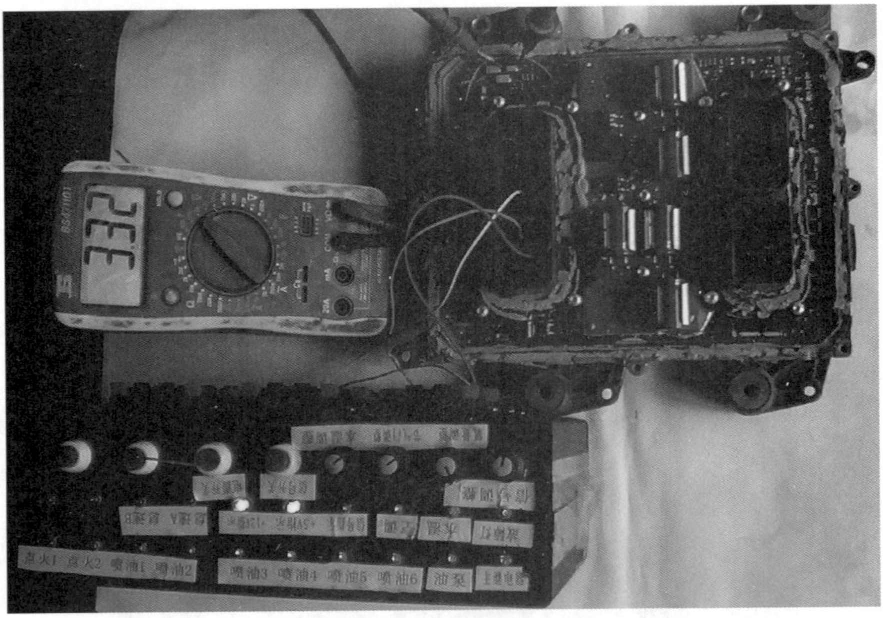

图7-37 测量3.3V电压

测量2.6V电压，如图7-38所示。

测量晶体振荡器，如图7-39所示。

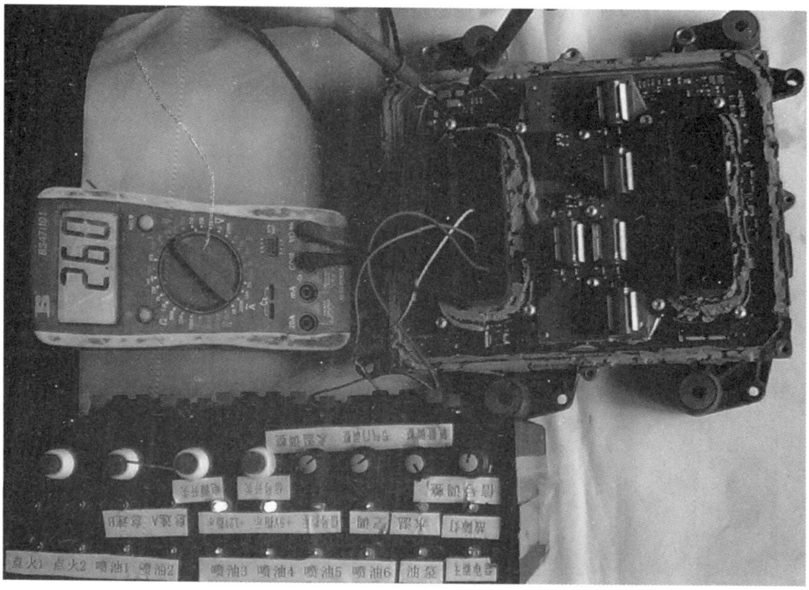

图 7-38 测量 2.6V 电压

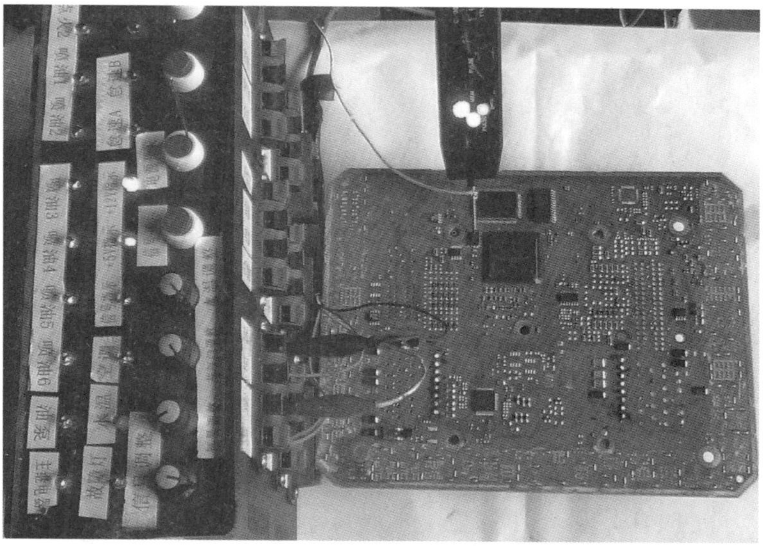

图 7-39 测量晶体振荡器

测量地址总线，如图 7-40 和图 7-41 所示。

测量复位电路，如图 7-42 所示。

图 7-40　测量地址总线(一)

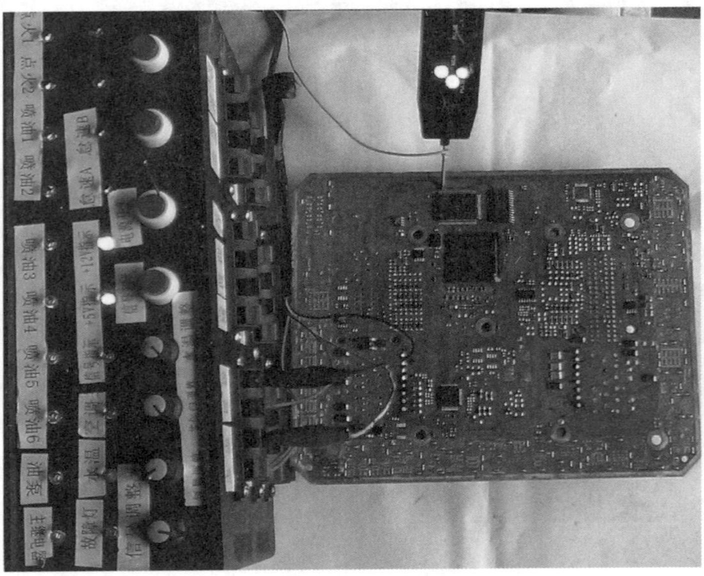

图 7-41　测量地址总线(二)

3. 送信号测试

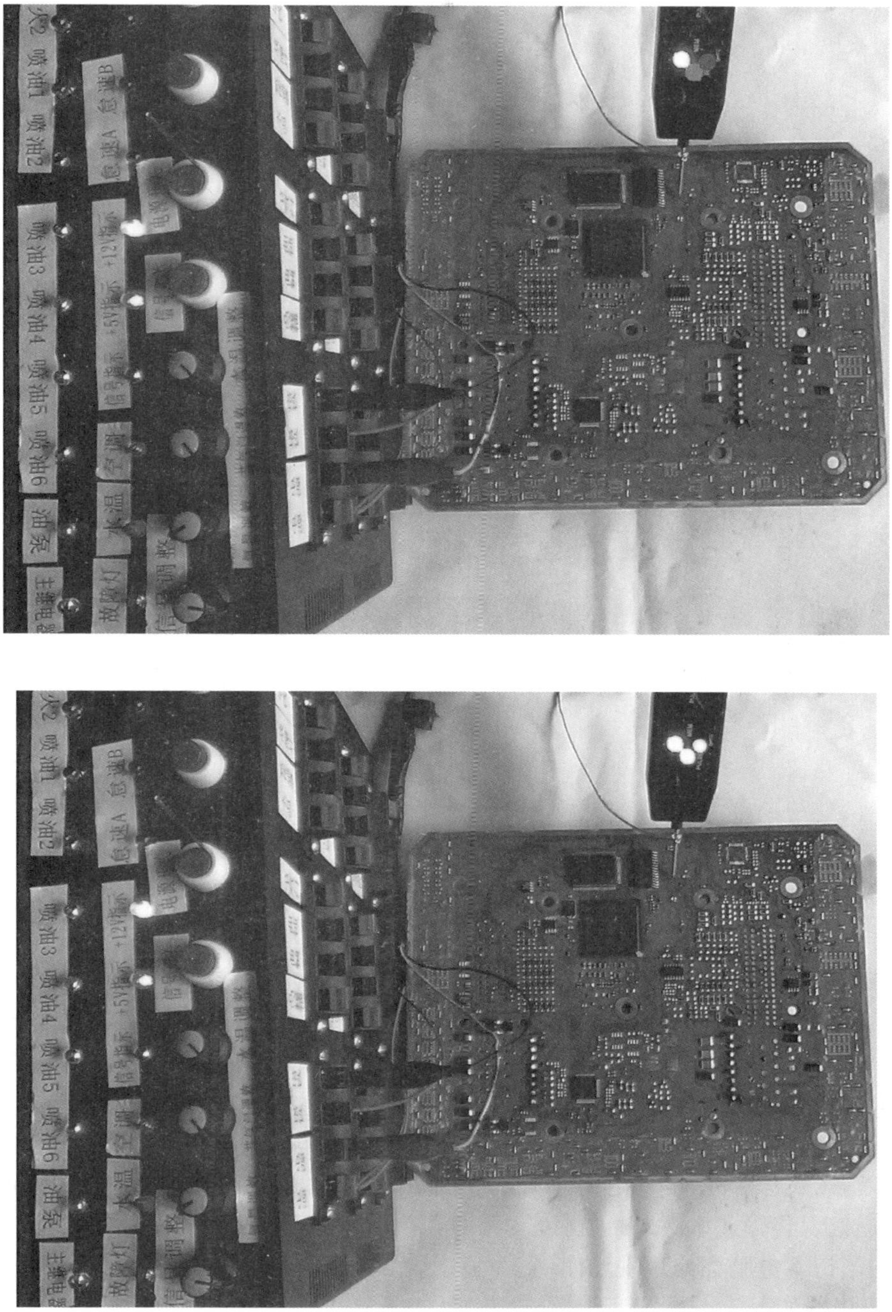

图 7-42　测量复位电路

送曲轴位置传感器信号和凸轮轴位置传感器信号，看喷油信号和继电器电磁阀信号，如图 7-43 所示。

图 7-43　送信号测试

第三节　潍柴 EDC-7 博世电脑板软件维修

软件维修就是给电脑板刷程序，利用一个 ECM 编程器，与电脑板链接起来，进行程序读写操作。也可以把好的电脑板数据读出来，保存到你的电脑上，待遇到坏的电脑板，再拿出来使用。也可以将你电脑上的数据调到编程器中，再次写入电脑板。有的也可以将电脑板的功率增大，就是人们说的改板。

潍柴 EDC-7 博世电脑板用的 ECM 编程器具有体积小巧，功耗低，可靠性高的特点，是专为开发和写入飞思卡尔 CPU 芯片而设计的通用机型。ECM 编程器采用 USB 通用串口与 PC 机连接通信，传输速率高，抗扰性能好，可靠性能极高，而且无需外接电源，特别适合电池供电的笔记本电脑在修理现场使用。

ECM 编程器如图 7-44 所示。

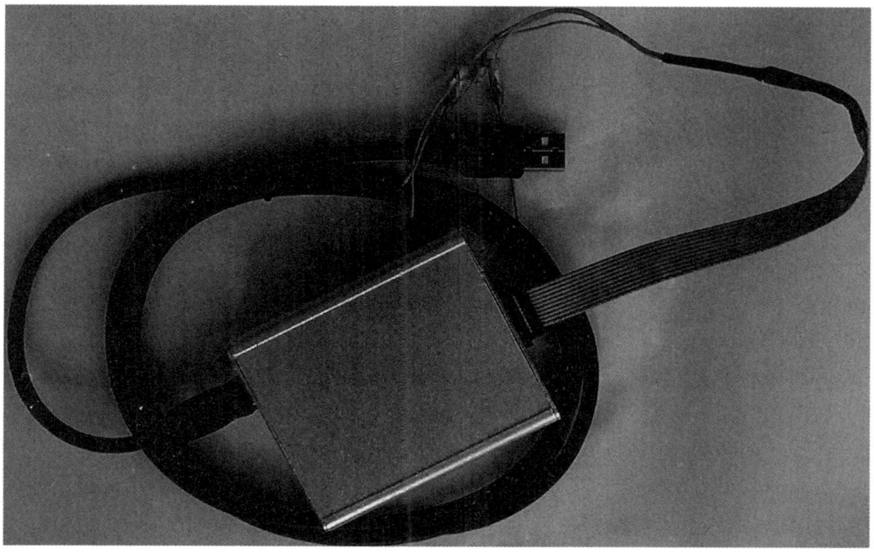

图 7-44 ECM 编程器

1. 特点

1）可支持飞思卡尔 CPU 的器件。

2）既可以使用 USB 接口电源，又可以外接 5V 电源。

3）通过 USB 通用串口与 PC 机连接，传送速率 12MHz/s。

4）既适合电池供电的笔记本电脑使用，也适合台式机使用。

5）完善的过电流保护，有效地保护编程器和器件不受损害。

2. USB 负载能力检测(0~10 级)

1）连接简单四根线焊接：一根搭铁线；一根时钟脉冲电路；一根 RXD 数据线；一根 TXD 数据线。

2）在 WINDOWS98SE/ME/2000/XP 下运行。

3）合金机壳，体积小、质量轻、功耗低。

4）支持软件，安装简单。

3. 性能和规格

1）软件：ECM 拷贝即可。

2）实测速度(PIII/800M,Windos98se,USB1.1)。

3）体积：100×110×26mm^3。

4）质量：200g。

5）功率：<2.5W （5V/500mA）。

潍柴 EGD-7 博世电脑板读写接线端子图如图 7-45 所示。

图 7-45 潍柴 EGD-7 博世电脑板读写接线端子图

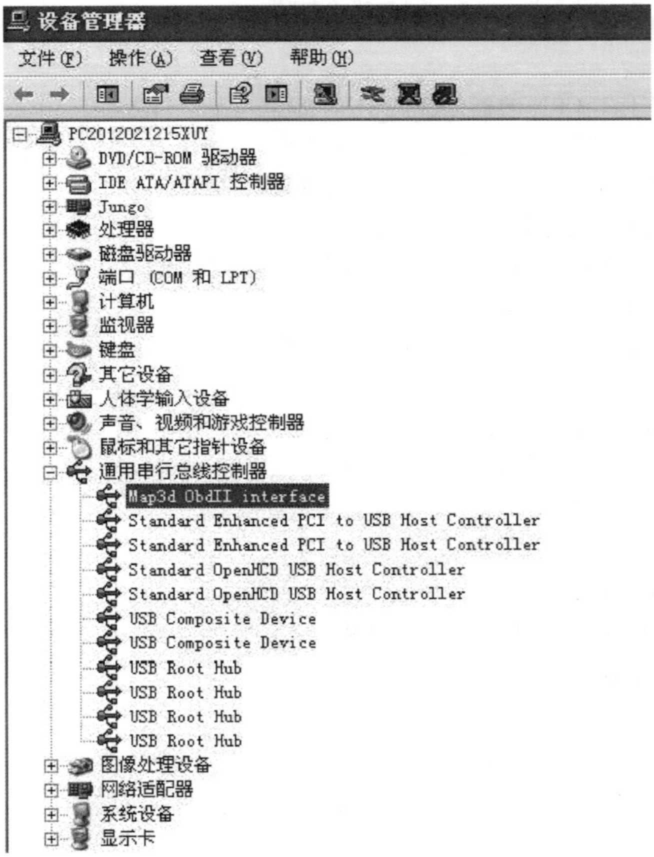

图 7-46 插上 ECM 设备后的设备管理器

4. 安装说明

1）复制整个文件夹到硬盘。

2）复制文件从 CRT 到“我的电脑”文件夹中 Windows/system32 文件夹。

3）连接接口，USB 和驱动目录安装驱动程序。

4）运行 loader-all4. exe。

5. 使用说明

1）先把 ECU 与编程器连接好(1、2、3、4 四根线)。

2)编程器与电脑连接好(USB 线)。

3）给 ECU 上电，使其产生 5V、3. 3V、2. 5V 电压。

4）运行 loader-all4. exe。

5）读出数据或者写入数据。

下面是插上 ECM 编程设备正常后的设备管理器，如图 7-46 所示。就是打开“我的电脑”—“属性”—“硬件”—“设备管理器”时所看到的设备动态。

没有插设备时的“设备管理器”如图 7-47 所示。

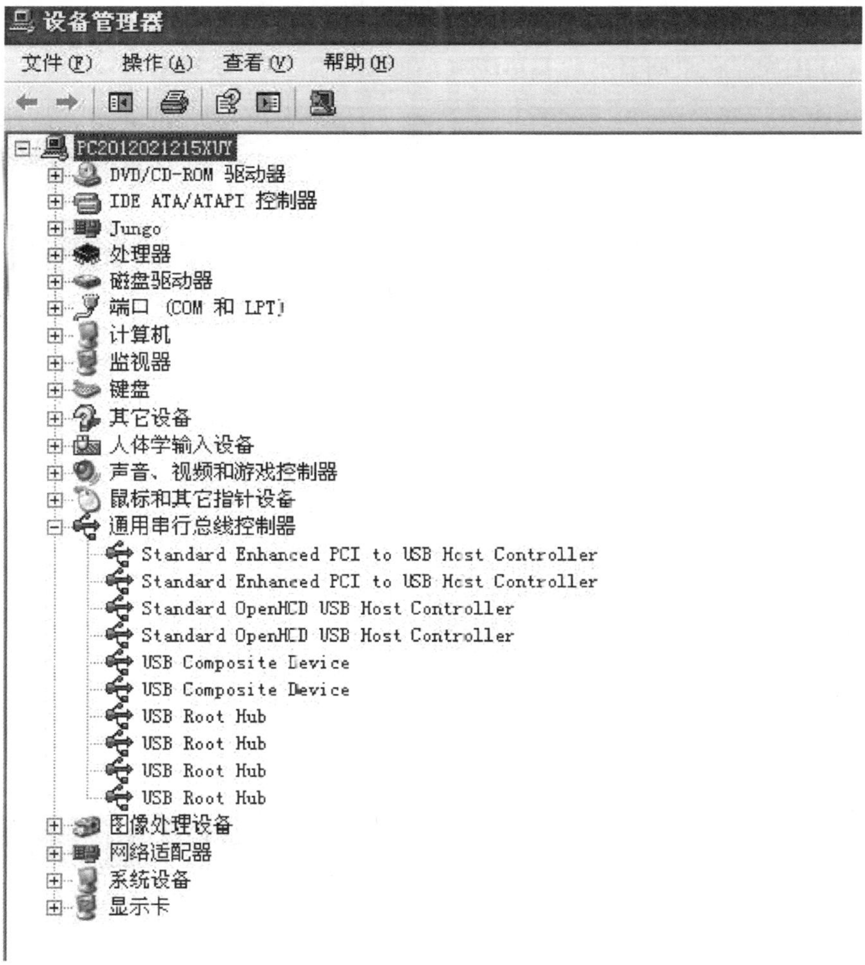

图 7-47　没有插设备时的“设备管理器”

将电脑板与检测仪和编程器连接起来，如图 7-48 所示。

图 7-48 将电脑板与检测仪和编程器连接起来

打开 ECM 编程器在桌面显示的 LOADER 后的页面如图 7-49 所示。

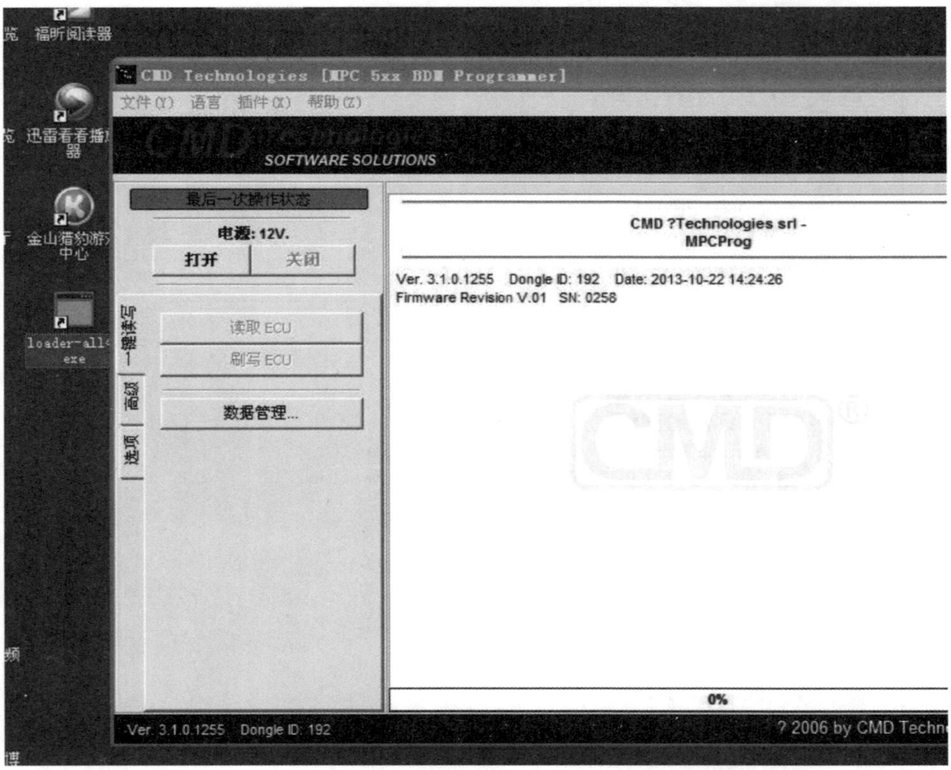

图 7-49 打开 LOADER 后的页面

单击保存后即可读出数据，如图 7-50 所示。

单击读取后，保存到我的文档，请自己输入姓名，如图 7-51 所示。

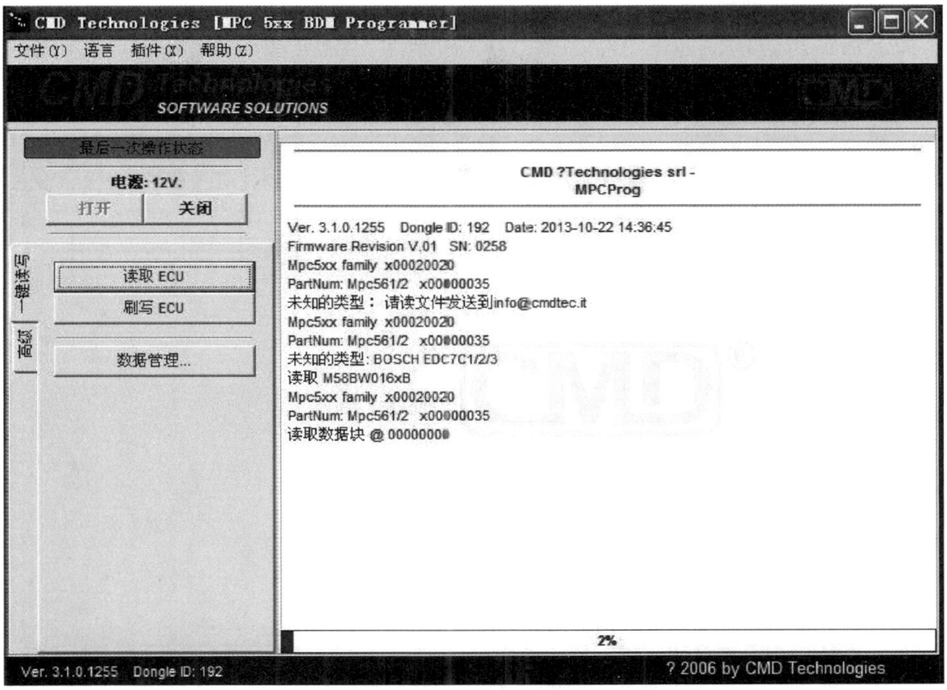

图 7-50 单击保存后即可读出数据

图 7-51 单击读取后，保存到我的文档，请自己输入姓名

单击确定后，即可刷写，如图7-52所示。

单击确定后，再点击刷写ECU，如图7-53所示。

图7-52 单击确定后，即可刷写

图7-53 单击确定后，再点击刷写ECU

读取成功，如图 7-54 所示。

连接好设备，打开电源以后如图 7-55 所示。

图 7-54 读取成功

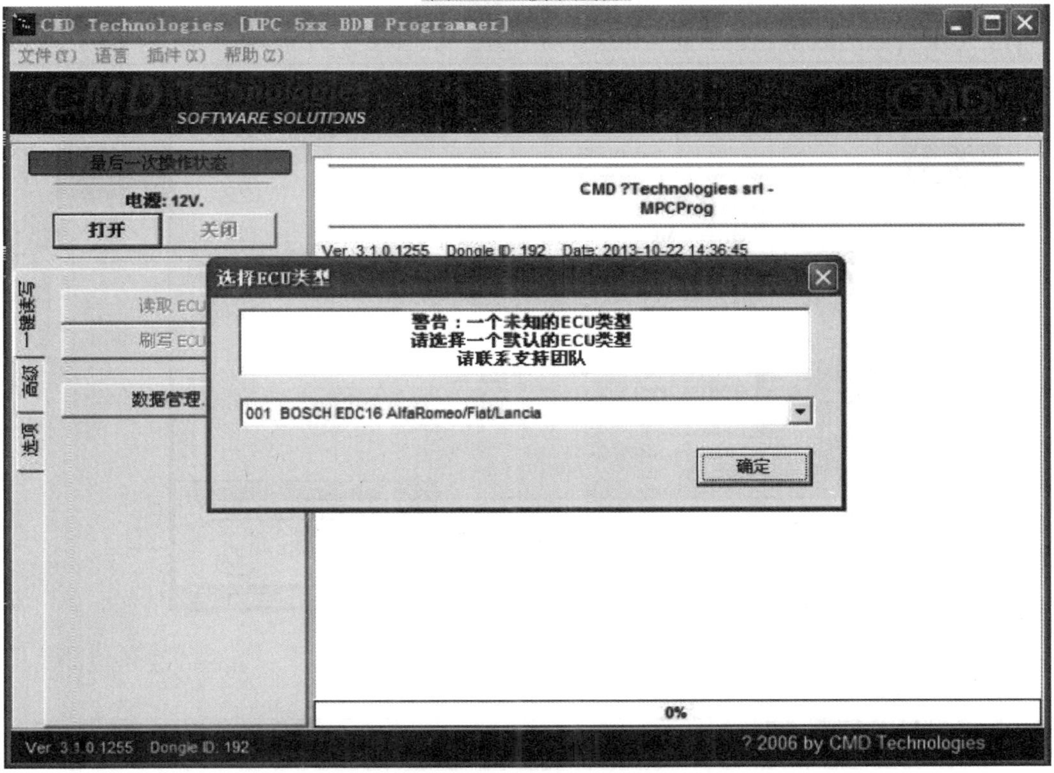

图 7-55 连接好设备，打开电源

保存各种参数，如图 7-56 所示。

图 7-56 保存各种参数

单击你准备好的数据，在不同目录下的不同名字，如图 7-57 所示。

图 7-57 单击你准备好的数据，在不同目录下的不同名字

输入姓名“EDC7—ZJ”，如图 7-58 所示。

图 7-58　输入姓名“EDC7—ZJ”

刷写成功，如图 7-59 所示。

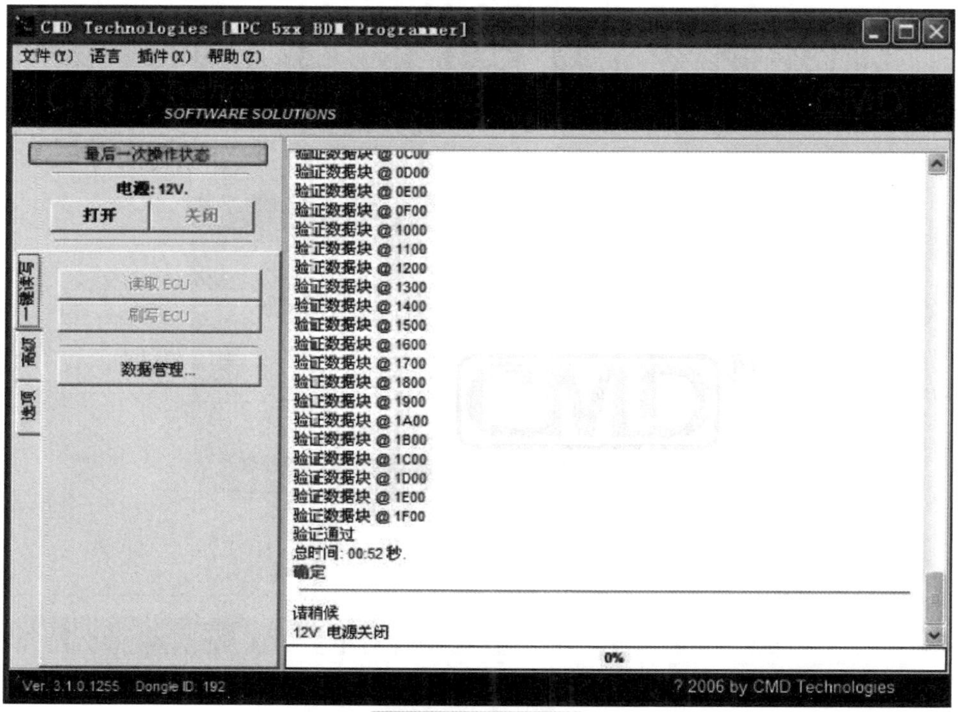

图 7-59　刷写成功

写入时再次打开电源，选择好电脑板，如图7-60所示。

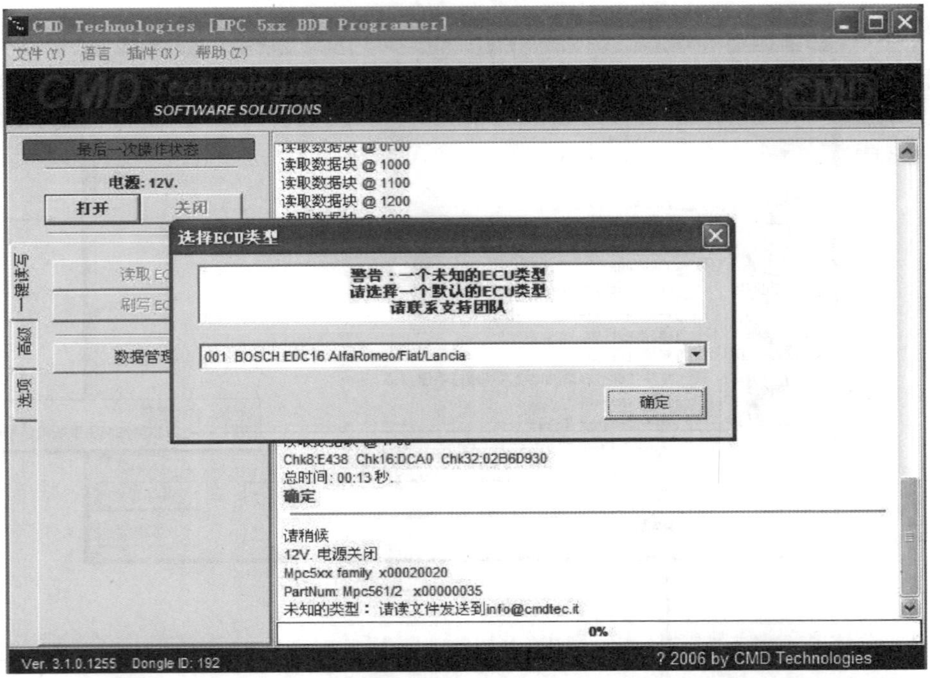

图7-60 写入时再次打开电源，选择好电脑板

选择博世EDC7电脑板，如图7-61所示。

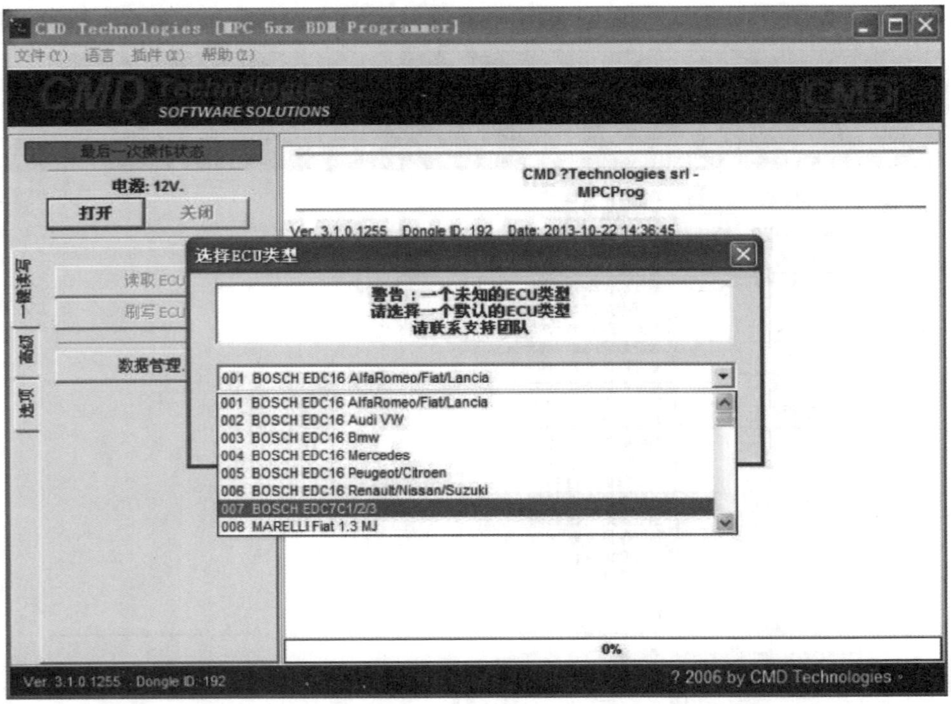

图7-61 选择博世EDC7电脑板

已经找到博世 EDC7 电脑板，如图 7-62 所示。

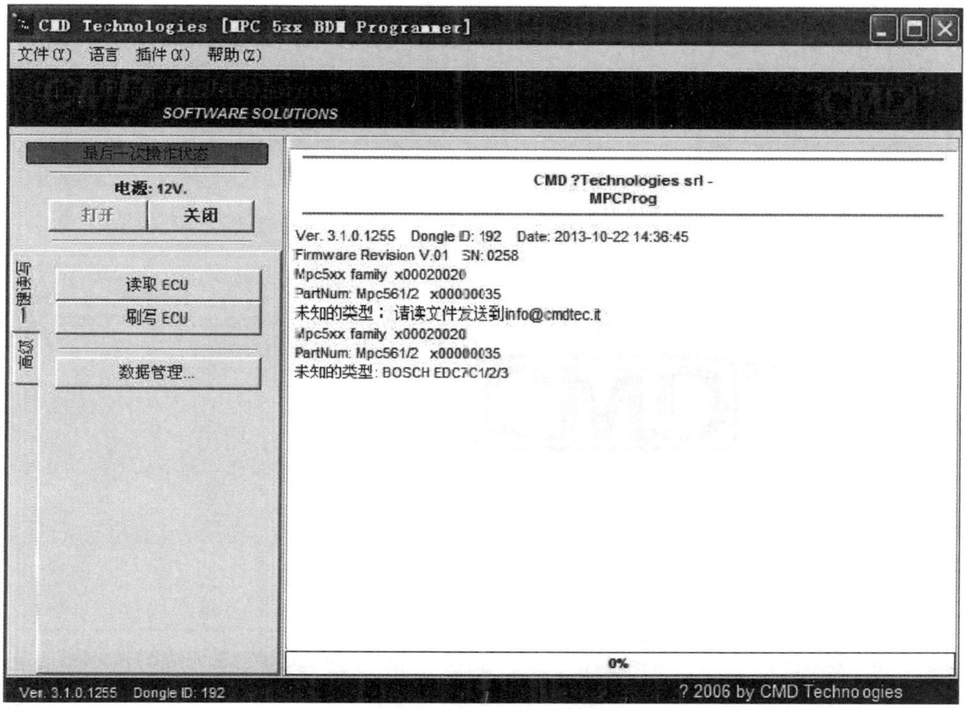

图 7-62 已经找到博世 EDC7 电脑板

正在保存，如图 7-63 所示。

图 7-63 正在保存

正在读出保存，如图 7-64 所示。

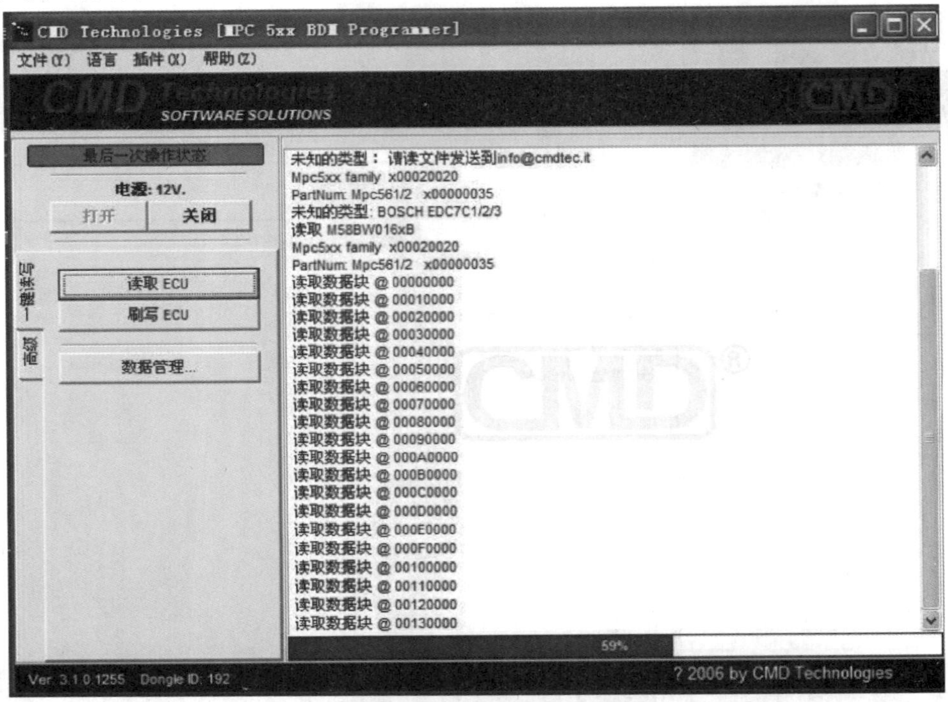

图 7-64 正在读出保存

正在刷写，如图 7-65 所示。

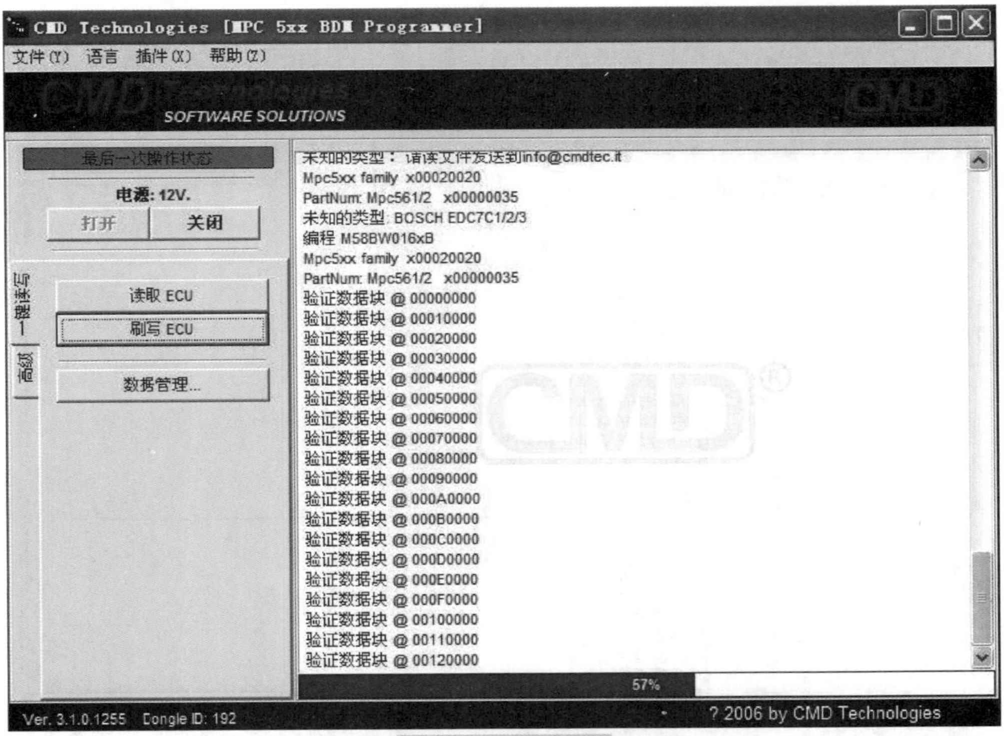

图 7-65 正在刷写

正在验证数据，如图 7-66 所示。正在写入数据如图 7-67 和图 7-68 所示。

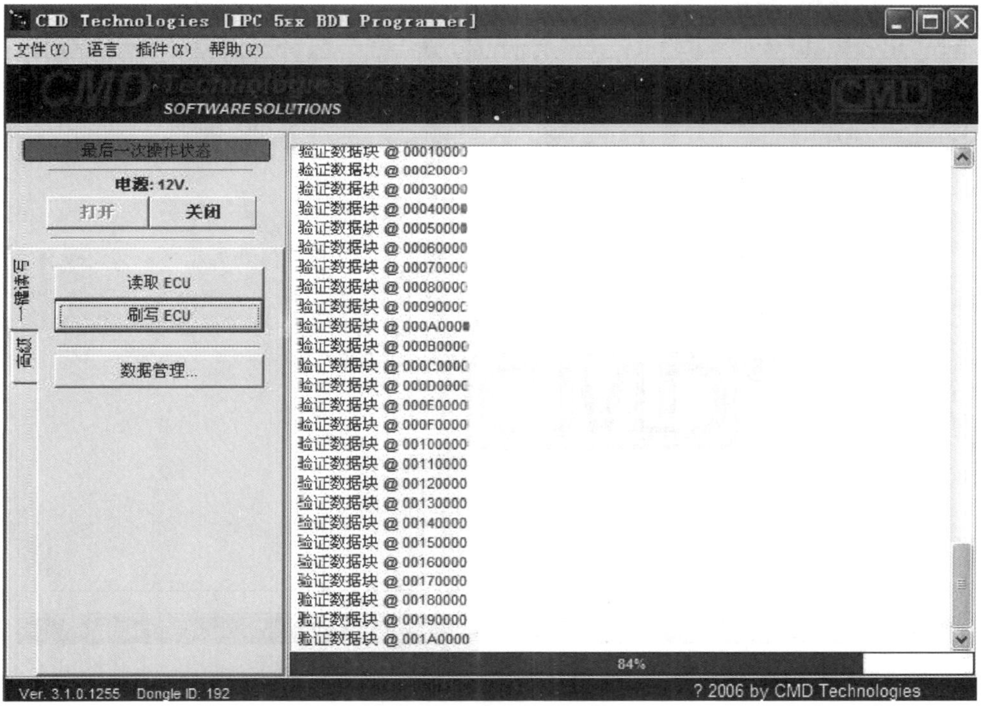

图 7-66　正在验证数据

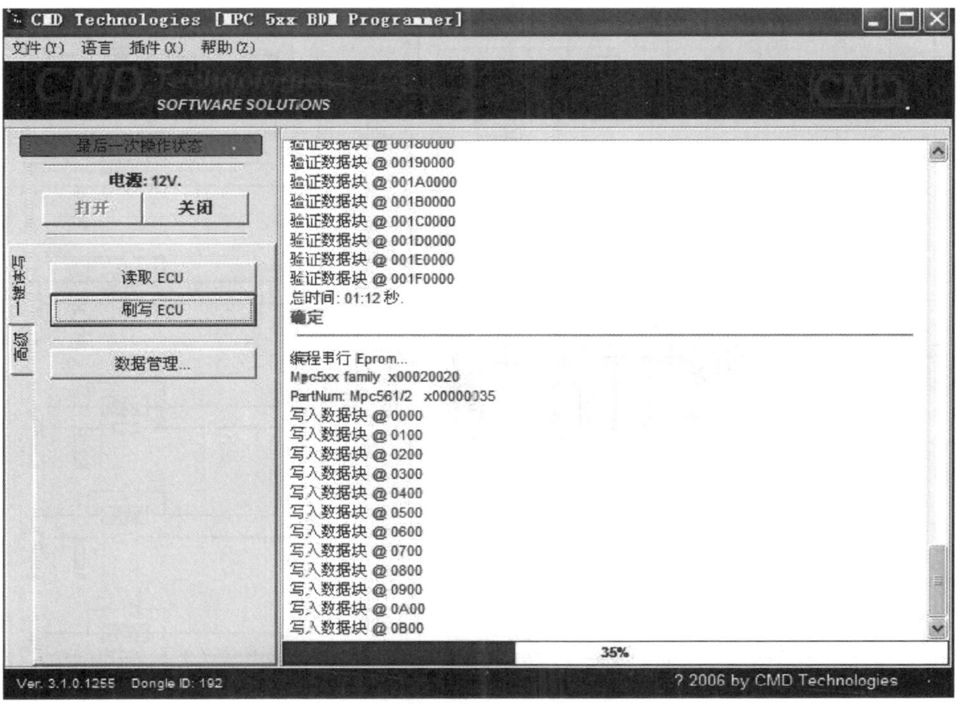

图 7-67　正在写入数据(一)

写入完成，可以上车实验了。

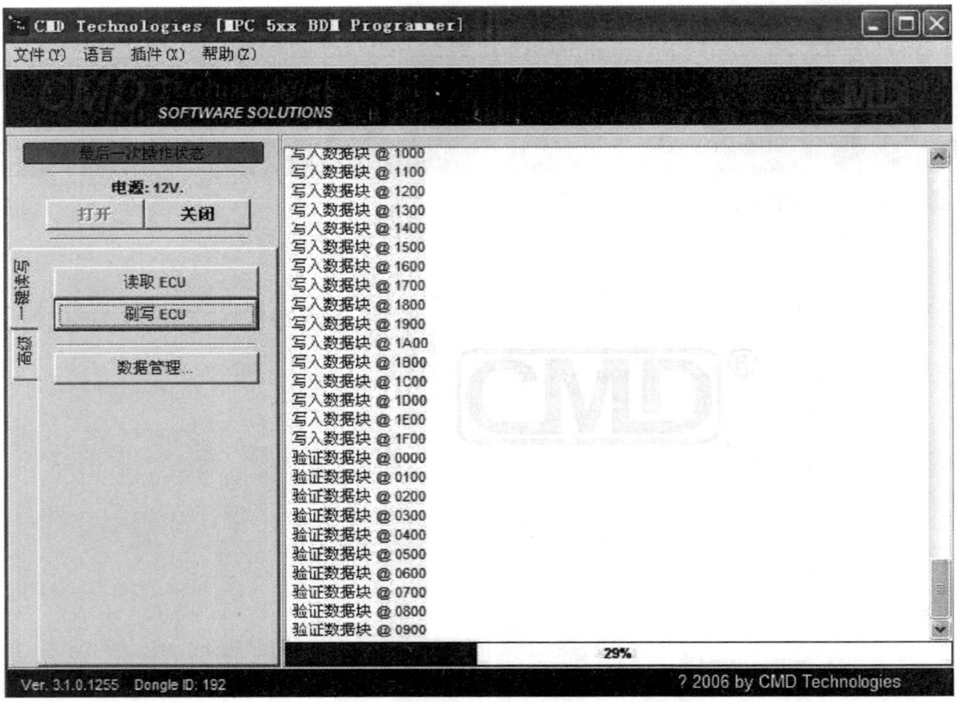

图 7-68 正在写入数据(二)

图 7-69 为潍柴 EDC—7 博世电脑板升压电路图。

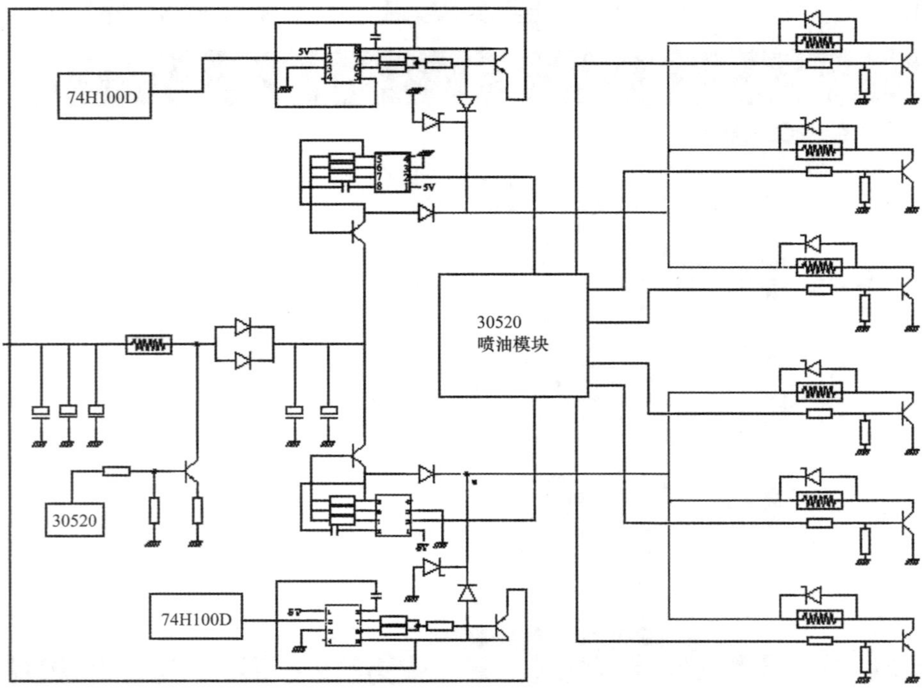

图 7-69 潍柴 EDC—7 博世电脑板升压电路图

第八章

柴油车电脑板维修所用的部分工具和设备

柴油车电脑板维修除常用的万用表、信号笔、电烙铁和热风台之外，还有一些工具和设备也是必不可少的。

一、编程器

1. ECM 编程器

ECM 型编程器具有体积小、功耗低、可靠性高的特点，是专为开发和写入飞思卡尔 CPU 而设计的专用编程器。ECM 编程器采用 USB 通用串口与 PC 机连接通信，传输速率高，抗扰性能好，可靠性能极高，而且无需外接电源，特别适合电池供电的笔记本电脑在修理现场使用。

ECM 编程器如图 8-1 所示。

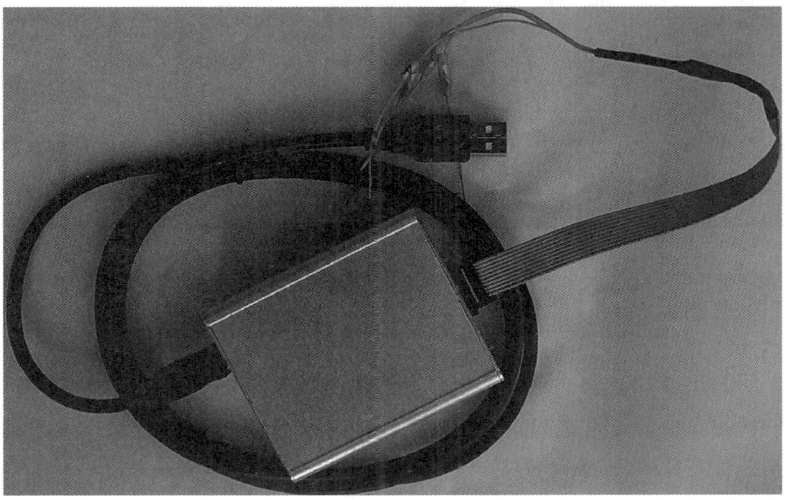

图 8-1　ECM 编程器

（1）特点

1）可支持飞思卡尔 CPU 的器件。

2）既可以使用 USB 接口电源，又可以外接 5V 电源。

3）通过 USB 通用串口与 PC 机连接，传送速率 12MHz/s。

4）即适合电池供电的笔记本电脑使用，也适合台式机使用。

5）完善的过电流保护，有效地保护编程器和器件不受损害。

6）塑料机壳，体积小、质量轻、功耗低。

7）软件支持安装简单。

（2）USB 负载能力检测(0~10 级)

1）连接简单四根线焊接；一根搭铁线，一根复位电路，一根 RXD 数据线，一根 TXD 数据线。

2）在 WINDOWS98SE/ME/2000/XP 下运行 UBS 负载能力检测。

（3）性能和规格

1）软件：ECM 拷贝即可。

2）实测速度(PIII/800M,Windos98se,USB1.1)。

3）体积：100mm×110mm×26mm。

4）质量：200g。

5）功率：<2.5W （5V/500mA）。

潍柴博世 EGD-7 电脑板读写接线图如图 8-2 所示。

图 8-2 潍柴博世 EGD-7 电脑板读写接线图

博世 EGD-16 电脑板读写接线图如图 8-3 所示。

（4）安装说明

1）复制整个文件夹到硬盘。

2）从 CRTWindows/system32 文件夹复制文件到硬盘中新建的文件夹。

3）连接接口，USB 和驱动目录安装驱动程序。

4）运行 loader-all4.exe。

（5）使用说明

1）先把 ECU 与编程器连接好(1、2、3、4 四根线)。

2）编程器与电脑连接好(USB 线)。

3）给 ECU 上电，使其产生 5V、3.3V、2.5V 电压。

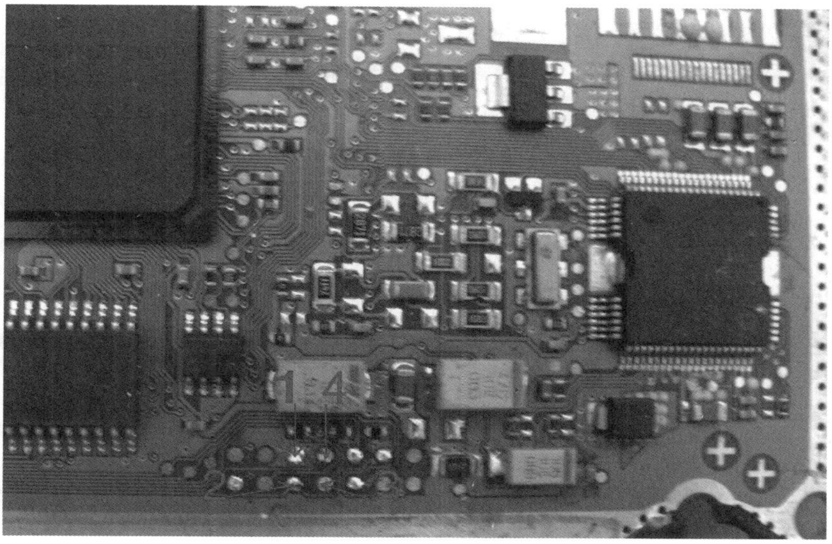

图 8-3 博世 EGD-16 电脑板读写接线图

4）运行 loader-all4. exe。

5）读出数据或者写入数据。

2. 瑞萨 7055CPU 型编程器

瑞萨 7055CPU 型编程器具有体积小、功耗低、可靠性高的特点，是专为开发瑞萨 CPU 而设计的专用编程器。瑞萨 7055 型编程器采用 USB 通用串口与 PC 机连接通信，传输速率高，抗干扰性能好，可靠性能极高，而且无需外接电源，特别适合电池供电的笔记本电脑在车间使用。

瑞萨 7055CPU 型编程器 8-4 所示。

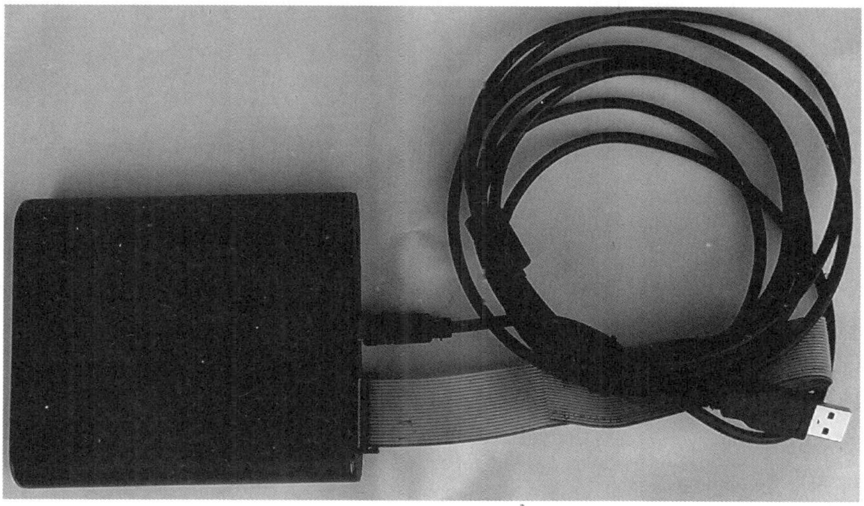

图 8-4 瑞萨 7055CPU 型编程器

瑞萨 7055CPU 型编程器与日本电装电脑板写入时的连接图如图 8-5 所示。

瑞萨 7055CPU 型编程器与日本电装电脑板读出时的连接图如图 8-6 所示。

图 8-5 瑞萨 7055CPU 型编程器与日本电装电脑板写入时连接图

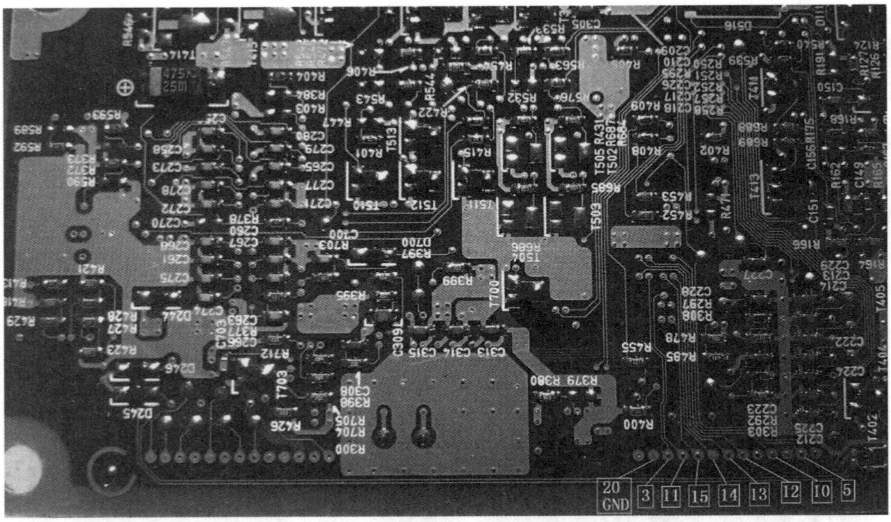

图 8-6 瑞萨 7055CPU 型编程器与日本电装电脑板读出时连接图

（1） 安装说明

1） 复制整个文件夹到电脑 C 盘。

2） 运行你电脑上的口令及密码。

3） 在你电脑上注册即可。

4） 连接 USB 接口，安装驱动程序。

5） 运行程序 master. exe。

（2） 使用说明

此编程器可以给各种电装电脑板包括汽油车电脑板、柴油车电脑板（只要是瑞萨 7055CPU、瑞萨 7058CPU）都可以编程。

1） 读取时先把 ECU 与编程器连接好（按照图 8-6 所示）。

2）编程器与电脑连接好（USB 线）。

3）给 ECU 上电，使其产生 5V、3.3V、2.5V 电压。

4）运行 loader-all4.exe。

5）读出数据保存。

6）写入时先把 ECU 与编程器连接好（按照图 8-5 所示）。

7）编程器与电脑连接好（USB 线）。

8）给 ECU 上电，使其产生 5V、3.3V、2.5V 电压。

9）运行 loader-all4.exe。

10）写入数据。

二、解码器

ADS-HI 专家版柴油车解码器

该解码器支持 K 线、CAN 线拷贝 ECU 程序。支持潍柴、玉柴、锡柴、朝柴、康明斯、雷诺、上红、EDC7、EDC16、EDC17 等电脑板。支持刷写空白 ECU，支持刷写天然气发动机电脑板。使用更简单，提供刷写程序所用数据。

潍柴支持欧 4 电控系统 EDC17，断缸、高压、加速测试、怠速比较、计量单元测试。支持刷写怠速标定功能：怠速调整、功率调整、空调控制、排气门制动控制、多功能开关、巡航控制、发动机起动控制、发动机传感器、进气预热控制、发动机怠速微调、PTO 后驱标定、最高车速限制、车速传感器特性、CAN 总线的开放、双踏板控制、WP 智能节油开关、发动机功率定义、加速踏板参数校正功能、风扇控制、共轨安装等。

康明斯支持断缸、高压、加速、喷油器泄漏测试、改功率、标定传感器、支持保养灯归零。

玉柴支持欧 4、欧 5 电控系统，德尔福写 QR 码。

重汽电装支持 QR 码编写、断缸、高压、加速测试。

依维柯支持刷写怠速、动作测试。

锡柴支持断缸、元件测试、功能测试以及 QR 码编写。

重汽支持发动机、自动变速器、ABS、仪表盘系统。

一汽新大威支持（博士最新控制系统）。

东风乘龙支持（玉柴串口协议）及支持所有国产欧 3、欧 4、欧 5 柴油车电控系统的诊断。

组合式设计、蓝牙技术支持 CANBUS、K 线协议以及串口协议功能。

一键升级、一键反馈，可测试 12V、24V 蓄电池的重型柴油机。

可测试 12V、24V 蓄电池的重型柴油车。

外观精美简练、携带方便彩屏显示，触摸屏操作。

蓝牙技术，无线通信性价比好。

可在方圆 100m 的任何地方对柴油车进行无线测试。

可支持安卓手机、平板电脑、笔记本等多平台操作。

1. 产品特点

工控电脑：将工控电脑标准引入汽车故障诊断仪。实现设备运行更稳定，质量更可靠。

诊断功能，能测试所有国产车型及发动机而且测试速度大大加快。

独创外观：结构外观全新升级，全面考虑用户使用体验和人体工学，实现独特和创新设计。

测试面广：诊断软件可检测亚、欧、美等各大车系的汽车电控系统故障。是目前全球测试车型最多的诊断仪器之一。

用户可根据个性化和实际需求选择相应的显示终端进行魔幻组合，个性化选择。

支持一键升级、一键反馈，使软件升级更加方便快捷。

升级及时：每年软件升级近1000次，保证软件及功能的及时发行。

2. 产品参数

主机及诊断：操作系统WindowsXP以及WindowsCE和Android安卓

CPU：32位处理器

显示屏：178mm的TFT彩色触摸屏

主机电源：DC12V

工作温度：-10~60℃

测试范围：12~24V

尺寸：150mm×128mm×22mm

可测车型如图8-7~图8-12所示。解码器如图8-13所示。

图8-7 ADS—HI柴油电控系统故障诊断仪

三、BGA返修台

20世纪90年代随着技术的进步，芯片集成度不断提高，I/O端子数急剧增加，功耗也随之增大，对集成电路封装的要求也更加严格。为了满足发展的需要，BGA封装开始被应用于生产，因此BGA返修台也随之诞生。2000年以前，BGA返修台设备主要依靠从美国和德国进口，价格奇高，几乎形成外商垄断之势。

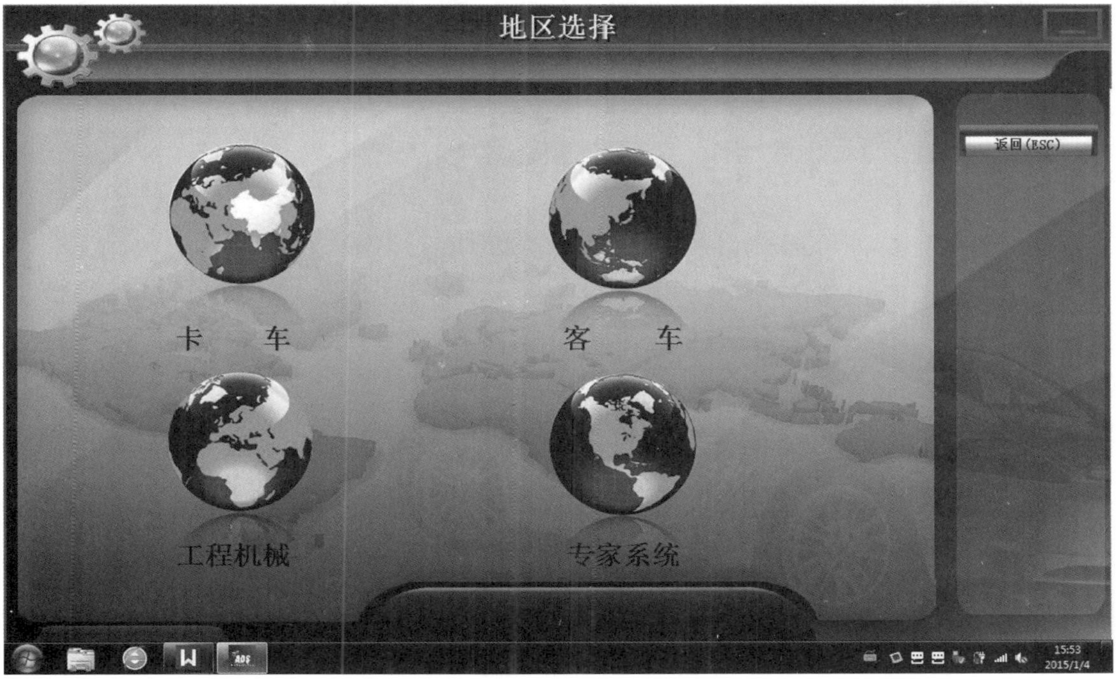

图 8-8 地区选择

图 8-9 车型选择(一)

图 8-10 车型选择(二)

图 8-11 车型选择(三)

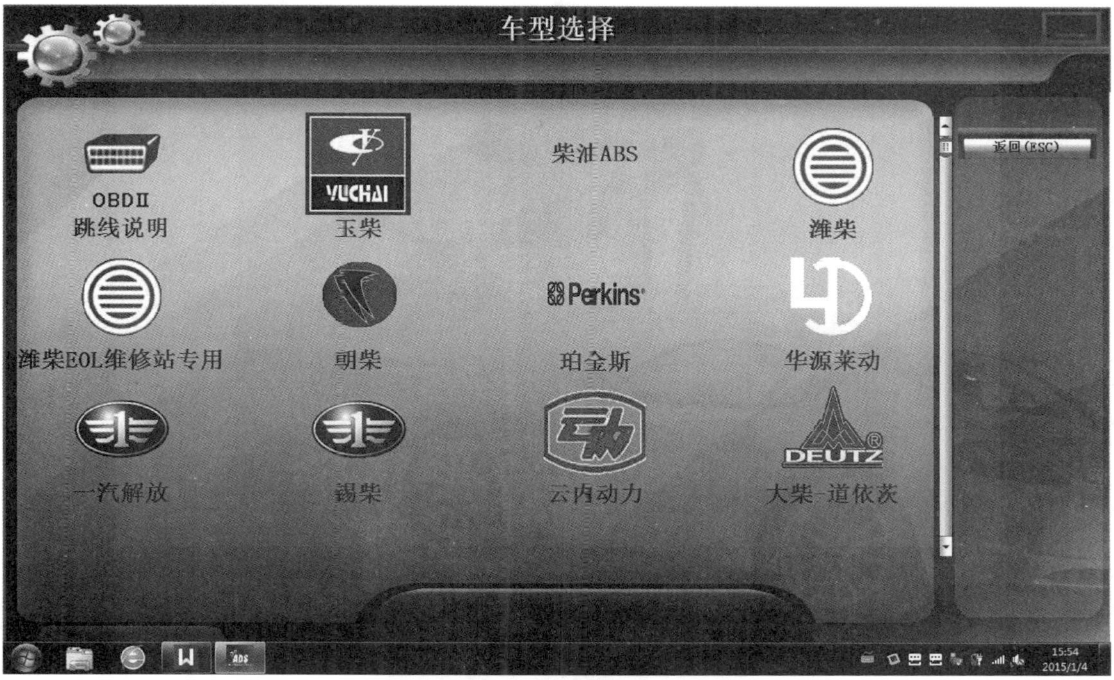

图 8-12　车型选择(四)

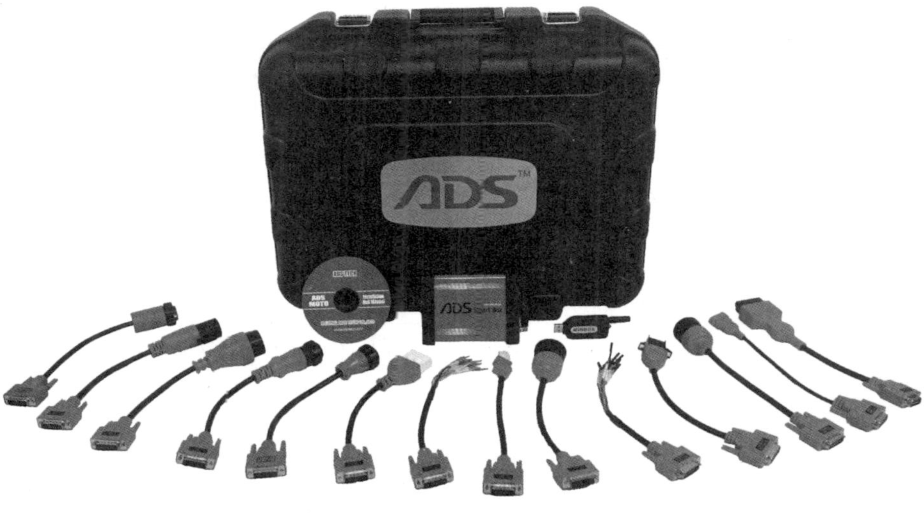

图 8-13　解码器

ZM-R5830 返修台如图 8-14 所示。ZM-R5830 产品规格及技术参数见表 8-1。

图 8-14 ZM-R5830 返修台

表 8-1 ZM-R5830 产品规格及技术参数

项目		参数
1	总功率	4 500W
2	上部加热功率	800W
3	下部加热功能	第二温区 1 200W，第三(IR)温区 2 400W
4	电源	AC220V±10% 50/60Hz
5	外形尺寸	$530\times600\times600mm^3$
6	定位方式	V 形卡槽，PCB 支架可 X、Y 任意方向调整并配置万能夹具
7	温度控制	K 型热电偶(KSensor)闭环控制，独立控温，精度可达±3℃
8	PCB 尺寸	$Max350\times330(Min20)\times20mm^3$
9	电气选材	高灵敏温度控制模块+台湾触摸屏
10	机器质量	34kg

ZM-R5830 返修台性能及特点：

1）采用线性滑座使 X、Y、Z 三轴皆可做精细微调或快速定位动作，具有较高的定位精度和快捷的操作性。

2）该机采用高清触摸屏人机界面，PLC 控制，可存储多组用户温度曲线数据，开机密码保护盒修改功能，工作时温度以曲线的方式将数据反应到触摸屏内显示，具有瞬间曲线分析功能，自带的USB端口，可以下载、打印、保存和分析曲线。

3）采用三温区独立加热，上下温区热风加热，底部温区红外加热，温度精确控制在±3℃，上部温区可视需要自由移动，上下部发热器可同时设置多段温度控制，IR预热区可依实际要求调整输出功率。

4）热风嘴可360°旋转，底部红外发热器可使PCB板受热均匀。

5）选用高精度K型热电偶闭环控制，外置测温接口实现对温度的精密检测，PCB板定位采用V形槽，使用灵活方便的可移动式万能夹具对PCB板起到保护作用，防止PCB边缘器件损伤及PCB变形，并能适应各种BGA封装尺寸的返修。

6）采用大功率横流风机迅速对PCB板进行冷却，提高工作效率，同时内置真空泵，外置真空吸笔，以方便快捷取拿BGA芯片。

7）焊接工作完毕时具有提示功能，为方便用户使用还增加了“提前报警”功能。

8）本机经过CE认证，设有急停开关盒异常事故自动断电保护装置，在温度失控情况下，电路能自动断电，拥有双重超温保护功能。

四、柴油车电脑板故障修复台

柴油车电脑板故障修复台是由商丘汽车电脑工作室研究开发的一种高科技模拟实验电路，可以检测柴油车电脑板的故障及电脑板上面元器件的性能。其具有以下特点：

1）实验电路能够模拟进气压力传感器信号、温度传感器信号、冷却液温度传感器信号、霍尔传感器信号、曲轴位置传感器信号、凸轮轴位置传感器信号、喷油器信号等电脑板所需要的各种信号，对各种发动机电脑板进行测试分析，找出问题所在，配有万能插座与各种电脑板进行连接。

2）配合信号测试笔，可以准确测试电脑板上面的各种数字电路。

3）配合逻辑检测棒，可以准确测试电脑板上面的各种集成电路。

柴油车电脑板故障修复台如图8-15所示。

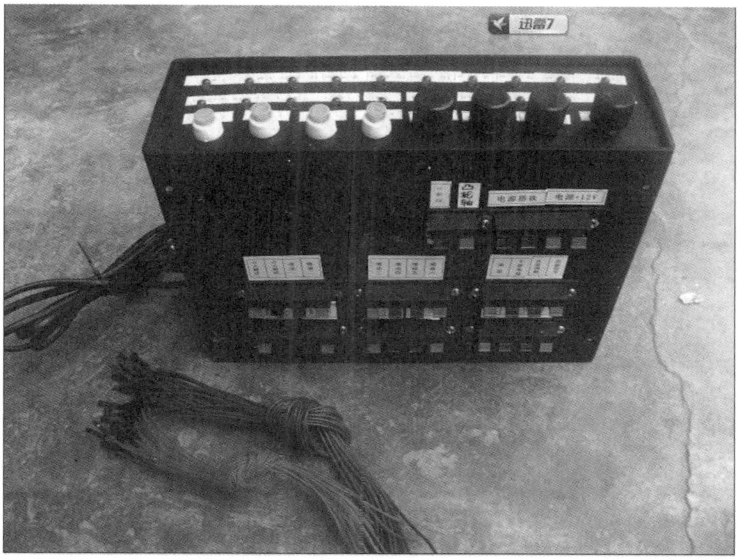

图8-15 柴油车电脑板故障修复台

第九章

常用车型电脑板及 ECU 集成块引脚和用途

一、常用车型电脑板标签及其内部结构

常用车型电脑板标签及其内部结构如图 9-1～图 9-44 所示。

图 9-1　丰田 1UZ-FE 发动机电脑板标签

图 9-2　丰田 1UZ-FE 发动机电脑板内部结构

图 9-3 丰田 3VZ-FEA/T 发动机电脑板标签

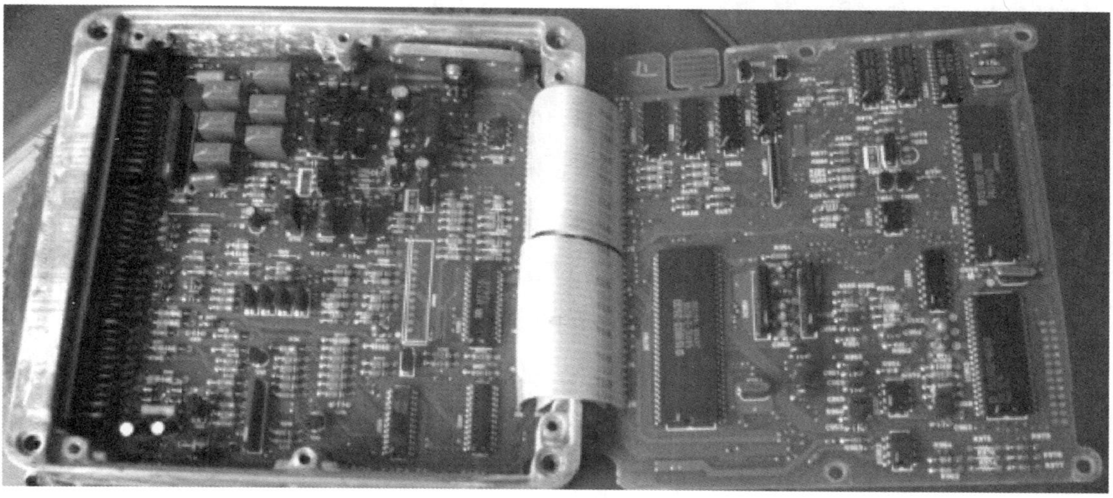

图 9-4 丰田 3VZ-FEA/T 发动机电脑板内部结构

图 9-5 丰田 2JZ-GEA/T 发动机电脑板标签

图 9-6　丰田 2JZ-GEA/T 发动机电脑板内部结构

图 9-7　伊兰特轿车发动机电脑板标签(1)

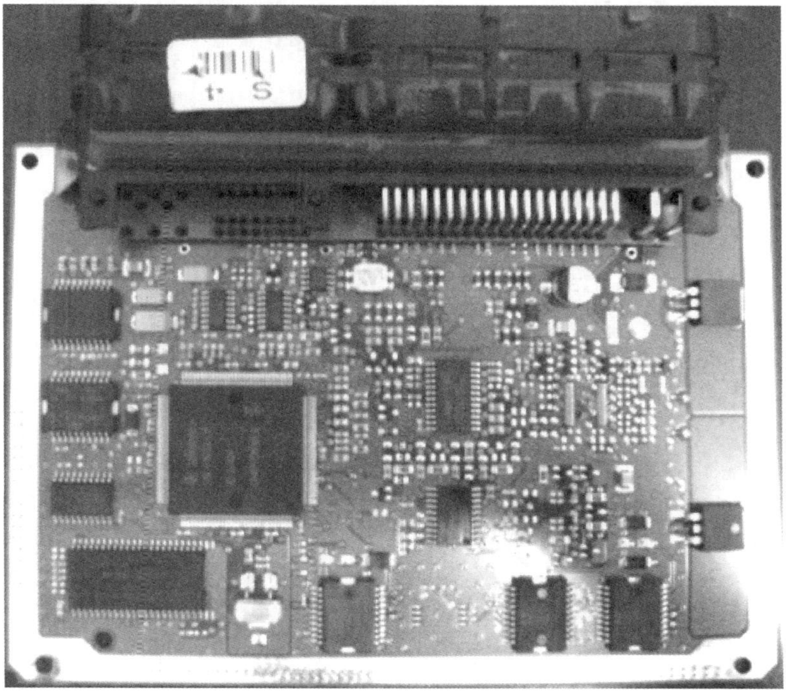

图 9-8　伊兰特轿车发动机电脑板内部结构

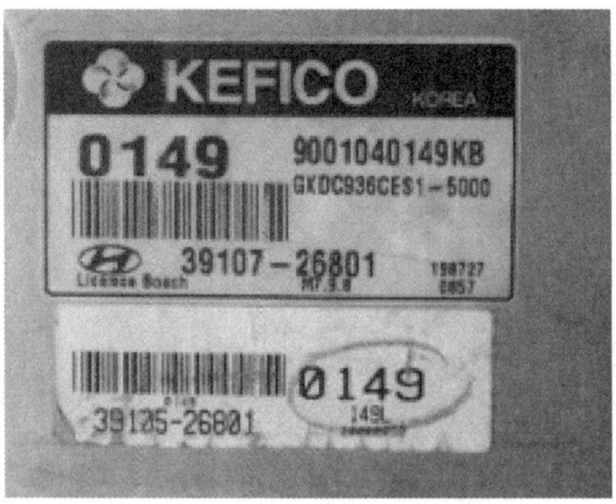

图 9-9　伊兰特轿车发动机电脑板标签(2)

图9-10　伊兰特轿车发动机电脑板内部结构（正面）

图9-11　伊兰特轿车发动机电脑板内部结构（反面）

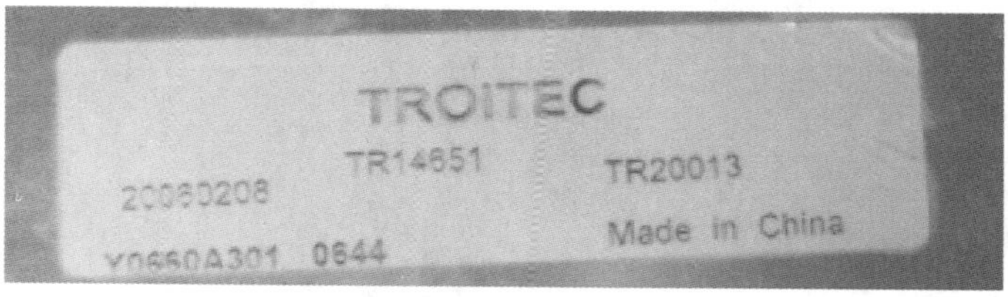

图 9-12 通宝发动机电脑板标签

图 9-13 通宝发动机电脑板内部结构

图 9-14　上海通用开拓者轿车发动机电脑板内部结构

图 9-15　奇瑞翼虎轿车发动机电脑板内部结构

图 9-16　M. 7 发动机电脑板标签

图 9-17　M. 7 发动机电脑板内部结构

图 9-18　奥迪轿车发动机电脑板内部结构

图 9-19　捷达轿车变速器电脑板标签

图 9-20　捷达轿车变速器电脑板内部结构

图 9-21 宝马轿车变速器电脑板内部结构

图 9-22 奥迪轿车变速器电脑板标签

图 9-23　奥迪轿车变速器电脑板内部结构

图 9-24　摩托罗拉一代电脑板标签

图 9-25　五十铃轿车发动机电脑板标签

图 9-26　标致 206 轿车发动机电脑板标签

图 9-27　网线总开关电脑板内部结构

图 9-28　大众发动机电脑板标签

图 9-29　奥迪 A4L 轿车发动机电脑板标签

图 9-30　摩托罗拉二代电脑板标签

图 9-31 博世二代电脑板标签

图 9-32 博世一代电脑板标签

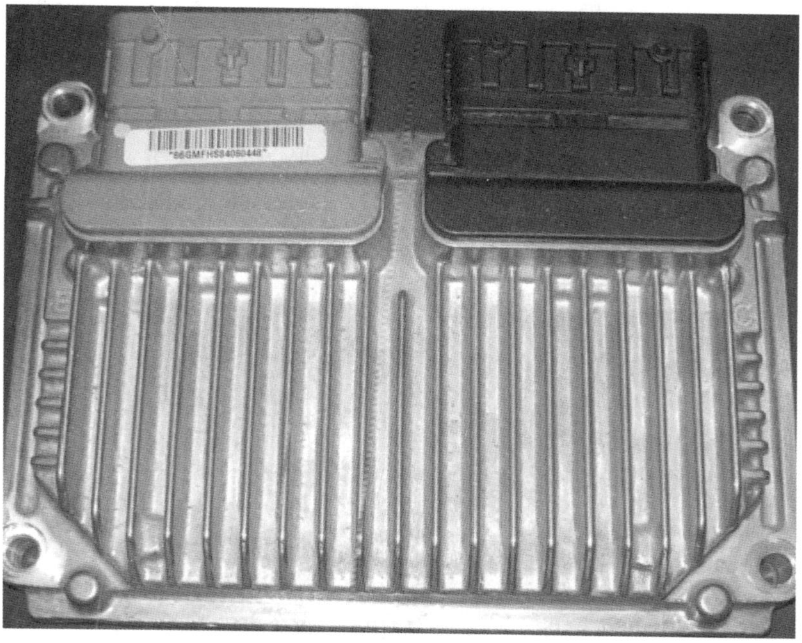

图 9-33 德而福 MT80 电脑板标签

图 9-34 北京现代轿车发动机用西门子电脑板标签

图 9-35 潍柴动力电脑板标签及内部结构

图 9-36 锡柴动力电脑板标签

图 9-37 日本电装电脑板标签

图 9-38 日本电装电脑板内部结构

图 9-39　奥迪 A6 轿车发动机电脑板标签

图 9-40　德尔福 2.5 代电脑板内部结构

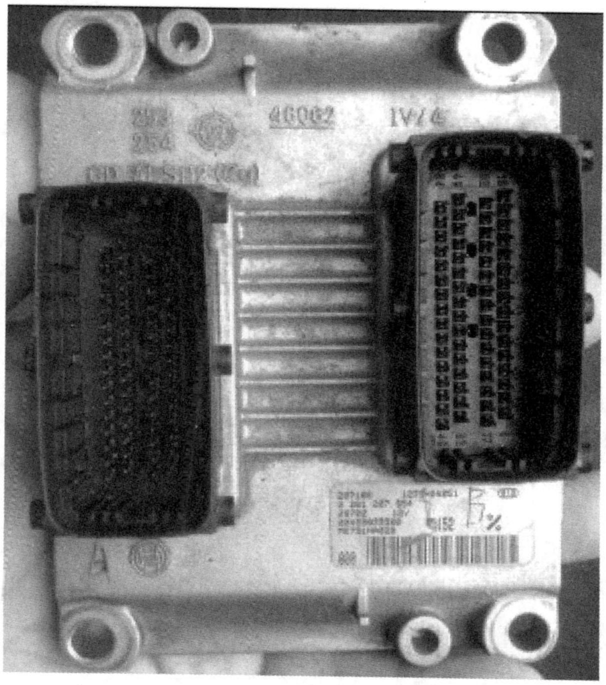

图 9-41　罗米欧发动机电脑板标签及内部结构

图 9-42　自动变速器电脑板内部结构

图 9-43　丰田卡罗拉轿车发动机电脑板内部结构

图 9-44　北斗星轿车发动机电脑板内部结构

二、常用ECU集成块引脚及用途（表9-1）

表9-1 常用ECU集成块引脚及用途

型号	封装	厂家	引脚	用途	型号	封装	厂家	引脚	用途
30358	ZIP	BOSCH	15	电源芯片	ATIC17 D1	铁底	INFINEON	20	捷达电源
30373	ZIP	BOSCH	15	驱动	30322	ZIP	BOSCH	15	电源
30356	PLCC	BOSCH	28	转速处理	30381	铁底	INFINEON	20	捷达喷油
30311	SOP	BOSCH	24	转速处理	151007	SOP	HIACHI	20	风度点火驱动
30424	PLCC	BOSCH	28	爆燃检测	74HC14D	SOP	PHILIPS	14	非门
30023	ZIP	BOSCH	5	点火驱动	74HC173D	SOP	PHILIPS	14	非门
30373	ZIP	BOSCH	15	喷油驱动	B30284	ZIP	HBOSCH	15	电源
30374	ZIP	BOSCH	15	喷油驱动	B58574	ZIP	BOSCH	7	怠速驱动
B58290	SOP	BOSCH	24	低侧开关	B57965	SOP	BOSCH	14	非门
TLE4264 G	SOP	SIEMENS	24	低侧开关	B58253	SOP	BOSCH	8	存储器
74HCT573D	SOP	PHILIPS	20	地址数据锁存器	B58091	SOP	BOSCH	16	锁存器
27C512 DIP	WIN	BOND	28	EPROM	L9170	ZIP	ST	11	电源
B58574	SOP	BOSCH	24	地址数据锁存器	L9150	ZIP	ST	11	喷油
B28253	SOP	PHILIPS	20	数字处理	L9122	ZIP	ST	11	怠速
B58091	SOP	PHILIPS	24	点火前级驱动	2903	SOP	ST	8	双运放
55199	ZIP	SINGAPOR	15	电源芯片	BU941	TOP	ST	3	点火驱动
42827	ZIP	SINGAPOR	15	怠速驱动	L9111	SOP	ST	8	运放
09380232	ZIP	SINGAPOR	23	空调驱动	74HC273	SOP	PHILIPS	20	锁存器
62285	PLCC	SINGAPOR	68	德尔福专用	74HC244A	SOP	PHILIPS	20	锁存器
CA3262	PLCC	DELCO	28	低侧开关	B57914	SOP	PHILIPS	20	锁存器
16132083	PLCC	DELCO	28	德尔福专用	30301	PLCC	BOSCH	28	爆燃处理
16204891	PLCC	DELCO	28	德尔福专用	B58655	SOP	BOSCH	20	节气门驱动
21002	PLCC	DELCO	52	德尔福专用	B58468	PLCC	BOSCH	84	M154 CPU
ET455	TOP	ST	3	夏利点火驱动	B58472	PLCC	BOSCH	68	富康CPU
16205799	SOP	DELCO	28	德尔福专用	B58731	ZIP	BOSCH	15	富康喷油驱动
68HC711E9	PLCC	MOT	52	福田、夏利专用CPU	B58381	PLCC	AMD	28	富康存储器
68HC11F1	PLCC	MOT	64	金杯、奇瑞等专用CPU	M27C1001	PLCC	ST	28	富康存储器
B58468	PLCC	84 M1	54	CPU	30356	PLCC	BOSCH	28	转速处理
B58472	PLCC	INFNEON	68	富康专用CPU	AM29F010B-120	PLCC	AMD	28	德尔福存储器
SAK-C167SR-LM	QFP	INFNEON	144	西门子专用CPU					

（续）

型　号	封装	厂家	引　脚	用　　途	型　号	封装	厂家	引　脚	用　　途
7900F	SOP	TOSHIBA	14	夏利电源采样	93C76	SOP	ST	8	存储器
E328	QFP	MITSUBIS	80	三菱点火	U62H64SA	SOP	ZMD	28	锁存器
E322A	SOP	ALLEGRO	16	驱动	30309	PLCC	BOSCH	44	转速处理
916741	SOP	ST16 红旗	488	点火驱动	30322	ZIP	BOSCH	15	电源
ATIC44-1B	SOP	MOT	20	捷达点火	30054	ZIP	BOSCH	3	点火驱动
ATM46C3	SOP	SIEMENS	24	转速处理	5205-2	ZIP	BOSCH	7	怠速驱动
29F400BB	SOP	AMD	44	存储器					

第十章

部分汽车车型配用电脑型号

1）用马锐利电脑车型：

金杯客车用 IAW 16C4. P1

田野皮卡用 IAW 16C4. P2

奇瑞用 IAW 16C4. A1

英格尔用 IAW 16C4. C1

2）奇瑞马瑞利多点发动机电脑：IAW4ACHW602

3）奇瑞 QQ 马瑞利多点发动机电脑：IAW 4AC A3 HW483 0010—EAD

4）长安马瑞利多点发动机电脑：IAW 4AC. CO HW485

5）桑塔纳电喷发动机用电脑：M154

6）奇瑞旗云发动机电脑：德尔福二代 MT20 A11—360S010BM

7）五菱汽车用摩托罗拉单插电脑：EF10041A03（客）

8）东风货车发动机电脑：EQ610C-1

9）一汽丰田夏利电装电脑：89561-87702

10）一汽丰田夏利电装 8A 电脑：89660-0W191

11）长安羚羊电装电脑：33920-66EB，大号：D6

12）五菱之光西门子电脑：5WY 580 1A

13）捷达仪表电脑：1GD920801A

14）捷达 2 气门发动机电脑：1GD 906 033

15）捷达 5 气门发动机电脑：06A 906 018 G 0 261 204 125

16）进口捷达电脑：037 906 022 M 0 261 200 294

17）捷达柴油发动机电脑：038906012GC 0281011017

18）桑塔纳 3000 发动机电脑：33D907559A 0261208362

19）桑塔纳 3000 节气门控制电脑：06B 133 062 S 0280750189

20）宝来 1.8 发动机电脑：06A906032LD 0261207790

21）帕萨特 B4 发动机电脑：037 906 025 F

22）牡丹中型客车发动机电脑：3601015—40K

23）红旗世纪星发动机电脑：2371M VR200 MEC—V700R 1313
24）奥迪 A6 2.4L 变速器电脑：4B0927156AL
25）奥迪 A6 2.8L 变速器电脑：4B0927156AJ
26）帕萨特 B5 1.8L 变速器电脑：4B0927156DA
27）奥迪 01J 变速器电脑(方插头)：01J 927 156 CK
28）奥迪 V6 电脑：4A0907473G 4A0907473A
4A0907473D(带防盗)
29）奥迪 100 2.8L 电脑：4A0 906 266 AA(相似号 8A0 906 266 B)
30）2008 款奥迪 A6L ABS 泵电脑：4FD614517D 0265230044
31）奥迪中央门锁检测电脑：4B0962258E
32）奔驰 220 座椅开关电脑：220 821 9851
33）奔驰 220 气动减振悬架电脑：2205454132
34）2003 奔驰 S320 ABS 电脑：0275456332 0265109454
35）奔驰横向摆动传感器电脑：0005426518
36）奔驰 320 燃油电脑：014 545 61 32 0 280 001 530
37）日产风度 A32 电脑：23710-45U62 A18-F96 E8E(大号:D3)
相似号：23710-45U11 A18-F95 大号：D0
23710-43U81 A18-G36 大号：BA
38）日产风度 A32 电脑：23710-31U10 大号：WW MEC-2310 D3 4817
相似号：23710-31U00
39）日产 Q45 电脑大号：13 2371042L11 A18-000591
40）三菱 4G64 发动机+自动变速器电脑：MR578490
电路板号 E331B53804B1
41）三菱蓝瑟发动机电脑：M7.9.7 0261201264 SEM—SW608830
42）三菱变速器电脑：MD752485
三菱 3000GT： MD752711
43）现代索纳塔 2.0L 发动机电脑 HMC 39110—32935
44）现代瑞丰发动机电脑：39120-38010
45）2004 款北京伊兰特 1.6L 电脑号：39102-23240
46）北京现代伊兰特 PCM：39102-23250
47）EQUUS 伊酷斯雅克仕发动机电脑：39110-39505
48）现代圣达菲西门子电脑：5WY1244B 39107-37510(带防盗)
49）现代圣达菲变速器电脑：95440-39640
50）现代圣达菲柴油共轨发动机电脑：39101-27970 0281011117(带防盗)
51）马自达 323 发动机+变速器电脑电路板号：079721-6521
52）上海华普新 797 发动机电脑：F01R00D148
53）吉利自由舰发动机电脑：M7.9.7 0 261 201 115
54）一汽丰田 RAV4 发动机电脑(一)：89661-42240 3S-FE
55）一汽丰田 RAV4 发动机电脑(二)：89661-42662 1AZ-FE
56）一汽丰田柴油发动机电脑：89661-60250 1KZ-TE A/T

57）广州本田 2.3L 电脑：37820-PAA-L61 37820-PAA-Y50
58）广州本田 3.0L 电脑：37820—RCA—A56
59）广州本田仪表电脑：SDA—H013
60）广州本田 CRV 仪表板电脑：78100-H100
61）东风本田 CRV 仪表电脑：NS3（白色背光）
62）别克赛欧 1.6 发动机电脑：M797 电脑，5484345 S2 0261207610
63）雪弗兰 3.8L 发动机、变速器电脑：6032